U0475371

新文科高等学校旅游管理类专业课程精品系列教材

旅游接待业案例集

LUYOU JIEDAIYE ANLIJI

王桀◎编著

云南大学出版社
YUNNAN UNIVERSITY PRESS

图书在版编目（CIP）数据

旅游接待业案例集 / 王桀编著. —— 昆明：云南大学出版社，2023
新文科高等学校旅游管理类专业课程精品系列教材
ISBN 978-7-5482-4747-0

Ⅰ. ①旅… Ⅱ. ①王… Ⅲ. ①旅游业-经营管理-案例-高等学校-教材 Ⅳ. ①F590.6

中国国家版本馆CIP数据核字（2023）第030625号

策划组稿：陈　曦
责任编辑：石　可
封面设计：史　古

旅游接待业案例集
LUYOU JIEDAIYE ANLIJI

王桀◎编著

出版发行：	云南大学出版社
印　　装：	昆明理煌印务有限公司
开　　本：	787mm×1092mm　1/16
印　　张：	14.25
字　　数：	240千
版　　次：	2023年3月第1版
印　　次：	2023年3月第1次印刷
书　　号：	ISBN 978-7-5482-4747-0
定　　价：	54.00元

社　　址：云南省昆明市一二一大街182号（云南大学东陆校区英华园内）
邮　　编：650091
电　　话：（0871）65033244　65031071
网　　址：http://www.ynup.com
E-mail：market@ynup.com

若发现本书有印装质量问题，请与印厂联系调换，联系电话：0871-64167045。

总　序

提升教学质量的关键是课程及其课程资源。此次推出的《旅游学概论案例集》《旅游消费者行为案例集》《旅游目的地管理案例集》《旅游接待业案例集》《旅游经济学案例集》《旅游景区管理案例集》《旅游政策法规案例集》《旅游人类学案例集》《生态旅游案例集》《国际旅游业案例集》10部案例集，既是与10部教材配套使用的教学资源，也是10门课程资源的组成部分。

一、出版背景

本套案例集是与教材配套出版的辅助教学资源，集中体现了以下编写思路。一是以新文科理念为引领，凸显新文科建设的学科交叉、科技赋能、服务产业等理念，将案例开发与编写置于时代发展的背景之下。二是以课程为载体，依托旅游学概论、旅游消费者行为、旅游目的地管理、旅游接待业、旅游经济学、旅游景区管理、旅游政策法规、旅游人类学、生态旅游、国际旅游业10门课程，将案例视为课程知识的延伸与应用。三是以配套教材为基础，10部案例集与10部教材相对应，案例素材与教材知识点衔接，克服了案例描述与教材知识点相互分离的弊端。四是以教学资源库为平台，以10部教材和10部案例集为基础开发形成了10个教学资源库，案例集作为教学资源库的有机组成部分，以此建立内容丰富、知识精准、类型多样的课程资源体系。

二、案例体系

案例教学的核心是知识延伸及其应用。案例教学是诸多应用型专业最具特色的教学方式，具体生动的案例为人们理解抽象的原理和知识要点提供了最好的途径。此次出版的10部案例集，将形成三个依次递进的案例体系。一是提炼知识要点，作为与教材配套使用的案例集，编写的第一要义是对知识要点进行阐述和说明，其案例描述的内容应与章节知识要点相衔接，所以提炼知识要点是案例教学的灵魂。二是编写案例正文，案例选材需要具体事实的事件，如真实发生的故事、翔实的具体数据、鲜活的故事情节等作支撑，以确保事件、故事、数据、情节等能够清晰地印证相应知识要点，案例的典型性和启发性是其魅力所在。三是阐明案例使用说明，案例教学不能脱离加深教与学双方对知识要点的延伸理解与知识应用的目的，如何讲解案例的要义、怎样理解案例的精髓、怎样强化案例的知识点辨析，都需要案例使用说明加以引导。

三、案例特点

案例编写是抽象知识的形象化表达及其印证。紧扣相关知识点是案例教学应该遵循的基本规则。然而，案例所包含的素材内容和所内含的启示价值应该是多元且丰富的，因此，在素材遴选和内容编写过程中仍然需要遵循案例开发的普遍要求。一是体现贴近现实的特质。真实发生的事件是最好的例证，抽象知识需要具体事例的印证，因此真实性是案例的最大特质。二是凸显鲜活生动的特性。已经发生或正在发生的具体事例是最直观的素材，以具体、形象、生动事例来表达深奥的知识原理正是案例教学的吸引力所在。三是把握以小见大的精髓。在具体事件中透析奥妙哲理，在有限事例中映射无限可能性，在有限中看到无限正是案例教学最具魅力的地方。

田 里

2022年5月15日

前　言

教育部颁布的《高等学校旅游管理类专业教学质量国家标准》将旅游管理类专业核心课程规范为"4＋3"模式，即旅游学概论、旅游消费者行为、旅游目的地管理、旅游接待业4门核心课程，叠加旅游管理、酒店管理、会展经济与管理各专业3门核心课程，构成全国旅游管理类专业的课程规范设置。其中，"旅游接待业"作为4门核心课程之一，其地位和作用是联结旅游消费者和旅游目的地的"桥梁"。"旅游接待业案例集"是"旅游接待业"课程的辅助教材，通过对现实案例故事的描述，融入教材知识点，对旅游接待业的结构方式、功能作用、构成要素和知识方向进行解读。案例素材均源自公开资料，编者按照典型性、规范性的原则进行编写。案例集在编写过程中得到了"中国管理案例共享中心"和"中国专业学位案例中心"专家的指导。

融入课程思政元素，是本案例集的一大特色。党和国家提出了课程思政这一新的教学形式和理念，旨在培养德才兼备的新型青年学生，开创我国高等教育发展新局面。虽然课程思政倡导利用每门课程来提升学生的政治素养和道德情操，但这并不是要求只讲"思政"不提"专业"。课程思政这一理念的提出与践行，要求专业课教师转变传统的教学思维和方式，不仅注重提升学生的专业技能，更要将专业课程与思政元素进行融合，融入思政和人文元素，让知识的传授不仅有深度，还要有"温度"。本案例集在"思政点"案例素材的选取上，充分考虑课程知识点与思政点之间的关系，将思政教育有机融入案例教学，力求达到润物无声的育人效果。思政案例在内容、目标和要点上与知识体系形成一个完整的系统，并与其他核心课程及选修课程形成有机结合、相互渗透和延伸发展的体系。

虽然旅游被公认是涉及行业最广、综合产值最大、影响最为广泛、人类历史上最古老的行业之一，但学术界在对旅游相关知识的界定和认识上至今仍缺乏共识。无论怎样，积极探索并致力于描绘旅游学科的知识蓝图，是我们编写《旅游接待业案例集》的责任和使命。本案例集的编写是案例编写组共同协作的成果，参加本案例集编写的人员有：王桀、张琴悦、章琴、苏季珂、林年容、王正桥、李翠梅、陈茜、张朝晖。

本书各章中的案例由诸位作者根据相关资料整理编写，部分案例获得了相关单位授权。各案例只供课堂讨论之用，作者无意暗示或说明某种管理行为是否有效，特此说明。编写过程中我们参考并引用了许多文献的观点和资料，在此一并表示感谢！如果引用及参考文献中不慎遗漏，敬请谅解！案例中若有不妥乃至错误之处，敬请读者批评指正。

编　者

2022 年 5 月 20 日

目 录

第一章　旅游接待业概述 ·· 1
　第一节　接待构成：国民公路 G318 的 IP 塑造（知识点案例）··············· 1
　第二节　四个自信：我国入境旅游的发展历程（思政点案例）··············· 19

第二章　旅游接待业结构 ·· 24
　第一节　结构系统：李子柒文创产品发展之路（知识点案例）··············· 24
　第二节　绿色理念：中国学者的"阿者科计划"（思政点案例）··············· 36

第三章　旅游接待业功能 ·· 44
　第一节　招徕功能：袁家村乡村旅游发展模式（知识点案例）··············· 44
　第二节　生态文明：西溪湿地公园的生态系统（思政点案例）··············· 62

第四章　旅游供给商 ·· 69
　第一节　购物娱乐：宋城演艺的泛娱乐生态圈（知识点案例）··············· 69
　第二节　爱国主义：南京大屠杀纪念馆设计观（思政点案例）··············· 83

第五章　旅游招徕商 ·· 88
　第一节　交通企业：东方航空的资本运作之路（知识点案例）··············· 88
　第二节　诚信友善："零负团费"的治理难题（思政点案例）··············· 107

第六章　旅游平台商 ··· 111
第一节　电子平台：携程"全球超级旅行 App"（知识点案例） ······ 111
第二节　文明公正：银发一族的"关怀"平台（思政点案例） ········ 128

第七章　旅游接待业运营 ······································ 133
第一节　运营模式：AirBnb（爱彼迎）的共享经济（知识点案例） ···· 133
第二节　法制友善：在线旅游消费者信息保护（思政点案例） ········ 150

第八章　旅游接待业服务 ······································ 156
第一节　服务感知：丽思卡尔顿金牌服务的秘密（知识点案例） ······ 156
第二节　协调发展：《"十四五"旅游发展规划》（思政点案例） ······ 174

第九章　旅游接待业管理 ······································ 179
第一节　客户关系：莫干山民宿的管理和服务（知识点案例） ········ 179
第二节　立德树人：青年黄元孔与聂家峪村（思政点案例） ·········· 192

第十章　旅游接待业创新 ······································ 198
第一节　内容创新：玉龙雪山景区的双重压力（知识点案例） ········ 198
第二节　创新理念：旅游"新零售"运营模式（思政点案例） ········ 212

第一章　旅游接待业概述

第一节　接待构成：国民公路 G318 的 IP 塑造（知识点案例）

摘　要：国民公路 G318 的文旅 IP 塑造过程，体现了旅游接待业的"产业""行业"和"事业"三种特征。由文旅企业爱驾传媒运作的"国民公路 G318"文旅 IP，一是代表着旅游目的地的国家形象属性；二是代表着旅游线路串联整合旅游供给、旅游招徕、旅游平台的行业属性；三是代表着旅游企业主导推动旅游产品开发、推广的产业属性。文旅 IP 的塑造来源于资源基础，但其更需要长期的策划与经营。从一条国道到一条国民公路，G318 这个文旅 IP 的塑造经历了一个从无到有的过程。本案例描述了爱驾传媒如何将 G318 塑造成为国民公路的过程，立足于 G318 的文旅 IP 开发运营体系，引导学生通过本案例认识旅游接待业中 IP 的塑造、建设以及运营的过程。

一、案例正文

（一）案例背景

G318，是一条公路，但又不仅仅是一条公路。因为这条公路与一个企业家的传奇经历紧密相连，又不断出现在各种论坛及会议上，甚至登上了美国纽约时代广场的大屏，更是在社交网络上被反复提及。一条普通的国道，为何被称为"国民公路"？而"此生必驾"的宣言中又藏着什么信息？这一切都要从李克崎和他的爱驾传媒说起。2018 年 11 月 15 日，纽约时代广场的大屏上出现了这样一幅画面：白雪皑皑的珠峰下，一个华人手持"此生必驾 318"的标识，屏幕上播放着几行文字——"上海—西藏，一条公路，让你了解中国 A ROAD TO KNOW CHINA"。画面中的男子就是李克崎——爱驾传媒的 CEO，也是 G318 公路文化 IP 的推动者。

　　李克崎出生在福建的一座小县城，可能因为身体里流淌着客家人的血液，所以不屈不挠的精神一直刻在他的骨子里。"无法做到最好的事，宁可不做！"这是他经常挂在嘴边的话。高考时，当意识到自己无法考上梦想中的大学，但又不愿被其他院校录取时，他选择了放弃高考。尽管作为中学校长的父亲很失望，并逼迫他参加了第二次高考，但倔强的性格让他选择了再次放弃。1995年，李克崎怀揣梦想到了魔都上海，在广告行业待了10年，从一个默默无闻的打杂工，到拥有自己的公司，完成了他人生梦想的第一个目标。在广告行业最鼎盛的时期，李克崎便早早地预见了自己的"瓶颈"，并定下了他人生梦想的第二个目标——"打造属于自己的品牌"。2007年，他创办了爱驾传媒公司，专注于推广中国汽车文化。在此期间，李克崎组建了多个在业内具有知名度和公信力的自驾游信息平台，如中国自驾游路线评选、自驾游大会等，致力于为中国的汽车驾驶爱好者（爱驾者）整合自驾线路信息，宣传公路文化。连续5年"中国自驾游路线评选"的评选，共产生了180条年度路线，而这其中有近三分之一与G318有关，这或许只是一个神奇的"巧合"，但李克崎在不断地搜集资料、调查市场之后，发现一个声音越来越清晰：美国有66号公路，为何中国不能有一条自己的G318公路呢？

　　（二）中国真的有国民公路吗？

　　中国真的有国民公路吗？这个问题很难回答，尽管李克崎的爱驾传媒多年的数据中体现了G318存在一定程度的国民性，但实际上，这个问题应该是"中国需要一条国民公路吗？"

　　答案当然是肯定的，自20世纪80年代以来，中国已经发生了剧变，旅游业的属性也在40多年的发展中由政治性、小众化发展为娱乐化、大众化。与中国经济并驾齐驱实现腾飞的是中国的公路建设，据交通部统计，中国公路的总里程达到了519.81万千米，保守估计中国汽车有2.87亿辆，拥有驾照的民众达到了4.25亿，汽车已经成为普通家庭的生活用品。大众旅游的背景下，自驾游异军突起，自驾游以其自由度高、个性化强的特点成为家庭出游的首选方式。综上来看，在中国打造一条可以彰显国家精神风貌，反映民族发展历程的国民公路十分必要，此举还将推动区域联合发展，树立全域旅游的新标杆。

而这条国民公路为什么是G318？因为如果我们走进了G318，就走进了丰富多彩的中国。从上海到西藏，从长江出海口到长江源头，G318与长江逆向而行，蜿蜒而上，通过了中国地势的三大阶梯。从东海平面到世界屋脊，从秀美江南到神秘藏区，五千年文明铸就了五千年的故事，青砖白瓦、荆楚文墨、空山幽谷、藏传秘境应有尽有。G318途经了众多地形地貌、生态环境、民俗风情、历史古迹，算得上是中国最美的人文景观大道。

李克崎说G318的特征可以用"三个五"来概括：从上海到西藏5 000多千米，从海平面到世界之巅海拔上升5 000多米，这条路饱含华夏5 000多年的文明。如果将G318比拟成一个人的话，北纬30度是上天馈赠给他的天生丽质，五千年文明是老祖宗造就他的文化基础，而修筑318国道、修筑川藏线的"两路"精神则是新时代赋予他的价值观。因此对于中华民族来说，它是生命之路、信仰之路，也是我们的创业之路，一路向上、百折不挠的精神在其身上体现得淋漓尽致。于是，"国民公路G318"这个IP的形象便生动了起来。

（三）"爱驾"的"必驾"之路

带着情怀而来的李克崎，在做这件吃力未必讨好的事上，并不是一时兴起，目前他不仅已经为此投入了大量的积蓄和全部的精力，更是策划了一个反营销领域常态的十五年长期规划（图1-1）。第一个五年规划（2016—2020年）针对国内，推广"国民公路G318"IP，目的是让更多中国人了解这条公路，并达成国民公路的共识；第二个五年规划（2021—2025年）将面向国内外，推广"此生必驾318"这个自驾游道IP，此举的意义在于努力用世界语言讲好中国故事，将318国道塑造成国际自驾游道，吸引国内外自驾游爱好者来318自驾，以自驾游道为切入点将其符号化并推向世界；第三个五年规划（2026—2030年）将致力于完善沿线产业带建设，作为国际化的自驾游道，与之相关的各行各业在提供服务标准上也要符合一定的国际标准，所以这一阶段要建立行业标准，为优质的产品和服务提供背书。

虽然打造IP的过程被策划为三个阶段，但三个阶段均有着相同的战略定位。李克崎在采访中从战略层面阐述了他更深层次的思考：正如20世纪80年代的美国，随着州际高速公路的铺开，被称为美国人"母亲路"的66号公路被道路系统除名。随着川藏铁路和川藏高速公路的全面规划建设及逐渐建成通车，318国道的交通功能同样将相对减弱。因此"此生必驾318"不只是318国道,而是以北纬30度为骨骼、以长江为血脉、以318国道为神经的"泛318"公路旅行带。此举的意义在于重新定义"G318",为这条公路的后续发展铺陈一条可持续发展的路径。

图1-1 318公路文化推广的三个阶段①

1. 跨界融合

打造一个公众性的IP需要漫长且复杂的历程,由于G318的IP定位很大,而且G318不仅仅是一个文旅IP,长久看来它的意义更多地体现在318沿线产业带的建设上,所以李克崎首先想到的是跨界合作,最先开展的行动就是去获得官方支持。2016年9月,成都市温江区,李克崎协同时任上海市黄浦区旅游局副局长胡啸荛、时任成都市旅游局副局长陈世安、西藏自治区旅游业商会会长尼玛扎西,进行了"318中国最美景观大道旅游产业带联动"的启动仪式,并倡议打造中国公路旅行IP。2017年,全国政协委员、成都市旅游局局长多央娜姆,就在全国政协提出了"把横贯中国腹地的G318打造成为国内第一条自驾游产业经济带"的提案。

此举带动了众多G318沿线经济带的自驾游产业的相关企业、精英参与到这

---

① 由上海爱驾文化传媒有限公司总经理办公室提供。

一 IP 建设中来。2017 年 3 月 6 日，由爱驾传媒主办的自驾游大会邀请了 500 位来自各界的精英，首次围绕 318 国道展开探讨，就如何在不同行业进行合作共创，并在国内将第一个自驾游产业带和第一个公路旅行 IP 落地，在此基础上孵化出一系列 IP 自驾游产品及服务展开讨论，会议尾声拉开了"重走 G318"的路演活动。

2. 布道之旅

对于 G318 的公路价值，一开始很多人并不理解，2018 年李克崎带着团队，从上海到西藏与沿线地方政府座谈，得到了很多人的认同。随着一年年的坚持和成果的展现，越来越多的人接受并自愿加入公路文化推广行列。至今为止，爱驾传媒已经以 G318 的 IP 为主题开展了几十次论坛座谈会，同数万人进行了交流沟通，具有较高影响力的会议包括：2018 年首届 318 公路文化产业峰会、2019 面向国际舞台的国际山地旅游大会、2020 甘孜州国际自驾游目的地峰会。

此后爱驾传媒更是不断地和沿线各地方政府、各行各业开展合作。2020 年 12 月 25 日，甘孜州国际自驾游目的地峰会暨第三届 318 公路文化产业峰会在四川省甘孜州康定举办，此次峰会由甘孜藏族自治州人民政府主办，爱驾传媒公司承办，并邀请了 G318 沿线的地方政府各部门代表、全国自驾行业、企业代表、公路文化相关产业研究专家及众多媒体等参会者百余人，齐聚于此共商搭建 G318 合作交流平台，助力完善 318 公路文化产业经济带。

3. 取经之旅

李克崎认为："G318 文旅 IP 的打造不能仅仅围绕其知名度的拓展，而且一定要谨防把这条公路打造成一个浅俗的网红公路，更重要的是挖掘其文化价值，对得起'国民公路'这 4 个字。"所以在 2017 年，爱驾传媒组织策划并完成了一场名为"重走 G318 打造国民公路"的中国汽车文化的官方路演。一辆越野大脚车，一辆大巴，一辆房车，一辆后勤工具车，由这 4 辆车组成的车队，从 G318 起点零公里处出发，历时 30 天途经 18 站，最终到达珠峰大本营。路演途中，他们采访记录了这条线上曾经或者现在正在发生的故事，并且以建设 G318 产业带的视角考察了 318，同时也在推广"国民公路 G318"这个 IP，旨在重新挖掘审视 G318 的内涵，来丰富"国民公路 G318"的文化属性。此次路演，也为其 IP 产品化奠定了基础。

4. 流量蓄势

虽说文化内涵的赋能是至关紧要的，但是要将其真正宣传出去，不能只有自己沉浸在文化世界里唱"独角戏"。广告人出身的李克崎一开始就明白，这个 IP 要想真正地匹配上"国民"二字，首先是要为国民所知道，所以说爱驾传媒推广 G318 的 IP 离不开如今飞速发展的数字媒体。目前，爱驾已经在全媒体平台布局形成了纵横交错的媒体矩阵，并在抖音、微信、微博、今日头条、小红书、企鹅号等平台均运营起了 ID 为"国民公路 G318"的官方账号；微信平台布局了订阅号、服务号、自驾打卡粉丝群、个人号。

令人诧异的是，爱驾传媒虽然借助媒体矩阵，使线上线下活动同时展开，以此来引起网民关注，但其并未刻意地制造流量以及流量裂变，其间引爆网络的有关 G318 的话题均是网友自发的行为。以微博平台为例，2020 年发起了"百万人行走计划"，同年 5 月 16 日暨武汉解放 71 周年纪念日，在当地 110 家单位的公益助力下，为一万个武汉市民送上了一份 318 公路旅行地图。国庆期间，超过 30 万中国人也收到了这份礼物，在没有任何网络推流的情况下，微博话题"一条路一条心"阅读量已经突破了 4.2 亿。所以在引流蓄势这一方面取得的成绩，主要原因不是爱驾的营销操作，而是爱驾顺应趋势的倡议和目标市场群体的回应形成了一呼百应的局面。

5. IP 延伸

爱驾传媒在第一个五年里只是专注做文化推广，并没有商业化，2018 年至今，已有 29 个"此生必驾 318"标识的打卡站牌和 12 个地标在 G318 沿线落地，许多综艺节目与流量明星参与打卡活动，为 G318 带来了亿万级曝光。然而"此生必驾 318"的标识火了以后，不仅带火了这条公路，还衍生了一大批"野生"的文创，淘宝、京东、拼多多等平台累计超过百余家店铺销售相关产品，许多沿途的民众也开始借这个标识做起了各种生意。比如 72 道拐附近某店 3 个月售出一万张 318 盾牌车贴，一张车贴售价 20 至 50 元不等，收入接近 30 万元。李克崎认为此举能增加当地群众的收入，也是他乐意看到的。将来的 IP 产品推广，不能简单粗暴地打击维权，而是要让各个渠道共生共赢。在下一个五年，爱驾传媒亦将致力于开发更多有故事有灵魂的文创产品。

（四）"必驾之路"通往何方？

李克崎对 G318 的第一个五年规划结束在特殊的 2020 年，完成了 G318 的 IP

"从 0 到 1"的建设过程，丰富而精彩的过去是其继续发展的"底气"，但在 2020 年疫情使全国旅游业停滞的大背景下，在国民需求转变的过程中，在复杂多变、竞争激烈的市场环境下，"必驾之路"通往何方？成为李克崎思考最多的问题。第二个五年计划将会在第一个五年摸索出来的模式基础上，开展更多新的活动，但 IP 宣传将不再只面向国内。

2021 年是爱驾传媒推广 318 公路文化的第二个五年规划的开篇，也恰值建党 100 周年。318 公路是中国共产党领导中国人民对新中国进行工业化与现代化改造的奋斗成就和创业成绩之一，在这样一个特殊的时代背景下，2021 年爱驾传媒将逐步通过"五个一"工程的落地，进行全面立体传播，具体包括：展览、地图、电影、出版、全媒体矩阵。

（1）展览：首届上海旅游产业博览会上的 318 公路文化主题展由爱驾传媒与上海市文旅局携手主办，此次展会对于第二个五年规划的再出发，是一个重要的里程碑；与此同时，一系列的主题展，包括 2022 年法国卢浮宫展览也在紧锣密鼓的筹备中。

（2）地图：2021 年将延续 2020 年发起的 318 公路旅行地图公益接力活动，送出 100 万份地图，以百万地图致敬建党百年。

（3）出版：2021 年，《国民公路 G318》书籍计划进入全国百家图书馆。

（4）电影：2021 年，《国民公路 G318》纪录片筹备上映。

（5）全媒体矩阵在 2021 年全面成型。

"爱驾"对"必驾"的探索仍在路上，但随着爱驾的系列策划和运营，G318 必驾之路已经慢慢走进人们心里，并在各行业中不断卷起浪花。

二、案例分析

（一）启发思考

爱驾传媒诚然在 G318 的 IP 的营销方面做出了典型性的实践，但这一 IP 的意义并非止于此，一方面，我国的文旅 IP 塑造已经成为市场热点，但目前口号众多、项目纷杂、良莠不齐，更多的 IP 是短期且昙花一现的，开发公路作为文旅 IP 大胆而有新意，更是从长期规划的角度出发，为我国文旅市场中的 IP 塑造提供了一个高质量的案例素材；另一方面，G318 的 IP 形象的塑造过程立足于国民性，便意味着这条公路有着更高的使命，其跨越了 5 000 千米，从东部到西部，从低海拔到高海拔；它是了解、认识中国的窗口，是带动各行各业发展的重要项目，更是带动全民参与的重要事业，其更广泛的影响不可估量。我们希望通过此案例，让学生掌握文旅 IP 开发运营体系，并能运用来分析更多相关的实例。以下 4 个问题供学生思考，以便能更好地理解案例：

（1）"爱驾传媒"是如何打造"国民公路 G318"文旅 IP 的？结合品牌定位理论进行思考。

（2）"爱驾传媒"塑造的"国民公路 G318"的文旅 IP，创造了哪些独特的用户体验？结合体验营销理论进行分析。

（3）"爱驾传媒"是如何运营"国民公路 G318"粉丝群的？结合社群营销理论进行分析。

（4）"爱驾传媒"在 IP 品牌输出上做了哪些布局和努力？结合品牌输出理论进行分析。

（二）分析思路

本案例描述了"爱驾传媒"开发和运营"国民公路 G318"文旅 IP 的历程，包括文旅 IP 开发策划、体验设计、社群运营，以及品牌输出。希望通过对案例的学习和研讨，帮助学生从营销战略的高度去理解旅游形象塑造和 IP 开发运营策略，帮助学生掌握品牌定位、体验营销、社群营销和品牌输出等理论和工具。本案例的分析思路，详见图 1 - 2。

理论依据	文旅IP开发与运营	案例情景	启发思考题
品牌定位战略理论	文旅IP开发策划	首先，爱驾传媒制订了三个五年规划；其次，在取经、布道中赋予了G318文化内涵，即"母亲之路""中国人的景观大道""国民公路G318""此生必驾318"	爱驾传媒作为一个民营企业是如何以"国民公路G318"作为文旅IP去开发的？请从品牌定位角度去思考
体验营销理论	文旅IP体验设计	爱驾传媒发起过"云游318""万人行走计划""一条路一条心"等活动；并以电影、书籍、展览、论坛、文创、打卡站牌等形式将IP产品化	爱驾传媒基于"国民公路G318"这个文旅IP创造了哪些用户体验项目？从体验营销的角度分析
社群营销理论	文旅IP社群运营	运营期间，爱驾传媒为G318打造了专属媒体矩阵，成立了粉丝基地，并借用流量明星与网红等社区精英进行IP运营推广	爱驾传媒是如何打造"国民公路G318"的粉丝群的？运用社群营销理论分析
品牌输出理论	文旅IP品牌输出	宏观层面，爱驾传媒联合沿线企业打造完整产业链；微观层面，爱驾传媒为G318编制了行业服务标准并与其他IP打造联名文创	爱驾传媒在IP品牌输出上做了哪些布局和努力？结合品牌输出理论进行分析

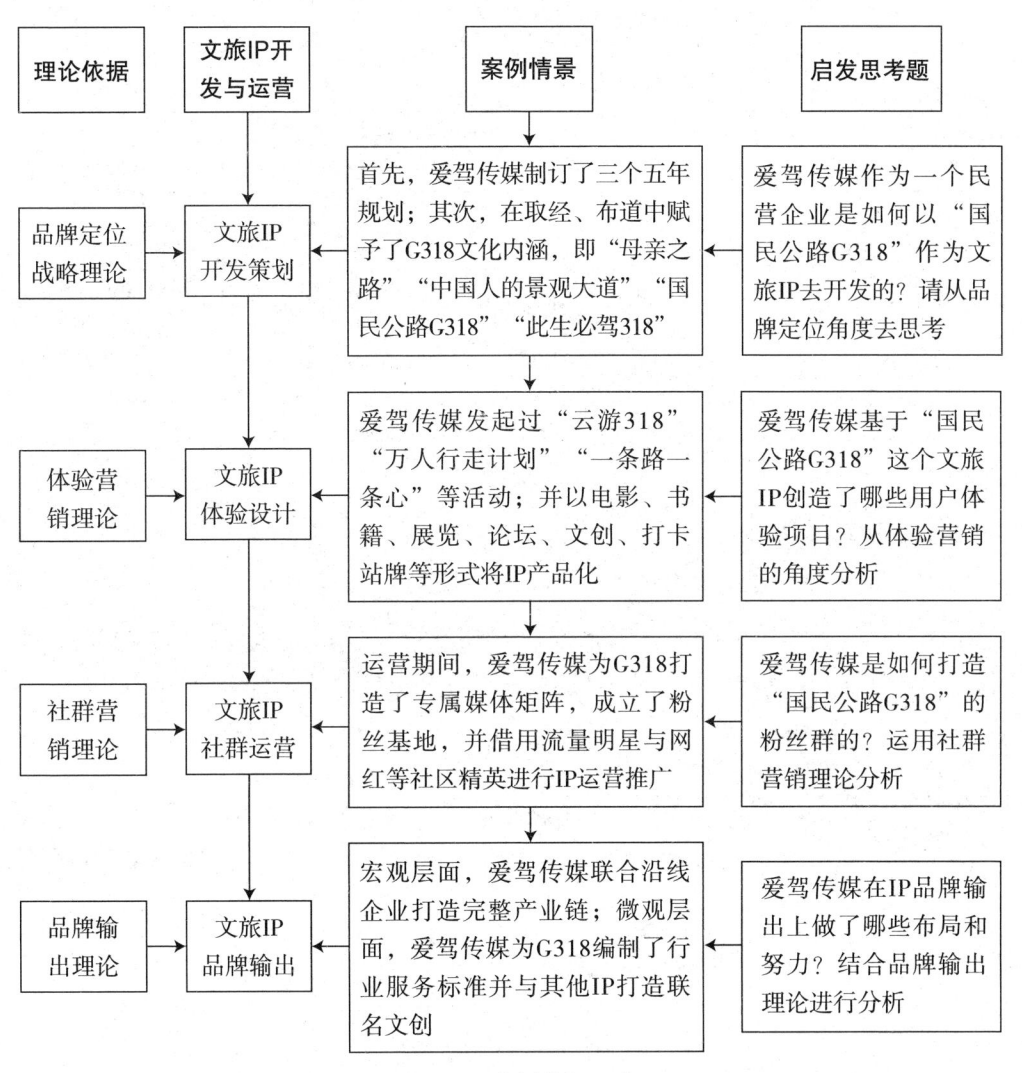

图 1-2 案例分析思路

(三) 理论依据

1. IP开发运营体系

本案例中，爱驾传媒按照文旅 IP 开发运营体系，开发运营了"国民公路 G318"这个文旅 IP。文旅 IP 开发运营体系包括：文旅 IP 开发策划、文旅 IP 体验设计、文旅 IP 社群运营、文旅 IP 品牌输出四个部分（图 1-3）。

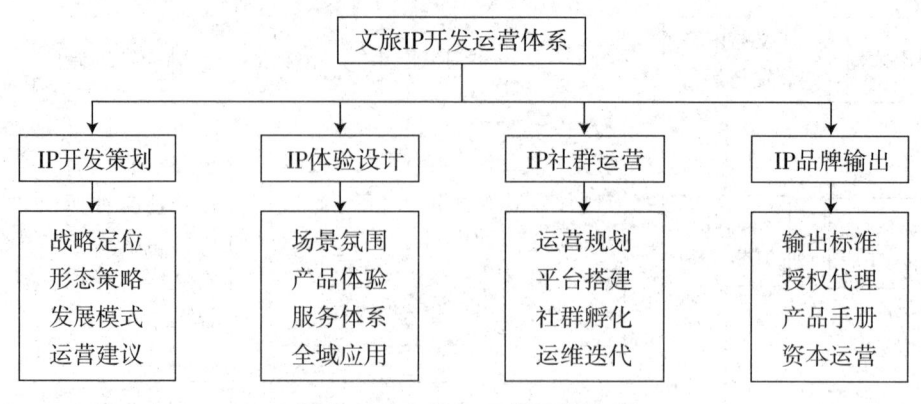

```
                    文旅IP开发运营体系
         ┌──────────┬──────────┬──────────┐
    IP开发策划    IP体验设计    IP社群运营    IP品牌输出
    ┌────────┐   ┌────────┐   ┌────────┐   ┌────────┐
    │战略定位│   │场景氛围│   │运营规划│   │输出标准│
    │形态策略│   │产品体验│   │平台搭建│   │授权代理│
    │发展模式│   │服务体系│   │社群孵化│   │产品手册│
    │运营建议│   │全域应用│   │运维迭代│   │资本运营│
    └────────┘   └────────┘   └────────┘   └────────┘
```

图1-3 文旅IP开发运营体系

2. 经典营销理论

文旅IP开发运营体系中四个环节分别对应着营销学中四个经典的理论，IP开发策划以品牌定位战略理论为依据；IP体验设计依托于体验营销理论；IP社群运营依据于社群营销理论；IP品牌输出依托于品牌输出理论（图1-4）。

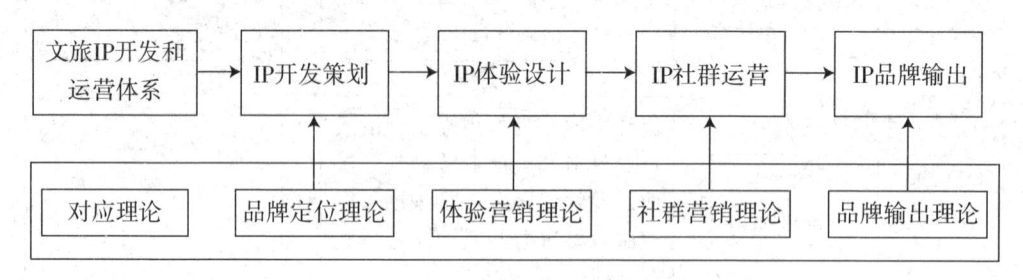

图1-4 文旅IP运营体系对应的营销理论

（四）关键要点

1. 爱驾传媒是如何打造"国民公路G318"文旅IP的？结合品牌定位理论进行思考

（1）品牌定位理论概述。品牌定位，是提供价值的建立品牌形象的行为，是要建立一个与目标市场相关的品牌形象的过程和结果。品牌定位的过程，可综合运用特劳特定位理论和定位思想体系，对企业品牌定位进行长期规划，并以战略定位改进企业运营体系。其中，品牌定位指为企业建立一个与目标市场相关的独特品牌形象，从而使企业及其品牌在消费者心目中留下深刻的印象，使消费者以此来区别其他品牌。品牌定位理论源于定位理论，是美国营销大师杰克·特劳特（Jack Trout）和艾·里斯（Al Ries）在20世纪60年代所提出的一项营销的新观念，里斯和特劳特认为，定位要从一个产品开始，那产品可能是一种商品、一项服务、一个机构，甚至是一个人，也许就是你自己。但是定位不是你对产品要做的事，而是你对预期客户要做的事。换句话说，你要在预期客户的头脑里给产品定位，确保产品在预期客户头脑里占据一个真正有价值的地位。该理论核心要旨在于，"每个品牌都应使用一个独特的概念来占领用户心智，使自己在用户心中与众不同"。该观念于20世纪80年代正式形成《定位》一书，在随后的30多年当中，两人陆续出版了定位系列专著20余本，围绕定位做了系统的阐释，将这一理念逐步完善，并形成体系。

（2）品牌定位理论内容。①品牌区隔的建立。品牌区隔就是要让你的品牌（产品）在消费者的心智中实现区隔，抢占消费者的心智资源。简单说，"定位"等于"区隔"。②品牌作用、方向和消费者心理。品牌作用、方向及消费者心理显然是影响企业商标使用决策的重要因素，这些因素也是品牌定位的依据。③品牌重新定位。随着市场状况变化、消费者对商品爱好的转向，企业应对品牌态势进行调整，如改变产品的品质、包装、设计配方。为此企业应当考虑品牌重新定位的收益、风险等情况。品牌重新定位是企业适应经营环境、市场竞争的需要，也是企业实施经营战略的需要。通过重新定位，企业及其产品在消费者心目中的形象得以改变，"旧桃换新符"，能够使企业获得更强的生命力。

（3）品牌定位的过程。品牌定位和市场定位密切相关，品牌定位是市场定位的核心，是市场定位的扩展的延伸，是实现市场定位的手段，因此，品牌定位的过程也就是市场定位的过程，其核心是STP，即细分市场（Segmenting）、选择目标市场（Targeting）和具体定位（Positioning）。①市场细分。市场细分理论是20世纪50年代由美国营销专家温德尔·斯密提出的，有人称之为营销学中继"以消费者为中心观念"之后的又一次革命。市场细分是指企业根据企业自己的条件和营销意图把消费者按不同标准分为一个个较小的有着某些相似特点的子市场的做法。②目标市场的确定。在市场细分的基础上对细分出来的子市场进行评估，以确定品牌应定位的目标市场。确定目标市场的程序：对细分市场进行评估，以确定目标市场；选择细分市场的进入方式。③品牌定位。选择目标市场和进入目标市场的过程，同时也是品牌定位的过程。正如我们前面所讲的，品牌定位的核心是展示品牌的竞争优势，是通过一定的策略把竞争优势传达给消费者。因此，对品牌经营者而言，在确定目标后最重要的是选择正确的品牌定位策略，建立他所希望的，对该目标市场内大多数消费者有吸引力的竞争优势。

（4）理论与案例的结合。案例中，爱驾传媒有关文旅IP开发的部分正是依托于定位理论。文旅IP开发是指将文旅内容资源IP化、拟人化，赋能给文旅项目。IP开发策划包括战略定位、形态策划、发展模式、运营建议四方面内容。在李克崎做出将G318公路打造成一个文旅IP的计划之后，他组织策划了从春、夏、秋、冬不同季节出发以产业、政府、用户、媒体不同维度展开的"重走G318"的官方路演，并以G318为主题多次开办论坛，集思广益，挖掘G318公路的文化内涵。

2. 爱驾传媒塑造的"国民公路G318"文旅IP，创造了哪些独特的用户体验？结合体验营销理论进行分析

（1）体验营销理论概述。指通过看（See）、听（Hear）、用（Use）、参与（Participate）的手段，充分刺激和调动消费者的感官（Sense）、情感（Feel）、思考（Think）、行动（Act）、关联（Relate）等感性因素和理性因素，重新定义、设计的一种思考方式的营销方法。体验营销的概念是1998年由美国战略地平线LLP公司的两位创始人提出来的。体验营销要求企业必须从消费者的感官、情感、思考、行动、关联等五个方面创新定义、设计营销策略。这种思考方式突破了"理性消费者"的传统假设，认为消费者的消费行为除了包含知识、智力、思考等理性因素外，还包含感官、情感、情绪等感性因素。

（2）体验营销的原则和形式。①适用适度。体验式营销要求产品和服务具备一定的体验特性，顾客为获得购买和消费过程中的"体验感觉"，往往不惜花费较多的代价。②合理合法。体验式营销能否被消费者接受，与地域差异关系密切。各个国家和地区由于风俗习惯和文化的不同，价值观念和价值评判标准也不同，评价的结果存在差异。因此，体验营销活动的安排，必然要适应当地市场的风土人情，既富有新意，又符合常理。

（3）体验营销的形式。由于体验的复杂化和多样化，所以《体验式营销》一书的作者伯恩德·H. 施密特将不同的体验形式称为战略体验模块，并将其分为五种类型：①知觉体验。即感官体验，将视觉、听觉、触觉、味觉与嗅觉等知

觉器官应用在体验营销上。感官体验可区分为公司与产品（识别）、引发消费者购买动机和增加产品的附加价值等。②思维体验。即以创意的方式引起消费者的惊奇、兴趣、对问题进行集中或分散的思考，为消费者创造认知和解决问题的体验。③行为体验。指通过增加消费者的身体体验，指出他们做事的替代方法、替代的生活形态与互动，丰富消费者的生活，从而使消费者被激发或自发地改变生活形态。④情感体验。即体现消费者内在的感情与情绪，使消费者在消费中感受到各种情感，如亲情、友情和爱情等。⑤相关体验。即以通过实践自我改进的个人渴望，使别人对自己产生好感。它使消费者和一个较广泛的社会系统产生关联，从而建立对某种品牌的偏好。

（4）体验营销的主要策略。①感官式营销策略。感官式营销是通过人体的视觉、听觉、触觉与嗅觉建立感官上的体验，它的主要目的是创造知觉体验的感受。感官式营销可以区分公司和产品的识别，引发消费者购买动机和增加产品的附加值等。以宝洁公司的汰渍洗衣粉为例，其广告突出"山野清新"的感觉：新型山泉汰渍带给你野外的清爽幽香。公司为创造这种清新的感觉做了大量工作，后来取得了很好的效果。②情感式营销策略。情感式营销是在营销过程中，要触动消费者的内心情感，创造情感体验，其范围可以是一种温和、柔情的正面心情，如欢乐、自豪，甚至是强烈的激动情绪。情感式营销需要真正了解什么刺激可以引起消费者某种情绪，以及能使消费者自然地受到感染，并融入这种情景。在"水晶之恋"果冻广告中，我们可以看到一位清纯、可爱、脸上写满幸福的女孩，依靠在男朋友的肩膀上，品尝着他送给她的"水晶之恋"果冻，就连旁观者都会感受到这种"甜蜜爱情"的体验。③思考式营销策略。思考式营销是启发人们的智力，创造性地让消费者获得认识和解决问题的体验。它运用惊奇、计谋和诱惑，引发消费者产生统一或各异的想法。在高科技产品宣传中，思考式营销被广泛使用。1998年苹果电脑的IMAC计算机上市仅6个星期，就销售了27.8万台，被《商业周刊》评为1998年最佳产品。IMAC的成功很大程度上得益于一个思考式营销方案。该方案将该产品"与众不同的思考"的标语，结合许多不同领域的"创意天才"包括爱因斯坦、甘地和拳王阿里等人的黑白照片。在各种大型广告路牌、墙体广告和公交车身上，随处可见该方案的平面广告。当这个广告刺激消费者去思考苹果电脑的与众不同时，也同时促使潜在的产品消费者思考自己的与众不同，以及通过使用苹果电脑而使他们感觉成了创意天才。④行动式营销策略。行动式营销是通过偶像的角色，如影视歌星或著名运动明星来激发消费者，使其生活形态予以改变，从而实现产品的销售。在这一方面耐克可谓经典。该公司的成功主要原因之一是其出色的"JUST DO IT"广告，经常地描述运动中的著名篮球运动员迈克尔·乔丹，从而升华身体运动的体验。⑤关联式营销策略。关联式营销包含感官、情感、思考和行动或营销的综合。关联式营销战略特别适用于化妆品、日常用品、私人交通工具等领域。美国市场上的哈雷牌摩托车的车主经常把它的标志文在自己的胳膊乃至全身上。他们每个周末去全国参加各种竞赛，可见哈雷品牌的不凡影响力。

（5）理论和案例的结合。本案例中，和爱驾传媒有关文旅IP体验设计的环节便是依托于体验营销理论，文旅IP体验设计是指，将文旅IP内容产品化，通过看、听、用、参与的手段，充分刺激和调动消费者的感官、情感、思考、行动、联想等感性因素和理性因素。文旅IP体验设计包含了场景氛围、产品体验、服务体系、全域应用四方面的内容。2018年至今，已有29个"此生必驾318"标识的打卡站牌和12个地标在G318沿线纷纷落地，国民综艺加流量明星参与打卡活动，为G318带来了亿万级曝光，应运而生的是打卡联盟和粉丝基地，"此生必驾318"的IP借势传播，一路向上。除了打卡路牌之外，爱驾传媒还筹备了"以国民公路G318"为主题的公路文化书籍、公路记录电影、公路文化展览、GOGOPANDAD与"此生必驾318"的联名文创。

3. 爱驾传媒是如何运营"国民公路G318"粉丝群的？结合社群营销理论进行分析

（1）社群营销理论概述。社群营销也可以叫作网络社群营销，指在网络社区营销及社会化媒体营销基础上发展起来的用户连接及交流更为紧密的网络营销方式。网络社群营销的方式，主要通过连接、沟通等方式实现用户价值，营销方式人性化，不仅受用户欢迎，而且还可能让用户成为继续传播者。网络社群的概念是由于WEB2.0的发展以及社交网络的应用才逐步流行起来的。从SNS发展的时间上推测，网络社群的概念大约出现在2006年前后，社群经济、分享经济等概念也是在同样的背景下逐渐被大众认识的，可见社群是以社交化为基础。简单地说，社群营销需要透过一个能够群聚网友的网络服务来经营。这个网络服务早期可能是 BBS，一直到近期的微博等。由于这些网络服务具有互动性，因此，能够让网友在同一个平台上，彼此沟通与交流。

（2）社群的概念。社群简单认为就是一个群，但是社群需要有一些它自己的表现形式。比如说我们可以看到，社群要有自身社交关系链，不仅只是拉一个群、基于一个点、通过需求和爱好将大家聚合在一起，而是要有稳定的群体结构和较一致的群体意识；成员有一致的行为规范、持续的互动关系；成员间分工协作，具有一致行动的能力，我们认为这样的群就是社群。除此之外，Worsley（1987）曾提出社群的广泛含义：可被解释为地区性的社区；用来表示一个有相互关系的网络；社群可以是一种特殊的社会关系，包含社群精神（community spirit）或社群情感（community feeling）。

（3）网络社群营销的特点。①以用户为中心，以口碑为媒介。网络社群营销以目标人群的多向互动、沟通为核心，社群成员既是信息的发起者，也是传播者和分享者，用户的使用体验、看法、态度会直接影响营销效果。社群成员对产品的点评会转化为持久的口碑效应，当越来越多的群成员在社群里表达自己对产品的看法、态度并分享给志同道合的人时，强烈的认同感就会在圈里产生，并引起非社群成员的关注与传播。②品牌传递的信息更具体，目标人群更加可控。维系社群的纽带是对价值观的高度认同，这种归属感首先建立在对品牌认可的基础之上。社群成员通过与企业的互动，参与产品的设计、加工、制造过程，建立对产品或服务质量的动态评估，进一步增强了对品牌的忠诚度。同时，由于与社群成员的关系更加紧密，企业对目标消费人群的信息掌握得更加准确，数据分析更加精准，客户人群更加可控。③企业和消费者在互动中实现共赢。在网络社群营销中，社群成员可以通过其他成员的推荐或者企业提供的产品体验机会来判断产品是否符合自己的需求，实现理性消费，甚至可以参与产品的生产流程并获得成就感；企业通过经营社群，既可以推广产品，又可以了解消费者的爱好、需求、兴趣，了解目标消费人群对产品及服务的看法和意见，为下一步的产品设计、营销方式提供参考。④网络社群营销具有多样性。其传播信息的方式呈现多样化，包括图片、文字、音频和视频等多种形式；所传播信息的内容包括理性信息和感性信息、正面信息和负面信息、真实信息和虚假信息、共识性信息和个性化信息、专业性信息和业余性信息。

（4）理论与案例的结合。本案例中，爱驾传媒在文旅 IP 社群运营环节所依托的理论正是社群营销运营理论。文旅 IP 社群运营是指文旅 IP 内容运营化，其是基于互联网等移动终端把发展起来的用户连接及交流变得更为紧密，从而提升该文旅 IP 的市场价值。IP 社群运营包括运营规划、平台搭建、社群孵化、运维迭代四个方面。目前，爱驾传媒已经在全媒体平台的布局形成了纵横交错的媒体矩阵，在抖音、微信、微博、今日头条、小红书、企鹅号等平台均运营起了 ID 为"国民公路 G318"的官方账号；微信平台布局了订阅号、服务号、自驾打卡粉丝群、个人号等。与此同时，爱驾传媒也在积极借助社群精英如流量明星和网红的力量，加速粉丝积累，扩大社群规模。

4. 爱驾传媒在 IP 品牌输出上做了哪些布局和努力？结合品牌输出理论进行分析

（1）品牌输出理论指企业通过提供品牌使用权、品牌塑造、品牌运营、联合开发产品、传输管理经验和人力资源等方式，联合其他企业，进入开发国外市场，从而达到降低成本、扩大市场份额、规避风险、提升核心竞争力等目的的投资行为。品牌输出是一个新的合作模式，是基于原有的 OEM/ODM 的基础上，灌输品牌成功的经营管理理念，并实施打通营销及市场渠道为核心的整套服务模式，包括"核心技术"与"核心管理"，涉及产品研发、生产及品牌运营、支持、培训等成功的系统，并提供一系列的解决方案。同时为合作者提供专业化的团队培训，将先进的创新理念与管理理念植入团队的工作中，提升整个团队的素质与战斗力。

（2）品牌理论。David A. Aaker（1998）明确提出了基于单个企业品牌系统的"品牌群"概念，首次将生态学的种群概念引入品牌理论的研究，并指出这是一个认识品牌的全新角度，又在 2000 年进一步提出了"品牌领导"的新管理模式；Agnieszka Winkler（1999）提出了品牌生态环境的新概念，并指出品牌生态环境是一个复杂、充满活力并不断变化的有机组织的论断。从上述品牌理论研究和发展历程看，品牌与生态的结合将成为品牌理论发展的新趋向，生态学将成为解决品牌复杂性问题的"桥梁"，成为品牌理论创新与发展的新视角。

（3）品牌输出的优势。首先，品牌输出可借用他人的力量，使输出方的事业在有限的资金和时间内得到充分发展。在市场竞争中，许多企业往往苦于资金不足，不能尽快占领市场实现规模效益，而品牌输出恰好可以弥补这一缺陷，它可以利用别人的资金来拓展自己的事业，使品牌在市场上迅速成长。可口可乐公司总裁承认：是数个特许瓶装厂的努力使可口可乐商标随时随地出现，这有助于可口可乐在饮料市场树立主导地位，成为市场领先者，而这一事实反过来又使更多的人愿意与可口可乐合作，形成一种良性循环。如果说广告能使可口可乐商标突破空间障碍，那么，特许瓶装厂则使可口可乐商标与饮料一起遍布全球，使它真正成为全球性的流行饮料。其次，品牌输出还可使品牌价值产生"滚雪球""核裂变"的效应，增加企业的无形资产价值，提高输出企业的知名度，进一步提高其商誉，增强其市场竞争力。最后，品牌输出可以使输出企业较容易突破贸易壁垒，顺利实现市场渗透，扩大市场占有率。尤其在中国这样一个条块分割、地区封锁依然存在的环境下，品牌输出是实现企业跨地区、跨系统、跨行业发展的有力武器。

（4）品牌输出的陷阱。品牌输出也有许多陷阱，它是一把"双刃剑"，运用不当，受损害的往往是品牌本身，尤其是其输出对象选择不当或监管措施不力，品牌输出将会产生一系列消极的作用。一是输入者素质差、信誉不佳、商品质量或服务质量达不到输出合同要求，就会破坏输出的品牌形象，使消费者失去对该品牌商品的依赖。二是品牌输出合同不完善或对输入方监管不力，输入方就有可能互相残杀，不仅不能扩大输出方的市场占有率，反而会降低其市场占有率，削弱其竞争能力。三是输入方学到输出方的生产技术和管理技术后，撕毁合同闹独立，用学来的技术与输出方竞争，使输出方多了一个竞争对手。

（5）理论与案例的结合。本案例中爱驾传媒在文旅 IP 品牌输出这一环节正是依托了品牌输出理论。文旅 IP 品牌输出指文旅 IP 运营产业化，实现产品变现。IP 品牌输出包括输出标准、授权代理、产品手册、资本运营四个方面。爱驾传媒通过宏观和微观两个层面实现了 IP 品牌输出的布局。宏观层面，爱驾传媒自发起"国民公路 G318"文化推广以来，就把沿线政企学各界精英和相关企业拉入局中，一方面是扩大声势，另一方面则是为该 IP 形成产业链做准备。微观层面，爱驾不仅孵化了诸多文创产品，而且积极建立行业标准为优质产品服务提供背书。

（五）案例启示

1. 企业背景

爱驾传媒全称为上海爱驾文化传媒有限公司，是国内首家专注于汽车后市场的创新型传媒机构，致力于传播汽车文化、引领汽车生活，协同价值链伙伴共同打造全媒体平台，为中国汽车用户（爱驾者）创造提供优质文化产品与整合娱乐体验。在中国成为全球第一大汽车生产消费国，中国社会大踏步进入"汽车社会"的时代背景下，经2007年至2011年为期五年的模式探索与产品尝试，爱驾传媒聚焦汽车生活、专注于汽车后市场、致力于汽车文化传播、协同价值链伙伴打造全媒体平台，为中国汽车用户提供优质资讯与体验。2012年后从事全国范围的中国自驾游路线评选、开办自驾游大会，聚焦于打造中国的公路IP。

2. 后续发展

2021年11月29日《国民公路G318》纪录电影武汉专场在武汉设计工程学院木槿校园实验影院面向影视传媒学院、商学院等百余位师生举行超前点映。12月5日，第36个国际志愿者日爱驾传媒将1万张微笑面孔，亮相于上海汽车博物馆，名为《万众一心》。第四届318峰会于2021年12月25日召开，以线上+线下结合的方式在上海汽车博览公园、汽车博物馆举办。同时G318沿线部分景区、服务区、旅游协会、文旅局、融媒体、俱乐部等超过20个单位，都在同一时间以分会场形式，见证峰会高光时刻！

3. 教学建议

本案例可以作为专门的案例讨论课来进行。以下是按照时间进度提供的课堂计划建议，整个案例课的课堂时间建议控制在80~90分钟。

课前计划：提出启发思考题，请学生在课前完成阅读和初步思考。

课中计划：简要的课堂前言，明确主题（2~5分钟）；分组讨论（30分钟），告知发言要求；小组发言（每组5分钟，控制在30分钟）；引导全班进一步讨论，并进行归纳总结（15~20分钟）。

课后计划：如有必要，请学生采用报告形式给出更加具体的解决方案，包括具体的职责分工，为后续章节内容做好铺垫。

本案例主要对爱驾传媒开发和运营文旅IP"国民公路G318"展开分析，4个思考启发题在4个营销学理论的支撑下对应爱驾传媒开发运营该IP的4个阶段。课堂提问时，应以文旅IP开发运营体系为框架，结合4个理论针对这4个问题分别展开讨论。

（1）爱驾传媒是如何打造"国民公路G318"文旅IP的？结合品牌定位理论

进行思考。

（2）爱驾传媒塑造的"国民公路 G318"文旅 IP，创造了哪些独特的用户体验？结合体验营销理论进行分析。

（3）爱驾传媒是如何运营"国民公路 G318"粉丝群的？结合社群营销理论进行分析。

（4）爱驾传媒在 IP 品牌输出上做了哪些布局和努力？结合品牌输出理论进行分析。

第二节 四个自信：我国入境旅游的发展历程（思政点案例）

摘　要：如何从道路自信、理论自信、制度自信、文化自信的四个自信角度理解我国入境旅游发展历程，具有重要的思政意义。我国的入境旅游发展经历了管制阶段（1949—1978）、起步阶段（1978—1985）、发展阶段（1985—2006）和波动阶段（2006 年至今）四个阶段，每一个阶段都代表着我国对外开放程度、国际旅游关系、经济发展宏观环境和发展水平的变化。针对当前我国入境旅游面临的客源失调、空间失衡等问题，应当从四个自信视角制定相应的发展对策。

一、案例正文

（一）案例背景

改革开放 40 余年来，中国入境旅游见证了时代变迁，经历了 20 世纪 80 年代的光辉岁月、90 年代的成长壮大，进入 21 世纪后受到非典和金融危机的冲击，2015 年显现了触底回升的迹象，现在终于迎来了复苏增长的新阶段。中国旅游研究院发布的《中国入境旅游发展报告 2019》中指出我国入境旅游进入稳步增长通道，入境旅游市场规模保持稳步增长，市场结构继续走向优化，入境旅游服务品质得到游客认可，但仍然面临客源失调、空间失衡等问题。

（二）入境旅游发展历程

我国入境旅游的发展经历了四个阶段：管制阶段（1949—1978）、起步阶段（1978—1985）、发展阶段（1985—2006）和波动阶段（2006 年至今）。管制阶段的国际社会正处于二战后的恢复期，经济低迷，不具备旅游业发展的社会环境，这一阶段外国人入境必须通过外交部办理相关的手续，此阶段我国入境旅游是不以"盈利"为目的的事业性质，主要扮演着外交角色，是为国家的外交关系服务的。1977年，全国旅游涉外饭店仅137座，客房1.5万间，床位数仅3万张，旅游发展底子较薄；全年来华旅游入境人数为57万人次，旅游创汇收入2.62亿美元。

起步阶段，由于当时中国开始了改革开放和社会主义现代化建设的新时期，这给入境旅游的发展提供了有利的宏观环境。这一阶段的特点：入境旅游作为改革开放的突破口，"旅游创汇"功能逐步显现。20世纪70年代末改革开放以来，中国旅游业得到政府的扶持，旅游景点不断增加，旅游人数同比增长，社会的经济发展及各国文化交流的加强为中国吸引了大批入境游客，呈现快速上升趋势。

发展阶段的特点是创汇引领与民间友好往来，旅游人次和旅游收入持续增长，增速最高为2004年（19%），2003年受SARS影响首次出现负增长（-1.4%）。这一阶段，国内旅游业快速发展，入境旅游也在波动中发展，1991年，入境旅游人数增加到3 334.98万人次，旅游外汇收入28.45亿美元，分别是1977年的58倍和10.8倍，同时，旅游基础设施也得到大幅度改善。

波动阶段的特点为盘旋上升与螺旋下降交织。2008年，在奥运会及经济发展等各项因素的带动下，入境游人数达到改革开放以来的最高峰13 187.33万人次。然而，随着2008年全球性金融危机爆发，全球旅游行业受到巨大的冲击。从2011年开始，中国入境游行业进入增长放缓阶段；从2013年开始出现了小幅度下滑，近年开始回暖。中国入境游行业游客数量增长进入波动时期。

入境游政策随着各阶段的发展发生着变化，分别由入境接待管理到促进旅游创汇，到发展国内旅游市场，再到提高旅游业发展质量。从72小时（144小时）过境免签、离境退税和签证简化手续等一系列便利化政策的实施，到免退税业务逐步放开、国际航线增加、连续的中国旅游宣传推广活动的开展、以促进入境旅游和全域旅游的协调发展，以及"一带一路"国家旅游共同体的构建等，使得中国在世界旅游发展中的影响力不断扩大，促进了入境旅游市场的不断发展。

（三）入境旅游结构特征

1. 以港澳台同胞入境游为主

我国的旅游统计中，入境游客构成包括了香港同胞、澳门同胞、台湾同胞和外国人四大类别。但很多国家的入境游客指的只是外国游客,由于我国历史上的特殊原因,将港澳台同胞入境人次统计为入境游客人次。因此,我国的入境游客并非单指外国人入境游客。我国的港澳台同胞入境人次占到入境游客的三分之二,外国人入境游客只占三分之一左右。

2. 外国人入境游波动显著

外国游客入境和港澳台入境的稳定性存在差异。从时间上来看,港澳台入境游客量的时间分布更均匀,淡旺季游客数量的差异相对外国游客的不明显,外国入境游客的变化相对较为敏感,在"非典""全球经济危机"等背景下有更长的调整恢复期。1992—2011年的对内开放和加快改革阶段,入境旅游也在波动中发展,外国人入境旅游人次变化幅度比港澳台入境旅游人次变化幅度大；2012年至今的双向开放和深化改革阶段,国内政治经济环境稳定,国际经济形势好转,外国人入境旅游人次占入境旅游人次比重持续增加。

3. 亚洲是入境游客源主体

外国人入境旅游客源主要分布在亚洲、欧洲、美洲。亚洲主要客源国包括日本、韩国、马来西亚、蒙古国、菲律宾、印度、新加坡、泰国、印度尼西亚。欧洲主要客源国包括英国、法国、德国、意大利、荷兰等。美洲主要客源国以美国和加拿大为主。亚洲地区持续是中国最主要的客源市场。亚洲市场占外国人入境市场的比重稳定在60%左右,其次是欧洲和北美市场,近几年来,它们的占比分别稳定在20%和10%上下。整体来看,亚洲、欧洲和北美三个地区贡献了90%的外国人入境客源市场,是中国入境旅游市场的主体构成。

(四)入境旅游面临问题

入境旅游面临着客源结构失调、空间结构失衡、消费结构失范的问题。

客源结构失调表现在三个方面:外国人入境旅游占比较少,港澳台入境增长潜力有限,新兴国家入境旅游消费不足。在我国入境旅游客源结构中,外国人入境旅游占比较少。外国人入境旅游相比国内旅游、出境旅游更为敏感,更易受到国际形势、国家政策的影响。在港澳台市场潜在来华旅游市场规模既定的情况下,港澳台市场的增长潜力有限。我国入境旅游新兴国家包括了东南亚、南亚以及"一带一路"建设沿线发达国家和地区,从入境游客的消费结构看,入境游客多为"休闲度假型"旅游,除了宾馆酒店类必需的消费支出外,其他类型的旅游消费支出规模较小。

入境旅游空间结构失衡表现在三个方面：东中西部分布不均，入境旅游流与生态环境耦合度不高，国内突发事件对入境游造成影响。我国入境旅游区域差异严重，整体呈"东重西轻"的区域结构特点，入境旅游空间结构呈东部、中部和西部地区依次递减分布。不同规模等级和空间层次的空间分布不平衡程度越高，趋向分散的失衡态势就越明显，这种空间分布变化与旅游发展条件的不断改善存在正的相关性；我国东部地区人口聚集度高，经济发展水平高，旅游消费水平也高，但从生态环境的角度来说，东部地区的雾霾、沙尘暴、湖泊污染等生态环境问题较为突出，但东部地区是入境旅游流量和流质都较为突出的地区。西部地区虽然经济发展水平不高，人口聚集度低，旅游消费水平不高，但西部地区有着我国最为丰富的旅游资源和生态环境，例如，西双版纳热带雨林、九寨沟、长江三峡、冰川等。西部地区的入境旅游流量和流质与东部地区相比极不突出；最近几年，我国境内暴发的禽流感、登革热和日益严重的雾霾、环境污染等系列负面事件，再加上韩国、日本以及欧美不少国家新闻媒体的负面宣传报道和各国旅游部门及相关旅游组织的旅行警示，对我国的旅游地形象产生一定的冲击和负面影响，影响境外游客的安全消费心理。

入境旅游消费结构失范表现在三个方面：入境旅游消费两极分化，入境旅游消费结构不合理，人民币升值与物价上涨抑制游客消费。入境旅游消费较高的地区全部是东部地区，入境旅游消费较低的地区主要在西部地区，而中部地区并没有表现出突出的地区，因此，我国入境游客消费水平存在明显的两极分化现象；我国入境游客的消费结构中购物花费比重在逐年增加，景区游览的花费是外国来华游客消费结构中的重要组成部分，但在对入境过夜游客人均日消费的影响中却并不突出；对入境游来说，人民币升值起到了抑制作用，主要表现在抑制入境客流增速、降低旅行社经营利润和减少景区（旅游）外汇收入上。

二、案例分析

（一）思政结合点

"四个自信"即道路自信、理论自信、制度自信、文化自信。2016 年 7 月 1 日，习近平总书记在庆祝中国共产党成立 95 周年大会上明确提出：中国共产党人"坚持不忘初心、继续前进",就要坚持"四个自信"即"中国特色社会主义道路自信、理论自信、制度自信、文化自信"。

道路自信是对发展方向和未来命运的自信。坚持道路自信,就是要全党和全国人民坚定"中国特色社会主义道路是实现社会主义现代化的必由之路,是创造人民美好生活的必由之路"的信念。理论自信是对中国特色社会主义理论体系的科学性、真理性、正确性的自信。坚持理论自信就是要全党和全国人民坚定对马克思主义基本理论、中国特色社会主义理论体系的正确性、真理性的信念。制度自信是对中国特色社会主义制度具有先进性和制度优势的自信。近代以来的历史证明,中国特色社会主义制度,是最适应中国社会主义现代化建设需要、保证各项事业顺利开展的制度体系。文化自信是对中国特色社会主义先进性的自信。坚持文化自信就是要激发党和人民对中华优秀文化传统的历史自豪感,坚定对党领导人民建设社会主义现代化强国、实现中华民族伟大复兴事业的坚定信念,在全社会形成对社会主义核心价值观的普遍共识和坚定信念。

中国入境旅游经过 40 余年发展,管理体制渐趋完善,产业地位日益凸显,供给体系不断优化,旅游产品持续丰富。目前我国入境旅游接待人数稳居世界第三位,随着我国入境旅游接待能力的提高,有望在未来成为世界第一大入境旅游接待国。但仍然面临一些问题,探究所存在问题的成因,可归纳为对入境旅游的认识和政策存在不足,"旧传统"与"新格局"不适应、国家文化形象与入境旅游不匹配等。面对问题,我们应积极应对,从"四个自信"的视角思考如何发展入境旅游。当前,中国梦正在成为入境旅游发展的新动能。不管是"美丽中国"还是"超乎想象的中国",都意味着国家富强、人民幸福、环境友好正在成为全新的国家形象。

(二) 案例思考题

(1) 我国的入境旅游经历了哪四个发展阶段?

(2) 如何从道路自信、理论自信、制度自信、文化自信视角理解我国入境旅游发展历程?

(3) 结合案例谈谈当前我国入境旅游面临的主要问题有哪些?针对这些问题,应当如何制定发展策略?

第二章 旅游接待业结构

第一节 结构系统：李子柒文创产品发展之路（知识点案例）

摘　要： 李子柒文创产品的发展历程对旅游接待业的产业、行业和事业特征具有重要启示。本案例描述了李子柒的创业历程、文创产品的特色，以及个人品牌的形成，展示了个人形象对旅游目的地的文化传播的作用。通过对个人IP塑造、旅游产品开发、旅游营销创新的讨论，引导学生理解文旅融合的内涵，并思考旅游接待业结构中各组织应如何借此创新旅游产品和营销方式，进而推动旅游业高质量发展。

一、案例正文

旅游政府部门、旅游企业、旅游行业组织是旅游接待业结构的重要组成部分。近年来，在乡村振兴背景下，乡村旅游得到较大发展，怡然自得的乡村风光、健康生态的美食吸引着无数游客。在新媒体的带动下，制作美食、展示乡村美景的短视频极大地促进了中国乡村文化的传播，在海内外引起了极大的反响。对于旅游目的地而言，如何依托类似李子柒这样的网红人物或类似网红产品，做好旅游产品创新、旅游品牌打造、旅游文化传播是需要政府行政部门、旅游企业、旅游行业组织深入思考的问题。

（一）李子柒创业历程

1. 出生农村，只身到大城市打拼

李子柒，1990年出生于四川省绵阳市，幼年父母离异，随后跟随爷爷奶奶一起生活。爷爷做过乡厨，善于农活，也会编制竹器，邻居有了红白喜事都乐意找李子柒的爷爷帮忙，在爷爷做饭的时候，她便在一旁打下手。此外，李子柒还曾和爷爷一起做木工，陪奶奶做饭，庄稼成熟时她也会下地干活。儿时耳濡目染学到的很多东西成为其日后短视频作品的重要素材。随后爷爷的离世让李子柒和奶奶的生活愈加艰难。为了维持生活，14岁初中毕业的李子柒只身去到大城市打拼，当过洗碗工、服务员、酒吧DJ，开始了长达8年的漂泊生活。2012年奶奶病倒，为了照顾至亲，李子柒辞掉大城市的工作，回到四川绵阳的农村，开始了简单的乡村生活。

2. 回乡创业，初次接触短视频

回到家乡后，李子柒开设淘宝店铺，开始售卖家乡的特色农产品，然而在竞争激烈的淘宝上，店铺生意惨淡。2016年年初，李子柒看到表弟在美拍平台拍摄的一些短视频，受到很多粉丝的关注，后来受表弟启发，她觉得可以利用短视频来帮助自己的淘宝店引流。决定要拍短视频后，李子柒遇到的第一个问题是拍什么主题呢？最终李子柒选择了最熟悉的"农村生活"，拍摄乡村美景美食。在一次访谈中，李子柒提道："农村这一切自给自足的东西，对于我来说，它是耳濡目染的、知根知底的，甚至是怀着敬畏之心的。"其最初设定的话题取自俗语"四季更替，适时而食"，三月桃花盛开时节，李子柒用手机拍摄制作桃花酒的全过程，虽然画质模糊、镜头切换生硬，但李子柒还是满怀期待地把制作桃花酒的短视频放到美拍平台上，但关注并没有如意料中蜂拥而至，几天下来李子柒发现根本没有几个人关注过她拍的视频。她当时准备放弃了，但转机很快就来了。4月的一个早上，李子柒突然发现自己的账号涌入了很多粉丝，而且"桃花酒"的短视频也收到了1万个点赞，事后才发现这是因为美拍CEO吴欣鸿看到李子柒拍的视频觉得很有意思，便把桃花酒视频放到了美拍的首页。李子柒由此受到很大的鼓励，坚定了继续拍摄的决心。

3. 视频火爆，同时遭受质疑

关闭淘宝店后，李子柒拍摄了诸多视频，陆续获得了很多的关注，同时她在思考优化视频的内容和风格，最终她决定不仅仅拍摄美食，而且还要与乡村田园风光结合，展现美食的制作步骤，注重食物来源，细致地呈现食物从无到有的全过程。同时，她决定好好提高视频拍摄的质量，与美拍平台的达人请教拍摄技巧，以此让更多的人看到和喜欢她拍摄的视频。经过努力，李子柒先后拍摄了"茉莉酱""桂花酒""琉璃蛋""炸荷花""火焰醉鱼"等视频，展现了这些美食从种植，生长，到食材处理的全过程。除此，她还用一年多的时间还原古代"文房四宝"的制作过程，甚至以一人之力在院子里用木头和竹子搭了一座茅草棚和秋千架，还拍摄了其特意前往兰州学习了一个月的兰州拉面手艺等短视频。视频中李子柒古风古韵的生活方式，将我们心目中向往的田园牧歌生活，真真正正地演绎出来。后来在杭州微念科技的创始人刘同明的帮助下，李子柒的视频从美拍转移到新浪微博，李子柒的视频得到越来越多粉丝的喜爱。

然而质疑声也纷至沓来，先是有网友质疑李子柒背后有团队拍摄和包装，甚至有极端的网友强行闯入她的家中，偷拍李子柒和奶奶的生活，网友的各种质疑、诋毁甚至人身攻击让李子柒和奶奶承受了前所未有的压力。对此，李子柒发微博长文解释，同时，由于网友的攻击，她还停更了微博一段时间。

（二）推出特色文创产品

李子柒的作品，既有优秀传统文化的价值沉淀，也有当下生活的丰富多元，其涉及的传统工艺、习俗节气和日常生活，是在努力对中国传统文化进行全角度、全过程地展现。在其研发的美食产品中，无一不是突出中国文化，在选择合作品牌方时，李子柒选择与具有中国传统文化特色的机构，以及非物质文化遗产传承人联合研发产品，比如，李子柒和故宫食品·朕的心意联合开发了一款辣酱，这种辣酱比较特别，采用的是来自宫廷御膳房的传统配方，并有个极具历史感的名字——"苏造酱"。同时，李子柒还和具有百年历史的"江南药王"胡庆余堂进行合作，开发了适合女性的养生产品——"即食燕窝"，跟非物质文化传承人一起开发了"长白山参蜜""柳州螺蛳粉"等，与舌尖大厨开发特色名菜如红烧湖羊肉、乌骨鸡汤、老鸭汤等，与《国家宝藏》栏目组合作开发非物质文化遗产相关手工艺品如纸伞、折扇、沉贵宝木化妆镜、王婆婆纯手工艾草老虎枕头、手工造胭脂粉盒等。这些探索和创新，使中华优秀传统文化的传承和弘扬形式为之一新，也启示我们，在新的历史阶段，要在中华优秀传统文化的继承和弘扬上推动形成高质量发展态势，以此聚集市场人气，振奋行业士气，集聚发展动能，产生了积极的社会影响。从当时迫于生计而赚钱，到现在有了更多的责任和担当，李子柒说："竭尽全力把中国五千年博大精深的传统文化和生活方式传递给更多的人，这是我未来坚定要做的事情"。

（三）成立"李子柒品牌"

在深思熟虑后，为了能够更加潜心于创作，为用户带来更多更好的短视频，

2017年，李子柒和杭州微念科技携手，成立四川子柒文化传播有限公司，在专业团队的扶持下，李子柒的视频创造进入快车道，多个优质的内容在全网传播，引发众多粉丝的追捧和热爱。李子柒在自己的微博上写道："我生命虽微小如凡尘，但想在有限的生命里尽自己的能力去做一些事情。如果世界各国的朋友能通过我的视频爱上中国美食，爱上中国的话，那会让我觉得自己这一生没有白活。"2018年，李子柒的原创短视频在海外运营3个月后相继获得了YouTube平台白银和烁金创作者奖牌，粉丝数则突破100万，其发布的《汉妆》《面包窑》《芋头饭》等作品在Facebook也获得了数百万的播放量。随后创建了东方美食生活家"李子柒"品牌，李子柒天猫旗舰店正式开业，上线当日受到粉丝的狂热追捧，开业6天之后，这个仅有5款产品的店铺便销售量突破15万份、销售额破千万元。截至2020年6月30号，其淘宝旗舰店共上线24种产品，李子柒商业化变现初步获得了成功。

2019年，李子柒成为成都非遗推广大使，此外她还获得了超级红人节最具人气博主奖、年度最具商业价值红人奖；获得《中国新闻周刊》"年度文化传播人物奖"。2020年，李子柒火爆全网，受聘担任首批中国农民丰收节推广大使，在一档节目中，她表示自己首先想要用自身的影响力推动乡村振兴，为老百姓增收，其次是做好非遗传统文化的传播和推广。2021年，吉尼斯世界纪录发文宣布，李子柒以1 410万的YouTube订阅量刷新了由其创下的"YouTube中文频道最多订阅量"的吉尼斯世界纪录，成为世界看中国的重要窗口。

（四）带动乡村旅游发展

李子柒的视频火爆之后，东方美学式田园生活理念，远离都市，隐世而居成了越来越多旅行者的出行心愿。《2019中国文旅产业用户调研报告》显示，放松快乐成为当代游客出行的主要动机，其中过半用户希望能在旅行途中亲近大自然，静谧村落更让他们心神向往。为了满足这些人的旅行住宿要求，由老旧农房改造而成的高端民宿开始不断在乡间涌现。作为乡村旅游业中一种小型且美丽的商业形式，乡村民宿以其独特的自然风光、文化习俗和缓慢的生活体验继续受到欢迎。乡村振兴战略实施以来，城乡差距再次缩小，更多的资金和人才投入农村，大量资金和政策投入大大改善了农村交通、卫生、通信等公共配套设施，民宿已成为农村产业振兴的关键商业形式①。

再加上受疫情影响，人民的生活方式和心态、需求发生变化，以乡村和自然风光为载体的休闲微度假旅游方式更受人们的青睐；且因长距离出游受阻，人们转而以中短途选择及周边游。马蜂窝旅游日前发布的《2021"微度假"风行报告》显示，疫情让旅游需求端发生了巨大的改变，"微度假"成为旅行新风尚。2018年我国有1.5亿人出国游，疫情后，这部分高消费人群被"出口转内销"。开始瞄准国内高品质、优质的旅游目的地。在以"李子柒"为首的"乡村网红"们和明星真人秀综艺的带动下，乡村成为人们心中向往的生活。各大目的地也推出了很多趣味性体验项目，收割水稻、抓稻田鱼等农村体验；民间习俗、非遗工艺等传统文化，都让习惯城市生活的游客流连忘返②。

（五）促进入境旅游产品创新

李子柒对中国文化的输出，潜移默化地树立了良好的中国形象。李子柒的视频还原田园生活，打造出中国美食的超级IP，令中国传统生活美学"香飘海外"。2019年9月，谷歌和中国旅游研究院合作的《2019年海外入境游行为分析报告》显示，入境海外用户做决策的过程中，用户使用各项在线媒体中增长最快的是在线视频媒介，从2017年的33%增长到了2019年的49%。李子柒的视频对拍摄、选题、内容、制作、后期要求非常严格，从内容上视频里几乎没有任何语言，但却能用炒菜、砍竹子、生火等声音保持吸引力，让海外用户观看时没有语言障碍；在画面、着装等设计上也非常精妙。这恰恰契合海外用户比较直接，喜欢有趣好玩并且有内涵的东西，不喜欢太正式地讲解美食、介绍旅游景点的习惯。再加上由海外的YouTube合作的Multi-Channel Network（MCN）公司负责运营和宣传，拓展受众群体、编排视频内容、版权管理，以及按照海外用户喜好和习惯添加标题和英文字幕，收集海外评论改进视频拍摄内容等方式，使李子柒的视频品质较高，因而获得较大关注③。虽然李子柒没有直接呼吁海外用户光临中国，但她的影响是深远的，是潜移默化的。不少国外粉丝在视频下留言，很想去中国农村体验一下。有意思的是，这些网友想去的地方并非常规的北上广这样的

---

① 资料来自（环球旅讯）https：//www.traveldaily.cn/article/140754.

② 资料来自http：//www.btiii.com/html/2021-12-20/17545327.html#PPN=tournews.

③ 资料来自（环球旅讯）https：//www.traveldaily.cn/article/134797.

热门城市，也不再是冲着古迹风光，而是想去体验李子柒展示出来的平常的中式农村生活。

同时，李子柒式中国文化的输出，带动了入境旅游产品创新。李子柒视频里展示的中国农村风景和生活方式，吸引不少潜在入境中国游客，最终也使得入境游服务商创新产品服务方式。成立于 2015 年的 Hi China Travel 是入境旅行信息平台的第一类代表，它为入境游客提供不同的语言内容，分享更加本土化和中国化的信息，例如，在 Facebook 上分享了很多反映中国人生活的视频和信息，其中不乏各种好玩的段子，吸引了超过 280 万的粉丝关注，然后基于平台流量，提供包价旅游产品。粉丝消费完成后，再做反馈、分享、评论，让其用户增长得到正向的循环。深圳沃亚旅行的 Come to China 则是第二类创新市场主体的代表，它将服务对象聚焦于已在华旅行的入境商务散客，为其提供定制化、碎片化的旅行服务，这种服务多包含半天或者一天的行程安排，不同于传统观光线路，而是以中国书法、绘画、武术、美食等为传统文化体验为核心内容[①]。

二、案例分析

旅游政府部门、旅游企业、旅游行业组织是旅游接待业结构的重要组成部分。李子柒的文创产品开发过程启示旅游目的地政府部门、旅游企业、旅游行业组织应注重旅游产品的文化特色开发，依托网红做好旅游品牌打造和旅游文化传播。

（一）启发思考

（1）结合案例总结李子柒的创业为何能取得成功。

（2）请思考文旅融合背景下旅游产业部门如何创新旅游产品。

（3）结合案例思考旅游行业组织应如何创新旅游营销方式。

（4）思考旅游事业组织如何发展乡村旅游推动乡村振兴。

（二）分析思路

本案例提出 4 个思考问题，本文给出的思路和解释仅供参考，授课教师可根据教学目标灵活使用。首先，问题 1，是对李子柒创业过程的整体把握，引导学

---

① 资料来自 http://www.lvjie.com.cn/brand/2019/1217/15331.html。

生梳理李子柒在每个创业阶段的关键行为。问题2，进一步根据案例，借鉴李子柒文创产品的开发过程，启发学生思考文旅融合背景下，旅游产业部门如何借助中华优秀文化推动旅游产品创新，引导学生树立文化自信。问题3，从旅游KOL、旅游体验营销视角，分析旅游行业组织如何创新旅游宣传方式。问题4，引导学生思考旅游事业组织如何发展乡村旅游助力乡村振兴，培养学生解决实际问题的能力。

（三）关键要点

1. 结合案例总结李子柒的创业为何能取得成功

（1）李子柒的创业过程分为两个阶段。

第一阶段（2016—2018），专注于视频内容的生产和传播，打造李子柒的个人身份IP；第二阶段（2018年至现在），商业化探索阶段，侧重个人身份的商业化变现。

第一阶段。李子柒打造个人身份IP的过程分为三个步骤：①李子柒基于个人喜好、技能（个人喜欢且会做美食）和环境（山村田园风光）开始拍摄视频，此时其视频内容尚未形成固定的主题和风格，拍摄质量也不高；②在美拍CEO的推荐下，李子柒拍摄的视频获得粉丝关注，在与同行和网友交流下，其不断精进拍摄技术，形成固定的拍摄风格和主题，网友的喜爱和质疑让李子柒的个人形象更具冲突性和故事性；②与微念科技合作，李子柒组建专业团队大幅度提高视频拍摄质量，多平台的广泛传播为个人身份IP的强大奠定了基础。

第二阶段。李子柒拓展海外用户，进一步扩大身份IP影响力，同时选择打造"李子柒东方美食生活家"的个人品牌来进行商业化变现。其主要通过与传统文化品牌合作开发传统美食，同时带动食品产业链上相关方的长期发展。总体来讲，李子柒通过拍摄与中国乡村田园文化和传统文化工艺、美食相结合的视频内容，成功塑造了古风的美食达人身份，构建了个人的身份IP。

（2）李子柒为何能取得成功。

李子柒创业的成功与数字网络发展有着密不可分的关系。由于互联网信息可以跨地区、跨民族、跨文化，李子柒可以在全球范围内输出个人的人设和品牌形象。2020年，李子柒在YouTube上已经拥有812万粉丝，成为助力中国文化输出的新兴代表人物。李子柒的火爆始于内容，却成于文化。其文创产品之所以广受欢迎，除了内容美感——古风美人、传统美食、田园美景等，背后还有农耕文化、隐士文化、传统非遗文化、大自然教育科普、新农村生活等元素，这些文化内涵提升了其产品的厚度和温度。其视频内容呈现的田园牧歌式"慢生活"，真正体现了人与自然的和谐共处，能在全球引发人们的情感共鸣。

2. 请思考文旅融合背景下旅游产业部门如何创新旅游产品

（1）产业结构要素。

产业是具有某种同类属性的经济活动的集合体，产业具有"生产力""驱动力"的属性。旅游接待业的产业结构要素由旅游经济直接和间接相关的各产业部门构成。旅游接待业的产业结构要素是多层次的，住宿餐饮、旅行社、交通运输、游览娱乐是旅游接待的核心产业要素。除此之外，旅游接待业的产业结构要素还涉及商业、银行、邮电、保险等辅助关联，以及文化、科技、农业、工业等社会支持产业。随着社会经济的发展，旅游接待业的产业关联程度不断加深，旅游接待业与社会经济的接触面不断扩大，旅游接待业产业结构要素也随之变化。

（2）文旅深度融合。

文化是灵魂，旅游是载体。文化旅游作为一种全新的体验形式已成为现代旅游业发展的新亮点，文旅产业也成为全国许多地区发展的重点之一。文旅的融合一般通过文化资源的梳理与挖掘、资源要素的整合、文化旅游产品开发融合、资本和市场要素的优化配置融合、服务的提升融合、综合效益的可持续发展融合等形式实现。两者融合的总体思路是"以文促旅，以旅彰文"。"以文促旅"指对旅游通过文化特色塑魂、文化品牌赋能、文化展演活化、艺术工艺创品以及IP价值整合，促进旅游业的优化升级。"以旅彰文"可通过文化产品化、文化业态化、文化主题化、文化品牌化、文化体验化、文化游乐化、文化互动化、文化情境化，把文化转化为文旅产业。通过文化和旅游的深度融合，不仅能够提升旅游的文化品位和吸引力，促进旅游大发展，而且能够促进文化有效传播交流和大繁荣，最终实现两大产业的转型升级，实现文化、经济的协同高质量发展[①]。

（3）文旅产业如何进一步融合。

习近平总书记高度重视文化建设，把文化建设摆在突出位置。中国文物学会

---

① 李任. 深度融合与协同发展：文旅融合的理论逻辑与实践路径[J]. 理论月刊，2022（01）：88-96.

会长、故宫博物院第六任院长单霁翔曾说："历史文化遗产承载着一个民族的文化基因，折射着一个民族的精神特质。"中国文旅从业者身兼守护者和传承者的双重身份，旅游产业部门可通过以下形式创新旅游产品。

①要对文旅资源要进行深层次的挖掘和功能拓展，打造更有引爆力的文旅产品。盘活用好各类文化资源，深入挖掘地域文化特色，推出高质量文艺创作节目和精品文旅线路，把更多的文化内涵、文化元素注入景区景点，使文化成为景区的灵魂。我国农耕文明源远流长，寻根溯源和乡村情结历久弥深，李子柒视频里展示的日出而作、日落而息，充满诗意、逍遥自在的田园慢生活，是对美丽乡村的很好展示。未来我们要深入挖掘乡土文化资源，以农村风土人情、民俗文化为旅游吸引物，充分突出农耕文化、乡土文化和民俗文化特色，开发农耕展示、民间技艺、传统饮食、节庆活动、民间歌舞等旅游活动，为游客带来赏心悦目的乡村文化体验。

②推动文化和旅游产业与相关产业深度融合发展。通过文化旅游与工业、教育、体育、康养、农业等相关产业的融合，催生新的业态。"文旅＋工业"，打造高品质工业旅游 IP，工业游融环境美、自然美、视觉美、气味美、故事美、过程美和品位美于一身，可集观光与购物于一体，带来美妙的体验。"文旅＋教育"，打造高品质研学旅游 IP，着力挖掘文旅资源思想内涵，着力打造优质产品和服务，推动优秀传统文化活起来，革命文化和红色基因传下去，社会主义先进文化广为弘扬。"文旅＋体育"，丰富线上线下体育智能赛事供给，举办全国性智能体育大赛，将智能马拉松、智能骑行、智能足球、智能赛车等更多内容纳入赛程。"文旅＋康养"，通过将区域的特色资源与旅游过程中各个环节相结合，打造以某一类型的康养服务为主的康养旅游产品，并在此基础上增加康养活动和旅游活动，以提高产品丰富度。"文旅＋农业"，开展乡村农业观光游、农事体验游、民俗体验游、农产品采购等，传承乡村文化，全面提升乡村旅游品质，促进乡村振兴与脱贫攻坚成果相衔接。

③用好现代科技，改变文化和旅游产业的呈现方式。2018 年 3 月，国务院印发《关于促进全域旅游发展的指导意见》，提出要推动旅游与文化、科技融合发展，强调要借助大数据技术推动全域旅游发展。要依靠互联网 3D、5G、AR、VR 等现代科技手段和新媒体手段创新形象展示和互动体验方式，充分利用科技

信息技术，提高文旅产品的供给质量和效率，全面创新文旅产业发展模式。充分运用好 5G、人工智能、物联网等新基建，为文旅融合高质量发展注入新动能。

④增强旅游体验活动的文化性。可在特色小镇、历史文化古街区增设实景文化演出，展示传统工艺、习俗节气，全过程地展现中国传统文化。围绕吃、住、行、游、购、娱等各个环节开发文创产品，引发人们为"国货之光"打卡，"以国为潮"。营造现代时尚的旅游消费场景，让旅游与时尚、潮流、幸福感等概念关联，提升大众对于旅游所代表的高品质生活和幸福生活向往的需求。

3. 结合案例思考旅游行业组织应如何创新旅游营销方式？

（1）行业结构要素。

行业是指提供同类产品或服务的经营单位或个体组织。旅游接待业的行业结构要素包括提供能满足旅游者差异化需求的旅游产品的行业部门，是旅游接待业的基本结构。行业伴随着人们消费方式的改变，逐渐地从服务部门分离出来，并在社会进一步分工后形成不同类别。根据提供的产品和服务的差异，旅游接待业的行业结构要素包括餐饮、住宿、交通运输、旅游景点、旅行社、旅游商品、旅游娱乐等各行业部门，它们是直接构成旅游接待业的基本要素。总体而言，旅游接待业的行业结构要素在发展过程中逐渐丰富，各行业之间相互补充和组合、相互促进和发展，形成能为旅游消费者提供完整产品和服务的行业部门。

（2）KOL 营销的内涵。

KOL 是 Key Opinion Leader 的简称，意思是关键意见领袖，它是营销学的一个概念。关键意见领袖通常是指那些拥有更多、更准确的产品信息，且为相关群体所接受或信任，并对该群体的购买行为有较大影响力的人。KOL 营销也就是指将关于品牌的软广告或硬广告信息通过在某些特定的领域具有强大影响力的人物来发布，帮助品牌及产品建立与受众的联系，并实现互动，以此来提升品牌的推广计划的可信度，增强品牌属性，并获得潜在客户。

（3）体验营销。

体验营销又称"体验式营销"，是指以消费者为中心，通过为目标消费者提供感官、情感、行为等方面的体验，去影响消费者的决策过程与结果，最终创造满意交换的营销理念或营销方式。其中的一个基本假定是，消费者在进行消费决策时，不仅单纯依靠理性认识，还会融入感性因素。与之相呼应，营销人员可让目标顾客采用观摩、聆听、试用等方式体验其产品或服务，进而使顾客赋予该产品或服务更高的主观感知价值。旅游从本质上讲就是一种"体验性消费"，因此体验营销在旅游市场营销工作中受到关注。

（4）理论与案例的结合。

旅游住宿、餐饮企业可以和类似李子柒这样的网红、旅游达人、摄影爱好者合作，邀请旅游 KOL 进行旅游体验，并在各大旅游网站分享旅游体验，以此保持目的地在社交媒体上的活跃度；同时，再通过专业团队的策划旅游事件，增强宣传信息的实效性、故事性、互动性。旅游景区可以通过体验营销宣传景点。旅游宣传已经逐步摆脱了"看山看水看文物"的方式，更多的是呈现更具烟火气的城乡生活场景，以此构建起旅游地与游客之间的情感关联。李子柒及其拍摄的乡村生活之所以备受关注，也是因为她呈现了乡村生活方式，与乡村相关的文化、历史、民俗、自然环境皆融入其中，这种旅游理念的表达，更能于无形中触动受众内心深处的情感共鸣，进而激发人们的出游意愿。

旅游行业组织可以使用线上线下并行的多元传播方式。旅游目的地可以应运用音乐、舞蹈、电影、电视剧、书法、绘画、纪录片、动画片等人们喜闻乐见的艺术形式，展示目的地的风土人情以及自然风光，以接地气的方式讲好文物故事，讲到群众心坎里，激发人们对中华优秀传统文化的浓厚兴趣。旅游目的地应通过智能技术的力量，对产品进行文化活化及再现，带来更多体验及互动感。智能科技技术将能提供更多身临其境的体验，游客在消费决策时会更容易决策，特别是一批小众的目的地会成为网红景点，形成旅游的新业态。

4. 思考旅游事业组织如何发展乡村旅游推动乡村振兴

（1）事业结构要素。

事业是指具有一定目标、规模而自成系统的、关系社会发展的活动。事业具有"非营利性""公益性"的属性。旅游接待业的事业结构要素包括致力于使旅游消费者、旅游经营者、社会发展获得最大满足，是不以营利为目的的管理部门或社会组织，其具体包括各级相关政府部门，相关的旅游行业协会和科普教育、社会公益等机构。战略制定者、监管者、技术支持者、利益维护者、宣传者等都是旅游接待业发展过程中不可缺少的角色，他们可以为旅游接待事业发展中可能存在的资源配置不合理、社会发展不平衡、竞争不公平等问题提供引导和规范。

虽然旅游接待业在发展过程中不断出现各种问题，但旅游接待业的事业结构要素也在不断丰富，更好地促进旅游接待业的发展。

（2）理论与案例的结合。

党的十九大报告指出，农业农村农民问题是关系国计民生的根本性问题，必须始终把解决好"三农"问题作为全党工作的重中之重，实施乡村振兴战略。当前，乡村生存空间不断受到工业化和城市化过程带来的挤压和侵蚀，农耕文化的传承和保护迫在眉睫，因此旅游各级相关政府部门，旅游行业协会等机构应充分发挥旅游的作用，推动乡村振兴。

深化农旅融合。可以利用农村优美的自然景观，奇异的山水，绿色的森林，静谧的湖水，发展观山、赏景、登山、森林浴、滑雪、滑水等旅游活动，让游客感悟大自然、亲近大自然、回归大自然。乡村经济发展到今天，不再是一种简单的经济活动，而是通过农旅融合，发展成为一种兼顾物质生产和精神层面的休闲活动，农旅融合也不仅是单一的固定模式，而是有主有次各有特色，在各有专攻的基础上相辅相成。未来的乡村，不仅是农村人守望的美丽家园，也是城市人向往的奢侈品。

大力发展乡村特色文化产业。在深入挖掘乡村特色文化符号的基础上，通过盘活特色文化资源，大力发展乡村特色文化产业，促进文化资源和现代消费需求的有效对接。另外，农村电商作为当前乡村振兴非常重要的方式之一，其有效发展模式值得进一步探索，李子柒的内容生产和构建电商平台与品牌的模式给农村电商的发展带来了很多有益的启示。

（四）案例启示

我们通过学习李子柒的创业经历，首先，这验证了乡村文化对普通公众的吸引力。乡村田园文化从过去被鄙视、被抛弃，如今又重新回到主流审美的视野，这背后蕴含的是社会和经济的进步带来的文化自信和文化反思。城市化进程给民众带来现代化生活的同时，也造成了拥挤、喧嚣、污染、冷漠、过度消费等问题。李子柒诠释的乡村田园生活质朴、纯真、温暖、祥和，重新激起人们对乡村田园生活的憧憬和向往。其次，李子柒的成功给当前的乡村振兴提供思路，乡村振兴需要深入挖掘乡村田园文化的特色和差异性，培育具有主体性与竞争力的文化IP，构建当地的乡村身份和合法性。再次，李子柒的案例启示旅游目的地的政府部门、旅游企业等产业部门、行业组织和事业组织应重视文化的因素，在国际国内双循环背景下，深入挖掘中华民族优秀的传统文化，推动旅游产品创新，做好旅游宣传营销。

第二节 绿色理念：中国学者的"阿者科计划"（思政点案例）

摘 要： 如何从"创新、协调、绿色、开放和共享"五大发展理念的视角去理解中国学者推动的"阿者科计划"具有重要的思政意义。本案例讲述了乡村振兴背景下，旅游接待业中的高校和地方政府通力合作，通过实施"阿者科计划"创新旅游产品形式，规范旅游经营活动，推动世界遗产地核心区的贫困山村脱贫致富的故事。针对中国传统古村落人口"空心化"、文化传承断档和旅游无序开发等问题，应从五大发展理念视角提出具体对策，本案例旨在培养学生的责任与担当意识，引导学生学以致用，积极投身实践。

一、案例正文

贫困问题是国际社会面临的共同挑战，但在发展中国家这一问题尤其突出。在当前的国内外政治经济大环境下，发展旅游业已经成为当地人民摆脱贫困、实现可持续发展的主要方式。随着旅游业的快速发展，旅游在贫困乡村地区经济社会发展体系中，正由辅助角色转换为关键推动力量。从本质上看，旅游减贫依托旅游产业，旅游减贫作用的发挥与当地旅游产业发展成效紧密相关。通过发展旅游业实现减贫，可以最大限度地调动全社会资源，引导贫困人群就业，同时兼顾地方环境保护，达到"授之以渔"的效果。

（一）案例背景

阿者科村位于云南省红河哈尼族彝族自治州元阳县哈尼梯田世界文化景观核心区，海拔1 880米，全村共64户，479人。"阿者科"按照字意是指最旺盛、吉祥的一个小地方，村寨有210年历史，因其保存完好的四素同构生态系统（森林、村庄、梯田、水系），独特的哈尼传统民居（蘑菇房）聚落空间景观和悠久的哈尼传统文化底蕴，成为云南红河哈尼梯田申遗的5个重点村寨之一，同时也是第三批国家级传统村落。阿者科村哈尼族的传统建造方式，敬畏自然、崇拜自然的传统观念，以及自然人文景观所构成的和谐人居环境，体现出哈尼族传统聚落勤劳和顽强的精神。

（二）面临的挑战与问题

千百年来，哈尼族始终坚持人与自然和谐共生，筑牢自然生态和人文根基。村民们一直保留着尊重山水和梯田的自然理念和风俗习惯，像保护眼睛一样守护大山。阿者科村筑牢了"绿水青山"的自然本底和人文根基。拥有富饶景观资源的阿者科村是游客追求的理想目的地，却是村民几代人拼命想挣脱的封闭落后、限制发展的沉重"枷锁"。阿者科是贫困村，人均年收入仅 3 000 元，传统的生产生活方式难以为继。人口外出务工，村落"空心化"日趋严重。

（三）帮扶措施

为解决乡村人口"空心化"、文化传承断档和旅游无序开发等问题，平衡好保护与发展之间的关系，保护千年古村落，守护美丽家园，留住心灵深处的乡愁，2018 年，元阳县与中山大学旅游学院保继刚教授研究团队，编制实施了"阿者科计划"，成立阿者科村集体旅游公司，由中大研究生团队和元阳派驻干部共同指导公司经营。这一计划依托阿者科特殊的地理区位、丰富的自然资源和独特的民族文化，以保护自然生态和传统文化为基础，以发展"内源式村集体主导"旅游产业为重点，在保护中开发、在开发中保护，把优质生态产品的综合效益转化为高质量发展的持续动力，走出了一条生态保护、文化传承、经济发展、村民受益的人与自然和谐共生之路，最终全村基本实现旅游脱贫。具体举措如下。

1. 增强技能培训

保继刚教授团队根据扎实的现场调研和丰富的理论研究成果，确定了阿者科发展乡村旅游的方向。整个计划预计在三年内完成，主要通过驻村团队带领村民发展乡村旅游，实现脱贫攻坚、遗产保护和旅游接待的三大任务。驻村团队希望在三年内完成对本村运营团队的培育，三年后正式移交，实现村民自管自治。项目团队提出在阿者科村实行内源式村集体企业主导的开发模式，团队派出博士生和硕士生，协同元阳县指派的青年干部，同驻村领导/村民成立阿者科村集体旅游公司。公司组织村民整治村庄，经营旅游接待，村民对公司经营进行监管。团队重视对村民的参与能力培训，包括学习普通话、外语和电脑技术，同时也在日常工作中培养和强化村民的旅游服务意识与技能。

2. 守住生态底线

为了保护古村留住乡愁，"阿者科计划"制定了四条保护利用底线。一是不租不售不破坏：公司成立后不再允许村民出租、出售或者破坏传统民居，违者视为自动放弃公司分红权。二是不引进社会资本：公司不接受任何外来社会资本投入，以孵育本地村民创业就业。三是不放任本村农户无序经营：公司对村内旅游经营业务实行总体规划与管理，严控新开餐馆和商店，尽可能保持村落原真性。四是不破坏传统，公司尽力恢复传统生产生活设施，进行旅游体验产品创意开发，使传统焕发新生。

3. 发展生态旅游

为了不破坏村内自然环境和保护文化遗产的原真性，这一计划将产品定位为"小团定制产品、深度体验产品"，公司将纺织染布、插秧除草、捉鱼赶沟等哈尼族传统的生产生活活动进行重新设计，现已推出自然野趣、传统工艺、哈尼文化等主题性体验活动，游客按需"点单"，公司实现"菜单式管理"。游客进入阿者科村，既能欣赏壮观的梯田风光和传统的哈尼村寨，又能亲身体验哈尼家庭真实淳朴的生产生活。该计划受益范围覆盖全村，各家根据自身条件参与旅游接待，缺乏劳动能力的老人也可以通过演示传统工艺增加收入；培育"稻鱼鸭"综合生态种养模式，实现"一水多用、一田多收、一户多业"。同时，旅游公司为贫困村民提供售票、清洁、向导等9类岗位，其余农户则经营餐馆、织染布艺体验、野菜采摘、梯田捉鱼等文化旅游项目。

4. 维护村民利益

为了增强阿者科村发展的内生动力，让村民在坚持传统文化和自然保护中获得可持续的收益，"阿者科计划"创新构建了以自然资源入股和鼓励村民保护自然、传承文化的分红机制，旅游发展所得收入的30%归村集体旅游公司，用于日常运营和后续开发建设，70%归村民分配。在村民分配的利润中，再按4个部分执行：传统民居保护分红40%，鼓励村民保护蘑菇房等传统民居；梯田保护分红30%，鼓励村民持续耕种、保护梯田景观；居住分红20%，鼓励村民继续居住在村内，保留阿者科村原住民核心人文环境；户籍分红10%，鼓励村民保留村籍，共同参与村集体事务。这一分配机制，盘活了自然资源资产，打通了生态产品价值实现的渠道，促进了村民增收致富，也极大地激发了村民保护梯田、传统民居的积极性，实现了保护与发展的良性循环。

5. 打造旅游品牌

驻村团队通过拍摄云南省红河哈尼族彝族自治州元阳县阿者科村优美的人文与自然美景小视频，通过新媒体渠道向游客全方位展示万亩梯田的壮美风光和百年古村的活态人文风韵。驻村团队为阿者科村开设的抖音号播放量达 1 000 多万次，点赞量达 46 万次，不断更新的抖音视频正在吸引越来越多的游客慕名而来游览阿者科村。同时，元阳县通过政策引导、持续培育和立体推介等措施，打造"元阳红"等优质品牌，形成了梯田红米、梯田鱼、梯田鸭、梯田茶等一批标准化的元阳梯田生态产品，提升了综合竞争力。

（四）发展取得的成效

1. 自然生态和人居环境持续向好

借助"阿者科计划"的实施和当地政府的帮扶投入，阿者科村建立了"保护者受益、受益者保护"的利益导向机制，村民尊重自然、保护自然的理念进一步加强，自然生态环境持续向好，人居环境不断改善。村内顺利完成了公厕改建、水渠疏通、房屋宜居化改造等工作，共修复梯田 12 亩，栽种林木 2 730 棵，水质监测指标达到地表水 Ⅱ 类标准，自然生态系统提供物质供给、调节服务、文化服务等类型生态产品的能力不断增强，留住了以哈尼梯田农耕文化为魂、美丽田园为韵、生态产业为基、古朴村落为形的世界文化遗产景观，形成绿色发展和宜居生活相互融合的和谐格局。

2. 脱贫攻坚和"两山"转化成效显著

阿者科村通过发展旅游为建档立卡贫困户村民创造更多的就业岗位，2018年实现创收超 60 万元，村民分红 30 余万元；2019 年 2 月至 2021 年 3 月，全村实现旅游收入 91.7 万元，其中村民分红 64.2 万元，户均分红 1.003 万元；2020年全村贫困人口全部脱贫，人均可支配收入 7 120 元，同比增长 31.6%。同时，村民回村发展的积极性与日俱增，已有近十户村民回村就业创业，村庄"空心化"问题逐步得到改善。旅游发展使村民切实享受到了保护遗产和发展旅游带来的效益，促进了村庄的生态保护和传统文化传承。在发展乡村旅游之前，部分村民将传统民居出租给外地经营者后搬出村寨，导致传统村落核心人文内涵丢失。发展乡村旅游后，公司引导村民停止将房屋出租，继续留住在村里，规避了当下旅游型村落发展的常见"陷阱"，即人口置换产生的"文化空巢"现象。传统技艺和民俗文化被项目团队打造成特色创意的主题性旅游体验项目，受到市场越来越多的认可。

3. 文化影响力和综合效益不断提高

"阿者科计划"实施后，文化影响力和综合效益不断提高。首先，村内分红细则规定村民不得将房屋、梯田出租，鼓励村民持续耕种并继续居住在村内，有效解决了核心人文内涵丢失和文化传承断档等问题。其次，随着旅游产品的开发，哈尼族以祭水、祭田和祭神林为代表的传统祭祀活动，以木刻分水为代表的传统生产制度，以摩批和咪咕为代表的活态文化传承，以乡土建筑工艺、服饰制作和刺绣为代表的传统手工艺等，都通过游客体验和市场传播等方式得以长久地保护和传承。再次，通过修建村史馆、历史文化展厅、图书阅览室、茶室以及公共交流空间，招募大学生义工，成立阿者科学社，辅导村内留守儿童开展文娱活动，如读书、绘画、电影等，激发儿童的学习兴趣、培养良好的学习习惯，并加强其对哈尼传统文化的认知。最后，通过短视频扩大了阿者科村的文化影响力，增强了村民对自身文化的认同和文化自信。中央民族大学可持续旅游与减贫研究中心主任李燕琴认为，相比其他减贫方式，旅游减贫的优势在于，贫困地区自然或区位条件的劣势有可能因为旅游资源受到保护而成为旅游业发展的优势。此外，旅游业发展对环境影响较小，好的发展还可激发贫困地区文化自豪感，强化文化认同。

（五）经验与启示

1. 社会科学理论指导实践

在"阿者科计划"中，保继刚教授运用20年的研究成果指导旅游减贫实践工作，以规避诸多发展"陷阱"，做到科学指导。例如，《阿者科计划》中将旅游吸引物权的学术概念落地，在整体方案设计上提出一直被忽略的旅游吸引物用益权，将用益权归还于村民。全体村民成为旅游发展的利益主体后，更加主动保护作为旅游吸引物的文化景观资源，从而实现保护与发展的协同并进。

2. 发展乡村旅游不一定要引入外部资本

阿者科村落小，人均居住面积小，村寨的污水处理池也无法承接大规模餐饮业态。经过综合测算和评估，阿者科的环境承载能力决定了这里不能发展大众旅游，也就无需引入资本大搞建设。如果引进外部资本，外来经营者很有可能挤占本地居民的旅游参与机会。因此，"阿者科计划"规定不允许外来资本进入阿者科，转而采取技术援助的方式，孵育本地村民参与旅游发展，以少量的启动资金，选择轻投资高回报的发展方式。

3. 旅游扶贫要加强技能帮扶

计划的要旨除了社区增权，还有社区赋能。驻村团队常年居住在村，从决策到执行的手把手培训，增强村民参与旅游的能力，从而实现自管自治。这需要先将培训方案本地化，并鼓励村民参与培训方案的制订，才能更好地让村民理解和执行培训方案。培训采取"做中学"的方式，驻村团队带领村民在接待游客的过程中给予指导并反馈，促进村民更好地理解旅游服务要求。

4. 保护细则与分红绑定

"阿者科计划"将古村落的保护主体和受益主体都定义为本村村民，权利与义务统一，以期让村民在享受旅游分红的同时自发保护村落景观。这一规则背后体现的是管理学的绩效考评思想，而没有选择绝对的平均主义，只有当村民做到了相应的保护工作，才能得到相应比例的保护分红，以蘑菇房、梯田、居住、户籍四者共同构成阿者科的核心旅游吸引物系统。

总之，阿者科村旅游扶贫试验至今仍在运营，从脱贫攻坚过渡到乡村振兴，荣获党和国家领导人、世界旅游联盟、世界政党大会、教育部、文化和旅游部、农业农村部、新华社、人民日报、中央电视台等多方奖励与关注，并成为2021年高考全国乙卷文综考试地理题的题干内容之一。阿者科入选第三批国家级传统村落，2019年，该村被列入中国美丽休闲乡村名单、第三批"中国少数民族特色村寨"；2020年又入选第二批全国乡村旅游重点村名录。阿者科村通过技术支援和当地政府的配合，大力发展乡村旅游，激发村民的主动保护意识，走出一条符合元阳传统村落保护利用的新路子，为乡村振兴、传统村落保护找到了一条可持续的旅游发展之路。

二、案例分析

本案例讲述了旅游接待业中的高校和地方政府合作推动的一个位于世界遗产

地核心区的贫困山村脱贫致富的故事，通过学习保继刚团队如何带领阿者科村发展旅游的历程，旨在引导学生学以致用，增强理论运用于实践的能力，在乡村振兴背景下，培养学生的责任与担当，鼓励学生投身实践。

（一）思政结合点

1. "五大发展理念"

党的十八届五中全会提出创新、协调、绿色、开放、共享的新发展理念，成为我国全新发展的"指挥棒""红绿灯"。"五大发展理念"具有丰富的理论内涵，体现了我国今后五年乃至更长时期的发展思路、发展方向与发展着力点，能为我国未来的发展注入强大思想动力。积极贯彻实施"五大发展理念"，必将推动中国特色社会主义行稳致远。

（1）创新是经济社会发展的第一动力。创新发展针对的是全球科技与经济竞争日趋激烈与我国创新能力较弱的突出矛盾，注重解决发展的动力源泉问题。习近平总书记反复强调创新的重要性，"创新是民族进步的灵魂，是一个国家兴旺发达的不竭源泉，也是中华民族最深沉的民族禀赋。"

（2）协调是持续健康发展的内在要求。协调发展针对的是经济总量高速增长与经济结构不平衡的突出矛盾，注重增强经济社会发展的整体性与系统性。

（3）绿色是永续发展的必要条件。绿色发展针对的是我国以往粗放型发展模式与资源、环境之间的突出矛盾，致力于实现经济社会发展与生态环境保护双赢。继党的十八大将生态文明纳入"五位一体"战略布局后，十八届五中全会又将绿色发展列入"五大发展理念"，彰显出我党对生态环境问题的高度重视。绿色发展本质就是坚持"绿水青山就是金山银山"科学理念，在发展中力求达到人与自然和谐共生，实现绿色兴国与绿色惠民目标。

（4）开放是国家繁荣发展的必由之路。开放发展针对的是，全球局势所发生的深刻变革与我国对外开放总体水平较低之间的突出矛盾，致力于推进我国经济深度融入世界经济，解决经济发展的内外联动问题。

（5）共享是中国特色社会主义的本质要求。共享发展针对的是解决社会公平正义问题，追求以民富优先，坚持人民主体地位，有效提升人民群众福祉，从而推动国家进一步发展。

"五大发展理念"为加快旅游业转型升级、提质增效的高质量发展注入强劲动力。我国《"十三五"旅游业发展规划》明确指出："贯彻五大发展理念有利于旅游业成为优势产业。旅游业具有内生的创新引领性、协调带动性、开放互动性、环境友好性、共建共享性，与五大发展理念高度契合。贯彻落实五大发展理念将进一步激发旅游业发展动力和活力，促进旅游业成为新常态下的优势产业。"这体现出以新发展理念推动旅游业发展的重要作用和特殊优势。

2. 文化自信

2016年，在庆祝中国共产党成立95周年大会上，习近平总书记正式提出了"四个自信"，即中国特色社会主义道路自信、理论自信、制度自信、文化自信。文化是一个国家（地区）发展的根基，是区别于其他区域的根本差异之一，是国家（地区）兴盛的核心灵魂。中华文化源远流长，其精华多如苍穹繁星，影响力流布四海，奠定了文化自信基础。文化自信成为我国继道路自信、理论自信和制度自信之后的"第四个自信"。文化自信是实现中华民族伟大复兴的精神基石。从本质上讲，文化自信是文化主体对自身的肯定与认可，对自我发展的信念与自豪；从个体上讲，是个人对优秀传统文化的体验及认同。旅游行为成为文化传承与交流的桥梁及载体，推动优秀文化的广泛传播。党的十九大以后，文旅融合上升为国家战略，通过文化引领旅游，促进旅游的提质升级，为旅游体验增添故事与温度；通过旅游促进文化传承发展，提升旅游吸引力，增强文化自信，推动文化和旅游业融入经济社会发展全局。文化和旅游更普遍、更紧密地融合，更好地满足了人民群众对美好生活的需要；有力地推动了社会主义文化建设及文化自信生成，成为提升我国文化软实力，扩大中华文化国际影响力的重要途径。

（二）案例思考题

（1）结合案例谈谈"阿者科计划"是如何贯彻落实"五大发展理念"推动阿者科村实现脱贫致富的。

（2）在"五大发展理念"引领下，阿者科村未来如何创新旅游产品，提升旅游服务质量，实现旅游接待业转型升级。

（3）结合案例谈谈文旅融合背景下旅游发展对增强文化自信的作用。

（4）结合案例谈谈当代大学生如何融入乡村振兴战略。

第三章　旅游接待业功能

第一节　招徕功能：袁家村乡村旅游发展模式（知识点案例）

摘　要： 袁家村乡村旅游发展过程体现了旅游接待业的招徕功能。本案例讲述了资源贫瘠的袁家村通过"能人带头、全民参与、全民共享"的模式发展乡村旅游，并成功打造出"关中美食文化"的旅游品牌形象，解决了村庄"空心化"的问题，带动村民就业，并实现收入大幅增加的故事。本案例通过学习袁家村旅游品牌形象打造、乡村旅游服务质量提升等策略，引导学生树立创新精神，探讨如何创新发展乡村旅游，并结合旅游接待功能启发学生思考乡村旅游的带动作用。

一、案例正文

近年来，中国乡村旅游蓬勃发展，全国各地的特色乡村旅游小镇如雨后春笋般不断涌现出来，大大丰富了中国旅游业的业态。随着城市化的快速推进，社会分工日益增强，城市居民的闲暇时间愈来愈多，乡村旅游几乎成为人们节假日旅游度假的首选。而提到乡村旅游，袁家村被奉为乡村旅游黑马之典范，被称为"陕西丽江"，在短短10年间，实现本村62户286人脱贫致富，解决3 000名以上农民就业问题，间接带动周边就业人员近万人，年吸引游客300万人，日接待游客一度超过同省著名景点"兵马俑"，年营业额达到10亿元。在乡村旅游的实践中，大多数村集体面临着"巧妇难为无米之炊"的资源困境，那么，袁家村是如何破解资源匮乏困境，从昔日的"空心村"做到现在的"关中民俗第一村"的呢？

（一）起步时期，能人带头（2007—2012年）

1. 袁家村的发展经历了从经营农业到工业再到服务业的思路转变

袁家村位于陕西省礼泉县烟霞镇，是关中平原地区的一个传统村落。从村庄的发展历史来看，20世纪五六十年代，袁家村还是一个"点灯没油、耕地没牛、干活选不出头"的"全国贫困村"。当时，"村民的生存"是最大使命。20世纪70年代，郭裕禄被推荐为生产队队长并担任党支部书记，他带领村民甩掉了扣在袁家村头上的穷"帽子"。改革开放后，袁家村先后兴办起印刷厂、海绵厂、水泥厂、砖窑厂、药厂等企业，大力发展村办企业，壮大集体经济，成为陕西著名的"富裕村"。90年代后期，随着国家产业政策调整，高耗能、高污染的村办小企业陆续破产倒闭，村里收入不断下滑，年轻人陆续外出务工，袁家村逐渐成为一个"空心村"。袁家村发展初期，村庄既无丰厚的人文资源风貌、物资资源基础，也无独特的民俗文化资源，属于典型的资源匮乏型村庄，村民都是老实巴交的本分农民。从村庄地理区位来看，袁家村距离最近的高速路出入口有十几千米的乡道，距离唐昭陵仅10千米，但唐昭陵对游客的吸引力有限，其经济效应难以辐射至袁家村及附近村落。在这种条件下，为了提振经济，2007年县领导通过组织10个"空心村"发展旅游产业，袁家村就是其中之一。

经过村两委跟大家反复商议，大家觉得比较可行的方案是，建设一个集中展示关中农村文化的平台，于是，彰显关中风俗和文化的乡村旅游成为袁家村的建设新方向。为此，袁家村老书记郭裕禄的儿子郭占武决定回乡创业，带领村民兴办农家乐，发展民俗旅游，以重振袁家村。

2. 村民自治的旅游经营方式

方向有了，接下来如何经营的问题就摆在了大家面前。一是引入和借助大型的现代化旅游企业成熟的经营方式；二是依靠村民自己建设。村民们展开了热烈的讨论，发现两条路径各有利弊。在外闯荡多年的郭占武清楚地知道国内外大型现代化旅游企业常见的运作模式，这些企业采用现代企业制度，解决资金、品牌等资源投入问题，通过购买或者长期承租的方式解决土地使用问题，通过选聘专业的职业经理人解决运营问题，通过提供岗位或者买断的方式解决原住居民的安置问题。虽然这种模式拥有众多的成功典型，但同时也不乏失败的案例。对于袁家村来讲，由于缺乏必要的旅游资源，很难引起大型旅游企业的关注。即使真的搞成这种模式，对于袁家村村民来讲好处也是极为有限：只是一些一次性的补偿和一些低端的工作机会。但是万一搞失败了，失去的却是祖辈们传承了1300多年的土地和自己熟悉的家园，留给袁家村的只能是一个烂摊子。村民们忧心忡忡地说，这是我们的家，让别人来干的话，干好了可能能分一小点好处，但是干坏了，他们拍拍屁股走人了，我们又能走到哪里去？村子里的祠堂，祖辈们的墓地，墓碑上的铭文都在无声地告诉村民们，这是不可替代的地方，住在这里的都是自己人，都是打断骨头连着筋的血缘宗亲。因此这条路很快被村民们否决了。

第二条路是村民自己建设和管理。好处是具有极大的自主性，村民都非常熟悉关中民俗的内容，搞建设并不存在太大的技术障碍，谁不希望把自己生活的地方建设得更加美丽呢？但是这样一来前期需要投入的数额不是小数，这样的旅游项目能否成功村民们心里一点数也没有。万一建好了没人来怎么办？多长时间能收回成本？万一失败了前期投入的钱怎么办？建好了以后怎么管理？对大家有哪些具体的好处？村民们前后思量，人心不齐，一直拿不定主意。面对投资的风险，村民们心态出奇的相似：我们不怕出力搞建设，咱们最不缺的就是力气；最害怕的是发展旅游业失败，投进去的钱白白亏掉。由于此时引入外部资金存在种种困难，在村民们瞻前顾后的顾虑中，决策陷入困境。一直到郭书记以个人名义找来启动资金，自己承担前期投入的风险，袁家村才决定先把前期项目搞起来，让村民看到效果再决定是否参与投资建设。这条路也顺理成章成为袁家村发展旅游接待的最终选择。

2007年袁家村正式成立陕西关中印象旅游有限公司，依靠村民自己建设、自己运营，正式启动发展以关中文化为核心内容的旅游事业。

3. 袁家村开始打造关中印象体验地

村民们很快被组织起来，搜集安置了具有浓郁的关中文化的老物件，其中不仅展示众多具关中特色的老物件，如马车、石磨、织布机等，而且同时还建立许多传统手工艺作坊，如酿酒铺、酿醋铺、油泼辣子生产铺等。由于村民们不需要投钱，不承担风险，所以在建设新家园的过程中，村民们热情迸发，招呼了自己的亲属、同族、姻亲、邻居参加建设，毫不吝啬力气，干活认真负责，整个村庄的建设推进得又快又好。老街建好后，新颖的展示很快引来了络绎不绝的游客，大人们看着曾经熟悉的物件感慨连连，孩子们睁大了好奇的眼睛，在村子里欢快地跑来跑去。袁家村一下子就变得热闹起来，有了参观的游客，就要解决游客的吃饭问题，村民们又开始投资农家乐。

随着客流量的逐渐增加，农家乐逐渐难以满足游客的餐饮需求。于是，袁家村在 2009 年新建小吃街，并实施统一的管理，例如，每个门面经营的项目是唯一的，小吃街不允许出现两家经营相同吃食的门面，以避免内部恶性竞争；每个门面的开门和歇业时间也必须是统一的，不允许小吃店的经营者随意开关门；小吃店全部采用现场加工、现做现卖的经营模式，加工区域不大，一目了然，游客们能够一边吃一边参观食品的制作过程；所有的食材由村子统一供应；门店分配和退出经营的决定权在村两委；门店按照"先引入，后培育"的方式，引入或者创造新项目，淘汰不受欢迎的项目等。针对一开始村民不愿投资小吃店铺以及掌握小吃做法的人数较少的问题，村两委推出了在周边村子"吸纳有手艺的新村民"政策。新开张的小吃街进一步丰富了袁家村的旅游业态，扩充了袁家村的民俗旅游项目，并迅速成为袁家村旅游的核心内容，小吃街门面带来了大量的业务和收入，同时也迅速地拉升了位居二线的食材作坊的出货量，形成"前店后厂"的模式。

这一时期袁家村打造了农家乐街、康庄老街、作坊街、小吃街 4 条街区，游客们蜂拥而至，袁家村的民俗旅游蓬勃发展。同时，袁家村旅游业的快速发展带来多方面的利益冲突，首先是农家乐与小吃街之间的矛盾，火爆的小吃街严重冲击了农家乐的生意。其次，许多老村民看到新村民的小吃摊大把地挣钱，非常不满。再者小吃街各摊位之间的定位和收入差异巨大。此时袁家村的旅游事业面临着巨大的挑战。

（二）发展时期，全体参与（2012—2015 年）

2012 年，袁家村的客流量突破百万大关，面对多方利益诉求，村两委根据新老村民的利益诉求，引入"股权"分配制度，用于协调新老村民的利益冲突。经过 3 年左右的不断尝试，形成袁家村特有的"股权"分配制度。

1. "村委 + 农户 + 第三方"的"PPP"模式

袁家村党支部书记、袁家村关中印象体验地创始人和设计者郭占武将袁家村的成功归结于"村干部带领村民共同致富的典型"，其模式可以归结为"以村集体领导为核心，村集体平台为载体，构建产业共融、产权共有、村民共治、发展共享的村庄集体经济"。

该发展模式以村集体领导为核心，以村民为主体，组建了以村两委为核心的村集体领导队伍。郭占武书记经常对村干部讲，当干部就要有奉献精神，就要能吃亏，先群众后干部，最终达到共同富裕。正是在郭书记带领下，袁家村所有村干部都形成了共同的思想认识：干部没有任何特权，干部队伍就是服务队，就是为村民跑腿、为群众服务的，村里发展好了，自己家也会跟着好，有大家才有小家。袁家村的村干部都不拿工资，义务服务。袁家村在发展之初村集体就明确提出自主发展的路径，坚持村民的主体地位，树立村民的主人翁意识，让村民当家做主，自主发展、自我发展。不管外界的诱惑和压力有多大，袁家村都不拿村民的自主权和控制权做交易，坚持农民主体地位不动摇，确保全体村民的根本利益和长远利益。

在管理上，由村委会牵头，组建管理公司和协会，包括农家乐协会、小吃街协会、酒吧街协会，协会成员由商户们自己推选，为协会提供义务服务，构建了自我治理的发展模式。

2. 推进股权改革

为了解决群众利益冲突，村集体实行股份制改革。袁家村股权结构由基本股、交叉股、调节股三个部分构成：①基本股。将集体资产进行股份制改造，集体保留38%，剩下62%分配到户，每户平均20万元，每股年分红4万元，只有本村集体经济组织成员才能持有，缺资金的农户以土地每亩地折价4万元入股。②交叉股。集体旅游公司、村民合作社、商铺、农家乐相互持有股份，交叉持股460家商铺，可自主选择入股店铺。③调节股。全民参与、入股自愿，钱少先入、钱多少入，照顾小户、限制大户。这样的股权结构实现了所有权、经营权、收益权的高度统一，全民参与、入股自愿，你中有我、我中有你，形成了利益共同体。通过调节收入分配和再分配，避免两极分化，实现入股农民与集体经济组织共进退、同发展，实现了村集体与农户个体的均衡发展。袁家村农民人均纯收入中，入股分红、房屋出租等财产性收入占40.1%。

村两委同时颁布了认购股权过程中的一个特殊的"嫌富爱贫"的利益分配调节机制：照顾小户，限制大户。有钱的村民被限制入股比例、被劝说寻找外部投资机会，不仅收入低的村民被优先入股，而且村两委还制定了多种有利于低收入村民筹措资金的具体措施。村民们亲切称呼这个机制为"共同富裕"机制。

3. 诚信经营的市场秩序

地方特色饮食是吸引游客到访袁家村的核心要素，由于这一资源并不具备垄断性的竞争优势，食品的品质是其发展根基。为维持未来生计，诚信经营逐渐成为袁家村商户自觉关注的内容。为保障食品质量，约束自身行为，强化游客信任，村民们将食品加工过程展示于大众面前，增强美食制作过程的透明度。袁家村还为村所属的作坊统一采购食材，并明确要求食品加工过程中不得使用添加剂。本地商户与村集体自发达成"发誓牌"、食品安全承诺书等，并主动接受行业协会管理、定期举行例会等非正式制度的约束。在一系列非正式制度的指引和约束下，本地商户经营行为更加规范，作坊街、小吃街、农家乐街的所有商铺按照村委会和协会的意见定价，且都在醒目位置明码标价，这样一来，尽管游客量增速迅猛，但肆意抬价、价格歧视等现象几乎没有发生。

在这一阶段，袁家村的新型集体经济初见雏形，不仅通过成立合作社的形式，保住了袁家村口碑，而且使旅游收益在集体范围内共享。

（三）壮大时期，品牌输出（2015年至今）

1. 转型升级

这一时期，游客不断涌入，"袁家村"的名号越来越响，市场认可度越来越高，影响力越来越大。袁家村的产品质量已经成为核心竞争力，难以再被其他目的地所复制，同类型乡村旅游目的地被市场淘汰，同质化竞争大大减弱，于是袁家村由应对同质化竞争，转变为品牌输出。在2015年，袁家村通过集体成员集资，在西安市的曲江银泰城开设了第一家城市体验店，不仅将袁家村自产的辣子、酸奶、醋等农副产品卖进了城市，而且还开设了"一店一品"的传统关中小吃店，把袁家村最火的小吃街搬到了城市人的身边，村集体成员也通过入股城市体验店参与分红，获得了新的收入来源。2015年至今，袁家村逐渐在西安市开设了15家城市体验店，这不仅使"袁家村"品牌的影响力越来越大，更使袁家村"八大作坊"的产品逐渐供不应求。因此，近年来袁家村的作坊合作社，逐渐建立起现代化生产线，扩大产能，以满足袁家村本村、游客及城市体验店的需求。此外，为了确保食品原材料的安全，袁家村还在着手进行农业生产基地的建设。

另一方面，从2016年开始，袁家村逐渐与山西、青海、河南、山东、甘肃等省份达成合作，共同开发了运城印象、河湟印象、同盟古镇、泰山人家、屋兰古镇等项目。由此，袁家村不仅吸引了个体投资人参与到八大作坊合作社组建、

15 家进城店的前期投资和袁家村餐饮上市的筹备等事项中,更是在"农民捍卫食品安全"的农民主体理念下,不断以合作开发来扩大朋友圈,新型集体经济发展道路越走越宽。

2. 实施产业融合

依托"袁家村"品牌,袁家村从发展乡村旅游,到逐渐涉足食品加工,再到着手农业生产基地建设,实现了新型集体经济的多样化经营,而这种多样化经营也是一种由原来单一的第三产业,转变为"发展三产、带动二产、倒逼一产"的"逆向三产融合"过程。袁家村探索出的"前店后厂"模式,构建了一个相容共生、互补兼顾、层次递进的村集体经济可持续发展的闭环产业链和成熟商业模式。目前,袁家村共有农副产品加工企业 10 个,旅游服务企业 6 个,建成菜籽、玉米、大豆、红薯等优质农产品基地 14 个,还大力推动农副产品的线上线下销售,培育发展新动能和后劲。

这一时期,袁家村依靠产品特色以及可溯源的产品质量体系,开始形成产品品牌,据估计"袁家村"的品牌价值估值已经超过 20 亿元,并且仍然在快速的增值中。

(四)危机与挑战

袁家村乡村旅游经过十多年的发展,也面临着一系列的挑战。一是,袁家村的游客多来自西安和咸阳等周边地区,其对外影响力有限。二是,袁家村客流量分布不均衡现象明显,具体体现在:白天和周末及法定节假日,袁家村旅游的客流量非常大;晚上非常冷清,游客较少,与白天形成了鲜明的对比;双休日及法定节假日是袁家村的旅游旺季,人流量非常大。客流量分布不均的现象,既不利于游客高质量游览,也不利为袁家村营造更好的口碑。三是,游客多但村子店铺容纳量有限。从购买特色小吃与旅游纪念品方面看,这不利于游客顺利、便捷地购买到心仪的纪念品、品尝到喜欢的特色小吃;从精神层面看,人山人海的局面,也不利于游客充分体验到闲淡、淳朴、有着关中特色的生活格调。四是,随着全国各地的特色乡村旅游项目的陆续开发,必然会对袁家村的游客群体造成冲击,甚至会影响到游客对袁家村的满意度。从网友们的评论来看,已经有部分网友对袁家村的旅游流露出不满情绪,这里基础设施不足,尤其是在高峰时期提供车位紧张成为最多的吐槽点;服务不足,尤其是在高峰时期小吃店无座位让不少游客颇有怨言；小食多以关中美食为主，虽然颇受欢迎，但也出现有少部分外地游客不习惯等问题。这些问题虽然还未形成大范围的扩散，但对于正在蒸蒸日上的袁家村来说，也是不得不重视的。唯有竭尽全力，提升游客的满意度，拒绝野蛮成长，才是袁家村的长久发展之计。

总之，经过十四年的建设，袁家村由一个资源匮乏的"空心村"转变为一个富裕文明的"小康村"，且实现了由单一旅游业向多样化产业综合发展的转变。袁家村现已成为国家 AAAA 旅游景区，荣获了"中国十大美丽乡村""国家特色景观旅游名村""中国乡村旅游创客示范基地"等殊荣。2019 年袁家村的客流量突破 600 万，旅游收入超过 10 亿元。其中，小吃街合作社的日营业额超过了 200 万元，袁家村集体成员的年均收入，更是达到了 10 万元以上，云集创客 3 000 多人，带动相关产业 2 万多人就业，带动周边数万农民增收。2020 年，袁家村共有小吃街合作社、辣子合作社、酸奶合作社等 9 个合作社，创造了产业共融、产权共有、村民共治、发展共享的新型集体经济发展奇迹。

回顾和总结袁家村的创业历程、发展思路和基本经验，可以总结为：能人带头、全体参与、全民共享，以村集体组织模式带动村民发展乡村旅游。具体来看，主要有以下几点：以支部为核心，以村民为主体；以创新谋发展，以共享促和谐；以乡村旅游为突破口，打造农民创业平台；以组建合作社为切入点，实现三变；以三产带二产促一产，实现三产融合发展；调节收入分配，实现共同富裕；注重精神文明，加强思想教育；弘扬优良传统，淳厚乡风民俗。

二、案例分析

（一）启发思考

（1）请分析袁家村在什么样的环境和压力下提出发展乡村旅游的理念？

（2）结合案例分析什么是旅游品牌形象？袁家村是如何提升乡村旅游服务质量，提高核心竞争力的？

（3）从旅游接待业的功能视角分析旅游发展后对当地社区产生怎样的影响？

（4）结合案例利用 SWOT 分析法分析袁家村面临的风险与挑战，并提出促进袁家村乡村民俗旅游业进一步发展的对策。

（二）分析思路

本案例反映的是：一个"空心村"通过村集体模式，创新旅游产品，逐步发展乡村旅游，带动村民脱贫致富的过程。使用本案例时，可以从产业转型升级、旅游品牌形象及服务质量提升以及旅游接待业的功能视角入手，分析袁家村发展旅游的背景、旅游产品开发，以及品牌形象创建过程，结合袁家村发展过程中的关键点和难点，引导学生分析村集体管理模式对于乡村旅游服务质量提升的作用。分析思路如图 3-1 所示。

（1）引导学生梳理袁家村 2007 年以后的发展主要阶段。

（2）识别每个发展阶段面临的主要问题。

（3）分析袁家村发展乡村旅游的管理手段和解决办法。

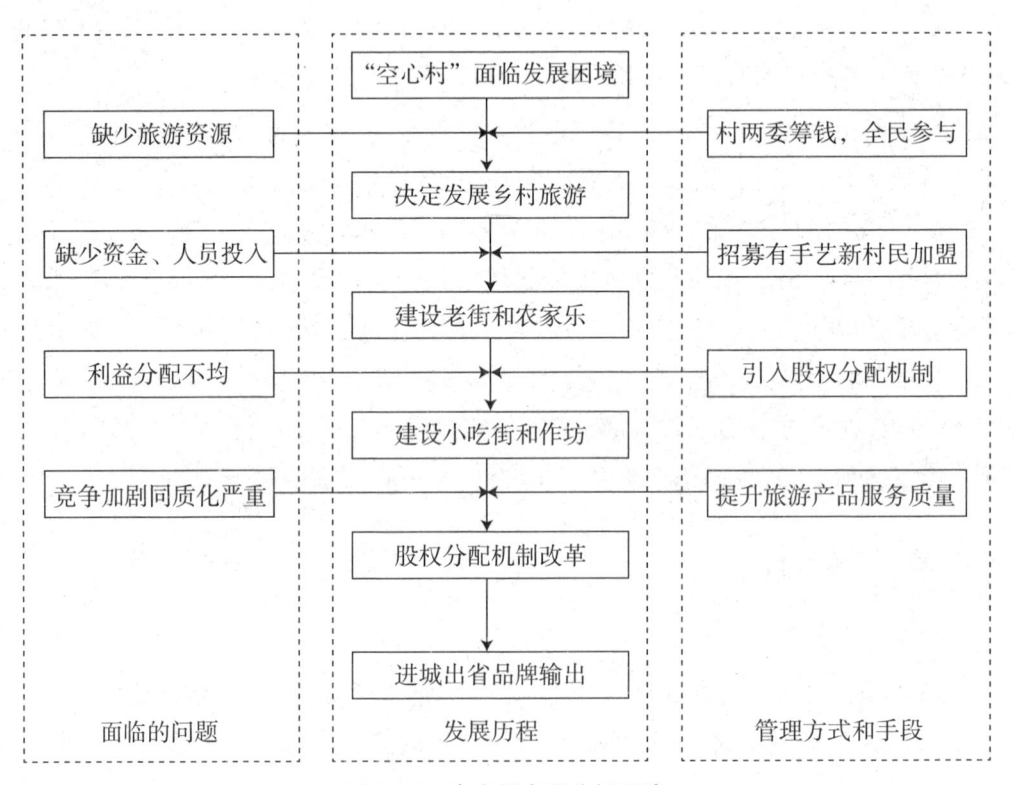

图 3-1　袁家村发展分析思路

（三）关键要点

1. 请分析袁家村在什么样的环境和压力下提出发展乡村旅游理念的？

（1）产业转型升级理论。

产业转型升级即向更有利于经济、社会发展的方向发展，从低附加值向高附加值升级，从高能耗高污染向低能耗低污染升级，从粗放型向集约型升级。首先，产业转型升级有技术升级、市场升级、管理升级等多个途径。大部分的人员认为其中的关键是技术进步，可以在引进先进技术的基础上消化吸收，并加以研究、改进和创新，建立属于自己的技术体系。但如果仅是技术升级，没有市场的升级，则没有围绕顾客消费痛点的技术升级的路径研究，所以产业转型升级，需要的先是市场升级，找到"好卖的产品"，接下来才是企业价值链的升级。其次，产业转型升级，必须依赖于政府行政法规的指导以及资金、政策支持，需要把产业转型升级与职工培训、再就业结合起来。最后，产业结构转型升级中的"转型"，其核心是转变经济增长的"类型"，即把高投入、高消耗、高污染、低产出、低质量、低效益转为低投入、低消耗、低污染、高产出、高质量、高效益，把粗放型转为集约型，而不是单纯的转行业。转行业与转型之间没有必然联系，转了行业未必就能转型，要转型也未必就要转行业。产业结构转型升级中的"升级"，既包括产业之间的升级，如在整个产业结构中，由第一产业占优势比重逐级向第二、第三产业占优势比重演进；也包括产业内的升级，即某一产业内部的加工和再加工程度逐步向纵深化发展，实现技术集约化，不断提高生产效率。

（2）袁家村产业转型。

袁家村发展乡村旅游是基于产业转型升级的迫切要求，为了改变袁家村积贫积弱的状况，以及日渐严重的"空心化"问题，县政府提出组织10个"空心村"发展旅游产业的举措。在政府的鼓励支持下，资源稀缺的袁家村最初对于旅游发展一筹莫展，但最终在村民们共同商议下，村两委决定打造关中文化，就此发展旅游的理念产生。案例中提道："用村民的话说就是大家都熟悉关中文化，搞这个还有可能，换个别的都不会，实在弄不成。"具体来看，袁家村产业转型经历了从发展农业到工业再到服务业的思路转变。

2. 结合案例分析什么是旅游品牌形象？袁家村是如何提升乡村旅游服务质量，提高核心竞争力的？

（1）旅游品牌形象理论。

旅游目的地品牌形象属于品牌营销学的理论范畴，它是在旅游目的地形象概念的基础上融合了品牌形象、品牌化、品牌资产、品牌定位等概念和内涵逐步演变而来的。Cooper C 等认为目的地品牌形象的核心是建立一个正面的目的地形象，目的地形象是目的地品牌资产的核心维度。Kock F 认为目的地品牌形象由一个多维认知组件、一个情感部分和一个整体评价认知部分组成。Hsu C 在品牌化概念模型中解释了旅游目的地品牌形象、旅游者购买决策和旅游服务营销之间相互影响的过程和机理。带有地域文化特色的特色形象作为目的地品牌联想的新组成部分，作用于游客的行为意愿，并与目的地整体品牌形象形成一定的影响机制。

值得注意的是，旅游目的地形象在整体上具有稳定性，但其局部属性则可以进行更新，以适应新的旅游发展阶段。一般认为，若某一品牌形象长期维持不变，则会制约其获得更有活力的市场认知。为了更好地适应旅游市场的变化，旅游目的地应重视其形象更新问题，制定更加灵敏的目的地形象战略，以获得更为积极的游客市场认知。但旅游地品牌形象并非一成不变，旅游地应根据旅游发展趋势、竞争环境、旅游者消费心理、消费需求和旅游地自身的发展情况，对品牌形象定位进行适时的更新，这种更新可以是整体形象稳定基础上局部属性的变化，并非整体形象的颠覆。

（2）乡村旅游可持续发展中的二元困境理论。

近年来我国乡村旅游如火如荼地发展，乡村旅游形式也越来越丰富。据统计，我国已有 9 万余个乡村参与了乡村旅游的开发，有近 200 万家企业或个体参与了乡村旅游的运营，每年接待的各类游客达到 7 亿多人次，创收 2 000 多亿元。然而，乡村旅游发展过程中仍面临着二元冲突。一方面是乡村旅游资源开发过程中利益分配失衡，缺乏公平性。乡村旅游可持续发展要求能够不断提高生活在乡村的农民的生活水平，且不会对该乡村的自然景观、人文景观等资源造成破坏。从这个角度来看，当地村民是乡村旅游开发的参与主体和利益分配主体。但在乡村旅游发展实际过程中，外来投资者的涌入逐渐代替乡村村民的主导性角色，其以资金优势和经验优势，逐渐代替村民成为乡村旅游资源、资本和客源的控制者，致使村民缺乏话语权，其利益被边缘化，最终使得很多地区的乡村旅游从表面上看取得了明显的成就，但其发展的成果并没有被当地村民所享有，没有明显提高当地村民对于提高生活水平的需求，这是违背乡村旅游可持续发展公平原则的。另一方面是乡村旅游资源开发与管理模式缺乏可持续性。从目前乡村旅游资源开发与管理的模式来看,其基本处于粗放式管理的阶段,即只注重乡村旅游资源的开发和利用,而忽略乡村旅游资源的有效管理。

(3) 旅游服务质量理论。

服务质量是服务营销的核心。无论是有形产品的生产企业还是服务业,服务质量都是企业在竞争中制胜的法宝。服务质量的内涵与有形产品质量的内涵有区别,消费者对服务质量的评价不仅要考虑服务的结果,而且要涉及服务的过程。服务质量应被消费者所感知,被消费者认可。服务质量是产品生产的服务或服务业满足规定或潜在要求(或需要)的特征和特性的总和。特性是用以区分不同类别的产品或服务的概念,如旅游有陶冶人的性情给人带来愉悦的特性,酒店有给人提供休息、睡觉的特性。特征则是用以区分同类服务中不同规格、档次、品味的概念。服务质量最表层的内涵应包括服务的安全性、适用性、有效性和经济性等一般要求。

旅游服务质量感知是旅游者通过比较预期服务质量与体验服务质量的差距而形成。服务营销学家克里斯廷·格罗鲁斯指出:"对于服务企业来说,重要的是游客对质量如何感知,而不是企业对质量如何诠释。"可见,旅游服务质量是旅游者感知出来的质量,是旅游者在整个旅游过程中对其接受的旅游服务水平的评价和总结。

(4) 袁家村提升旅游服务质量。

①袁家村充分发挥村民主体作用,确保美食旅游产品质量。村民对袁家村具有强烈归属感和认同感,对建设自己的家园有着天然的内部动机、责任感和主人翁精神,发挥村民的主体地位,使得村民能够自觉捍卫袁家村旅游品牌,从而使得袁家村旅游产品品质得到保证。案例中提到"村民意识到地方特色饮食是吸引游客到访袁家村的核心要素,为了维持市场的长久发展,村民自觉维护美食质量"。由于这一资源并不具备垄断性竞争优势,食品的品质是其发展根基,为维持未来生计,诚信经营逐渐成为袁家村商户自觉关注的内容。本地商户与村集体自发达成"发誓牌"、食品安全承诺书等,并主动接受行业协会管理、定期举行例会等非正式制度的约束。为保障食品质量,约束自身行为,强化游客信任,村民们将食品加工过程展示于大众面前,增强美食制作过程的透明度。

②通过村集体统一领导,维持袁家村美食保持较高的品质。袁家村形成了

"以村集体领导为核心,村集体平台为载体,构建产业共融、产权共有、村民共治、发展共享的村庄集体经济"的发展模式。这一模式下村集体制定股权分配结构,协调新老村民以及农家乐和小吃店的利益冲突,形成全民参与、全员利益共享的机制,确保乡村旅游发展利益的均衡化,规避了乡村旅游可持续发展面临的二元困境理论。为了保证食品质量,袁家村还为村所属的作坊统一采购食材,并明确要求食品加工过程中不得使用添加剂。在村两委的领导下,本地商户经营行为更加规范,作坊街、小吃街、农家乐街的所有商铺按照村委会和协会的意见定价,且都在醒目位置明码标价,所以尽管游客量增速迅猛,但肆意抬价、价格歧视等现象几乎没有发生。为了保持小吃的多样性,村两委制定"每种店铺只允许一家经营"的原则,如有多位村民申请,则按制作手艺评选出一家农户来经营。村两委还成立了优胜劣汰机制,每个月底统计销售最差的5户农户,并了解经营不善的原因,提出改进建议等等,以此长期维持袁家村较高的产品质量。

③通过进城出省,在大都市开设体验店,输出"关中美食"的旅游品牌形象。一方面,袁家村"进城出省"的系列尝试因其产品优质而深受市场青睐。通过在城市开设多家体验店,并与多个省份签订协议,分享袁家村发展经验,袁家村扩大了新型集体经济经营规模,为集体成员开辟了新的增收渠道。案例中提到从2015年至今,袁家村逐渐在西安市开设了15家城市体验店,这使袁家村"八大作坊"的产品逐渐供不应求。此外,为了确保食品原材料的安全,袁家村还在着手进行农业生产基地的建设。另一方面,从2016年开始,袁家村逐渐与山西、青海、河南、山东、甘肃等省份达成合作,共同开发了运城印象、河湟印象、同盟古镇、泰山人家、屋兰古镇等项目。由此,袁家村不仅吸引了个体投资人参与到八大作坊合作社组建、15家进城店的前期投资和袁家村餐饮上市的筹备等事项中,更是在"农民捍卫食品安全"的农民主体理念下,不断以合作开发来扩大朋友圈,新型集体经济发展道路越走越宽。

3. 从旅游接待业的功能视角分析,旅游发展后对当地社区产生怎样的影响?

(1) 旅游接待业功能理论。

旅游接待业功能是指旅游活动所发挥的作用和效能。旅游接待业具有招徕功能、接待功能和溢出功能。招徕功能是以旅游政策、旅游形象和产品的生产、供应渠道吸引旅游消费者前往旅游目的地的手段和策略。接待功能从服务对象来划分，可分为国内接待和国外接待两类。旅游溢出是指旅游接待业发展产生的预期结果和外部性影响。旅游溢出主要有经济溢出、文化溢出和生态溢出三种主要形式。旅游接待业是旅游系统中实现旅游消费者与旅游目的地结合的"连接器"，其产生的连接作用，使其系统功能超越了"产业"的范畴，推动了产品生产和服务改善。同时旅游接待业体现了以服务为核心的社会属性，超越了传统经济学意义上的经济属性界定标准。

（2）旅游影响。

旅游影响又称"旅游效应"，是指由于旅游活动（包括旅游者活动和旅游产业活动）所引发的种种利害影响。这不仅表现在对旅游活动主体本身的影响，也表现在对其他相关方面和相关的利益集团产生的超越活动主体范围的影响。后者是旅游活动的外部影响，是旅游影响研究尤其需要关注的方面。它按照内容结构，可分为经济影响、环境影响、社会文化影响；按照社会价值的性质，可分为积极影响和消极影响；按照表现形式，可分为隐性影响和显性影响；按照产生的时间，可分为即时影响和滞后影响；按照发生的空间尺度（范围），可分为国际旅游影响、国家旅游影响、区域旅游影响、地区旅游影响和地方旅游影响；按照作用来源，可分为旅游者活动影响和旅游产业活动影响；按照作用范围，可分为内部影响和外部影响；按照所发生的对象，可分为旅游目的地的旅游影响和旅游客源地的旅游影响。

（3）旅游对袁家村的影响。

①旅游发展提高村民收入，带动就业，促进了地区发展。袁家村以丰富多彩的关中美食旅游产品，透明化的制作流程、有保障的食品品质以及强大的关中美食旅游品牌形象等手段招徕了来自西安和咸阳等周边地区的游客。旅游发展后带动了袁家村村民增收，创造更多机会，极大地解决了本村和周围村子的就业问题，袁家村实现了从积贫积弱的"空心村"到富裕村的转变。案例中提到，2019年袁家村的客流量突破600万，旅游收入超过10亿元，袁家村集体成员的年均收入达到了10万元以上，云集创客3 000多人，带动相关产业2万多人就业，带动周边数万农民增收。

②旅游发展促进了社区的优良作风以及社区和谐。案例中提到，旅游发展初期，村民们发展乡村旅游的积极性不高，但通过村庄的信任机制，一部分村民参

与进来尝到旅游发展带来的"甜头",进而吸引更多的村民参与进来,旅游发展增进了社区间的信任关系。由于美食旅游资源的非垄断性这一特点,为了维持旅游市场秩序,村民们自觉地制作发誓牌保证食品品质,促进了诚信经营的优良作风,增强了村民对袁家村的认同感。针对旅游发展带来的利益冲突问题,村两委制定"嫌富爱贫"股权分配机制,缩小收入差距,协调新老村民以及小吃店和农家乐的利益冲突,使袁家村走出了一条村集体带领下的共同富裕之路。

4. 结合案例利用 SWOT 分析法分析袁家村面临的风险与挑战,并提出促进袁家村乡村民俗旅游业进一步发展的对策。

(1) SWOT 分析。

企业内部的优势和劣势是相对于它的竞争对手而言的,一般表现在企业的资金、技术设备、职工素质、产品、市场、管理技能等方面。判断企业内部的优势和劣势一般有两项标准:一是单项的优势和劣势。若企业资金雄厚,则在资金上占优势;若市场占有率低,则在市场上占劣势。二是综合的优势和劣势。为了评估企业的综合优势和劣势,应选定一些重要的因素加以评价打分,然后根据其重要程度加权来确定。

企业外部环境的机会是指环境中对企业有利的因素,比如政府支持、高新技术的应用、良好的购买者和供应者关系等。企业外部环境的威胁是指环境中对企业不利的因素,比如新竞争对手的出现、市场增长率缓慢、购买者和供应者讨价还价能力增强、技术老化等。这是影响企业当前的竞争地位或影响企业未来的竞争地位的主要障碍。

(2) 旅游季节性。

旅游季节性指旅游现象的暂时性不平衡,它往往以年度为一个统计周期,并通过游客数量、游客花费、交通流量、就业和旅游景点的流量等关键性指标加以表示。其成因主要可分为自然因素与体制因素。自然因素是气温、降水、降雪和昼夜长短等气候条件常规变化的结果,而体制因素主要指由于人类决策产生的社会活动暂时性的变化(如节假日补休等造成的日期不定及某些固定的节庆活动等),经常以法规的形式加以体现。体制因素相较于自然因素而言影响显得更为广泛而没有一贯性。它导致的个人支出和社会成本的增加,长久以来一直困扰旅游的发展,对很多地方的旅游供需关系产生明显影响。也有少数学者认为季节性具有一定好处，因为非旺季可以为旅游目的地的生态环境和社会人文环境提供休养生息的机会。

（3）袁家村发展的 SWOT 分析。

袁家村发展的 SWOT 分析如表 3-1 所示。

表 3-1　袁家村发展的 SWOT 分析

	优势（S）	劣势（W）
内部因素	优越的地理环境 独特的民俗品牌优势	投资主体构成不合理 目标游客定位不准确
	机会（O）	威胁（T）
外部因素	良好的国家政策环境 管理者的战略眼光和务实态度	同质化竞争问题 民俗文化旅游的可持续发展性较差

①优势分析（S）。

袁家村优势主要体现在两个方面。第一，地理环境优势。交通是联系客源地和目的地的桥梁，它是旅游的通道和媒介，在旅游资源开发初期，交通建设就应被视为一项主要的开发内容。没有良好的交通条件，就不能把客源地和目的地连接起来，就不能形成旅游流，旅游资源也将不具备现实意义。在交通条件与地理位置方面，袁家村具有得天独厚的优势：地处西咸一小时交通圈内，毗邻 107 国道和关中旅游环线，坐落在举世闻名的唐太宗昭陵园区内，唐昭陵旅游专线从村旁经过，交通十分便利。第二，品牌优势。优越的地理环境是民俗文化旅游发展的基础，独特民俗品牌才是其发展的主要动力。袁家村"进城开店"的品牌发展新模式的优势增长得益于乡村振兴战略政策背景，但是本质上源于关中民俗这一地域特色。这种文化资源具有唯一性、历史性和增值性，具有深厚的人文价值和经济价值，民俗文化旅游应当深深根植于本区域的环境、民俗、风情、文化特色，特色决定价值，特色源于特立独行和独树一帜，这也是民俗文化旅游摆脱同质化竞争的重要因素。

②劣势分析（W）。

袁家村民俗旅游经济发展虽然取得了一系列成果，但随着经济环境发展，也催生了一系列问题。通过对袁家村主要店铺投资主体构成进行分析，可以发现主要是本村村民、周边人群以及外来投资者，经营主体多元化，但同时也存在单一投资人投入比例过高的现象，即单一投资人占绝对地位，容易导致其他小微投资者经营意愿不强，难以调动经营积极性。此外，从目标游客定位来看，过去西安市的游客主要以中等收入者为主，且具有大学学历水平的游客占比低于50%。随着教育、经济水平的发展，在当今体验经济时代下旅游者的消费需求更加具有个性化、情感化、求知化、参与化等特征。这表明，当今民俗文化旅游所面对的游客群体需求更加多元化，游客教育水平明显提高，对旅游过程中的文化内涵提出了更高的要求。因此，袁家村的劣势在于"投资主体构成不合理"和"游客目标定位不准确"。

③机会分析（O）。

袁家村发展的机遇主要来源于两方面：一方面为国家政策环境；另一方面为管理者的战略眼光和进取务实态度。两方面结合将资源优势转化为发展优势、市场优势，并成功接续本身探索的体制机制优势与经验，不断夯实发展基础。在"良好的国家政策环境"方面，党的十九大报告中提出了六大新发展理念，将实施乡村振兴战略放在重要地位。2018年《中共中央、国务院关于实施乡村振兴战略的意见》中提出了要打造休闲农业和乡村旅游精品工程，加快农村一二三产业的融合。2018年，国家旅游局发布文件，将旅游扶贫作为国家脱贫攻坚战略的重要组成部分。2021年国家"十四五"规划专门提出：发展县域经济，推进农村一二三产业融合发展……壮大休闲农业、乡村旅游、民宿经济等特色产业。这些都为袁家村民俗旅游发展与乡村振兴提供了政策环境机遇。在"管理者的战略眼光和进取务实态度"方面，袁家村紧抓政策机遇，并积极落实。2019年7月，文化和旅游部发布《关于公示第一批拟入选全国乡村旅游重点村名录乡村名单的公告》，袁家村作为第一批重点名村入选。住房和城乡建设部也将袁家村选为"美好环境与幸福生活共同缔造活动"的第一批经典试点村。这些都为袁家村发展提供了机遇条件。

④威胁分析（T）。

袁家村主要存在同质化竞争和环境可持续发展两个问题：第一，袁家村的成功催生众多模仿者，必然会产生竞争。如兴平市的马嵬驿、周至县的水街、礼泉县的东皇小镇民俗旅游村、泾阳县的茯茶小镇和龙泉公社、三原县的张家窑民俗村、富平县的和仙坊等，基本照搬或模仿了袁家村经营模式，且已存在竞争客源的情况。第二，民俗文化旅游的可持续发展问题。民俗文化旅游的可持续发展归根结底就是乡村经济的可持续发展，平衡生态环境保护与经济发展关系是乡村发展的关键组成部分。如袁家村旅游景区面积的扩展、经营商户的增加、游客的增加和停车场面积的扩大等，势必会导致污水、固体废物等污染物排放增多、噪声污染升高持续以及耕地减少等生态环境问题。

（4）促进袁家村民俗风情旅游进一步发展的对策。

①充分利用新媒体，创新营销模式。当今民俗文化旅游竞争激烈，是否拥有独特的旅游客体和完备的旅游媒介，已成为决定该景点能否发展壮大的重要因素。针对袁家村的游客多来自西安和咸阳等周边地区，其对外影响力有限这一问题，袁家村应充分利用多种营销手段，进行多维度宣传、立体化展示，使游客的旅游动机由"我想去"升级为"我必须去"。同时，力争实现袁家村由"民俗文化+特色美食"的发展模式向"民俗文化+特色美食+休闲娱乐"的发展模式升级转化。而愿意为优秀的旅游衍生品和文创产品买单，也是新一代旅游主力军的特点，从此入手方能解决游客年龄断层的问题。

②借智引才，深挖文创。袁家村地处科教大省陕西，拥有众多高水平院校及科研院所。目前，袁家村为陕西师范大学、西北农林科技大学等十余所大中小学的实践教育教学基地，可借此开展初步合作。建议实施引智入村，依托高水平创新能力人才，为袁家村提供高水平管理或咨询，可从根本上提高袁家村的经营层次，实现发展理念与时俱进。

③创新旅游产品，增强游客体验感。随着全国各地的特色乡村旅游项目的陆续开发，以及周围村子的模仿，袁家村这一模式的旅游产品同质化严重，袁家村应创新旅游产品，增强游客体验性。首先，深入挖掘黄河流域特别是关中地区民俗文化如礼泉县的传统民俗社火、高跷、锣鼓表演及华阴老腔等。其次，加大关中农耕文化的展示与传播，设计出让游客可以参与其中的农耕体验活动，增加游客的参与性、互动性，例如，纺布、榨油、酿醋、磨辣椒面、制作粉条等。最后，促进民间工艺商品化，袁家村所在的礼泉县已经拥有一些特色品牌，比如，叱干镇的"纤手"牌土织布、白村的"巧嫂子"牌土织布，传统手工艺羽毛插

花和景谷艺术（以五谷为创作原料的一种艺术品）更是手工艺的奇葩。如果引入这些品牌，为匠人提供现场工艺展示的机会，可以让游客直接感受传统工艺的魅力。同时，制成的工艺品将成为文化附加值产品进行销售，增加盈利点。

④开发夜间旅游，完善相关设施和服务。针对袁家村白天、周末及法定节假日客流量分布不均衡的现象，应开发夜间旅游产品，增加游客游览时间的选择性，打造"全时、全季、全域"旅游产品，加强人流量少的街区改造，以人流解决网红街区拥挤问题，让游客能充分体验到淳朴的关中特色的生活格调。针对基础设施以及服务方面不足，例如，在高峰时期提供车位，解决车位紧张、小吃店无座位等问题。袁家村村两委应投入资金修建、扩建停车场，增加服务人员，个性化解决游客的迫切需求。

（四）案例启示

学习本案例，启发我们思考如何在乡村振兴背景下发展旅游。发展旅游具有较强的带动作用，资源贫瘠的袁家村依托非垄断性的美食和民俗文化资源，通过"能人带头、全民参与、全民共享"机制，在村两委的统一管理下，创新股权分配机制，协调村民利益；提升旅游产品质量，并成功打造了"关中美食文化"IP形象，走出了一条发展乡村旅游带动村民脱贫致富的路子，这一模式启发我们，农民是乡村振兴的主体，发展乡村旅游必须依靠农民。同时启发我们思考在竞争日益加剧的情况下，如何分析乡村旅游面临的风险与挑战，并提出解决对策。

第二节　生态文明：西溪湿地公园的生态系统（思政点案例）

摘　要：生态文明建设背景下，旅游景区如何协调经济发展与环境保护的关系具有重要意义。本案例讲述了非资源垄断型杭州西溪湿地公园通过生态修复、赋予湿地文化内涵、合理规划湿地，成功实现湿地的保护和利用，开创了我国湿地公园的先河。通过学习杭州西溪湿地公园资源保护、可持续综合利用、开发模式及保障体系，旨在引导学生总结湿地保护和管理经验，提高对湿地的认识水平，助力我国湿地生态系统的保护，加强生态文明建设，构建和谐社会。

一、案例正文

湿地是指一些水陆交接的环境，包括低洼地区、洪泛平原、淡水或咸水所覆盖的地方，是地球上重要的生态系统，具有涵养水源、净化水质、调蓄洪水、美化环境、调节气候等生态功能。湿地与人类的生活、社会经济发展密切相关，其生态、经济、社会效益巨大。根据国内外目前湿地保护和管理的趋势，兼有物种及其栖息地保护、生态旅游和生态环境教育功能的湿地景观区域都可以称为"湿地公园"。我国湿地面积居亚洲第一、世界第四。但是，随着我国人口的增长、城市化和工农业经济的快速发展，为了追求短期效益，许多地区的湿地受到盲目开垦、污水排放等人为因素的影响，面积急剧减少，生态系统遭到严重破坏。如何在不影响湿地生态系统的前提下，搞好城市建设、实现城市经济的可持续发展已成为城市规划中的当务之急。

（一）案例背景

西溪湿地位于杭州西部，与西湖仅一山之隔。历史上的西溪湿地面积约60平方千米，湿地资源丰富、自然与文化景观独特，曾与西湖、西泠并称为杭州"三西"。杭州西溪的出名比西湖还早，在古人的眼里，西溪甚至比西湖更美。从宋代起就有文人在此游历或隐居，千百年来，文人骚客在此留下了许多诗词，至今风景区内还遗存有庵堂、祠堂、草堂。清康熙皇帝曾在游览西溪后感叹西溪美景，留下了"十里清溪曲，修篁入望森。暖催梅信早，水落草痕深"的赞美之词。西溪湿地属河流兼沼泽型湿地，河网密布，水面达70%，平均水深在1.15米左右。湿地南山北水，周围村庄主要为池塘、柿林、桑地、茭白田等。"以水为田、以桥为路、以舟为马、以岛为家"是曾经的西溪湿地居民的生活状态，水清鱼跃也曾经是西溪湿地的经典场景，甚至在20世纪七八十年代，西溪湿地都还曾被称为是华东最大的活鱼库。这里是典型的江南水乡、小桥流水、茅舍人家，日出而作、日落而息，稻满库、鱼满舱，一派自给自足的自然经济景象，是国内罕见的保存较好的城市外围生态湿地。

（二）面临的问题与挑战

1. 城市化进程导致湿地面积锐减

从20世纪90年代开始，随着杭州城市规模的不断扩大，填湖建造现象时有发生，距离城区较近的西溪湿地范围不断缩小，湿地生态环境受到破坏，完整的自然湿地面积由60平方千米至锐减至10余平方千米，西溪湿地的景观发生了改变。同时，多年的渔耕经济使得西溪原生湿地景观退化，西溪湿地演变成为以鱼塘为主，水网、塘基和河渚相间的次生湿地。

2. 农户养殖造成水质污染严重

西溪湿地水质大幅下降出现在2000年左右，居民开始多样化养殖，很多农户开始养猪，一方面供给城市需求，另一方面可以利用靠近城区的优势用城区宾馆酒店的泔水喂猪，实现"既省钱，又长肉"的"双赢"结果。但由于猪圈都沿河而建，粪便就直接排进河里，西溪的水变得又黑又臭。另外，渔业养殖密度也在增加，湿地周围的工业企业增多，当地近万人的生活污水也直接排入湿地，严重影响了西溪湿地的生态环境，湿地人地和谐相处的状态失衡。

杭州市环保局的统计资料显示：1997年西溪湿地的大部分水域水质尚在Ⅲ类以上，有些水域甚至为Ⅱ类。但到2000年由于受工业废水、生活污水的影响，绝大部分水质已属于Ⅴ类，其中溶解氧、总磷指数甚至劣于Ⅴ类，当时湿地的面积也只相当于中华人民共和国成立初期的一半。一处调节杭州气候、抵御洪涝灾害、繁衍动植物多样性的自然生态区几乎就要消失在城市的钢筋水泥丛林里，如不加紧保护，这片宝贵的净土将不复存在。

(三) 保护和利用

城市化的背景下，土地价格日益升温，杭州市房地产快速发展，西溪湿地面临着是进一步城市化，还是保护湿地的抉择。

1. 出台"生猪禁养令"

在房地产日益升温的背景下，西溪湿地没有填上鱼塘盖楼房，而是选择了进行生态恢复。2002年，既是西溪湿地所在的蒋村乡生猪头数的高峰，也是西溪湿地环境重塑的开端。2002年底，杭州市政府、西湖区、蒋村乡实施三级联动，针对西溪湿地生猪养殖污染水质的状况实施生猪"禁养"政策，开始启动湿地生态系统的恢复，这是杭州市政府对西溪湿地发展的第一个壮士断腕之举，一纸"生猪禁养令"赶走了2.5万头猪。生猪"禁养"政策的实施改善了西溪湿地的空气质量和水体质量，但是西溪湿地的其他方面，诸如区域内的卫生情况、基础设施条件等方面仍有待改善。

2. 启动生态恢复工作

"生猪禁养令"仅是西溪湿地环境改善的首轮活动，接着一系列湿地生态恢复工作开始启动。2003年8月，在时任杭州市委书记王国平的主导下，西溪湿地开始实施《西溪湿地综合保护工程》，西溪湿地被划定为保护区域，整个区域按照一级保护区要求划定了生态保护、生态恢复、历史遗存3个保护区，严格限制人员进入，为鸟类及其他生物营造良好的生存环境。同时，扩大保护区域范围，规划区总面积10.08平方千米，加大植被种植面积。通过湿地恢复与治理，建设莲花滩、千斤漾、朝天暮漾3大观鸟区和水禽栖息地，设置人鸟巢等设施，为鸟类提供适宜生境。整个西溪湿地保护区在"生态优先、修旧如旧、最小干预、以人为本、注重文化、可持续发展"6个原则的基础上进行开发利用。

3. 主题形象定位

恢复生态的西溪湿地，如何进行发展，主题形象定位与决策成为最为关键的问题。2001年，杭州市将西溪湿地定位为"文化生态旅游区"，集观光、休闲为一体的郊野风景区、江南水乡旅游度假地、区域旅游服务基地。因为从历史上看，西溪的自然与人文文化都是较为完美的结合，西溪湿地固有的自然环境造就了一片田园水乡风光，南宋以后，文人、僧侣发现此处离闹市、较远、僻静、脱俗，前来修建庄园、庵堂，于是这里在原有民俗风情氛围中兴起逸致文化，产出大量田园诗词。湿地规划目标是：建成享誉世界的田园水乡，怀旧思故的生态旅游地，休闲度假的民俗旅游村，人类和野生动植物共享的天堂。湿地划分为五大景区，即西溪水乡文化区、杭州民俗文化与野生动植物游览区、生态农业观光区、度假野营区、生态保护培育区。2004年6月，时任杭州市委书记王国平在调研西溪湿地时强调，西溪是自然、文化遗产的宝库。一方面，要在生态优化上下功夫，恢复蒋村地区的生态原貌，保护好西溪湿地景观的完整性和与周边环境的和谐性；另一方面，要坚持文化原则，对真正有价值的老建筑要修旧如旧，异地迁建的老房子要与周边环境和谐，新建筑要充分吸收西溪湿地老建筑的元素和符号。根据申遗要求，在高度重视物质文化遗产的同时，要高度关注非物质文化遗产挖掘与保护。至此西溪湿地朝着生态恢复和文化挖掘的方向发展。

4. 开创中国湿地公园的先河

2004年原国家林业局正式提出湿地公园的概念，鼓励不具备条件划建自然保护区的湿地区域，也要因地制宜，采取建立湿地保护小区、各种类型湿地公园、湿地多用途管理区或划定野生动植物栖息地等多种形式，加强湿地保护管理。时值西溪湿地自然生态与文化恢复工作取得了显著的进展，加之杭州市政府对西溪湿地的高度重视和支持，经过多方争取，2005年2月2日，第九个世界湿地日，西溪湿地被正式设立为全国首个国家湿地公园试点工程。5月1日，作为全国首个国家湿地公园，杭州西溪国家湿地公园一期建成并正式对外开放。一期工程是整个西溪国家湿地公园的核心部分，面积为3.46平方千米，开发建设了烟水鱼庄、西溪草堂、梅花山庄、秋雪庵、泊庵等景点，连通区内水塘，形成了水陆并存的游览线路。开园以来，游客接待数量累计约3 000万人次。西溪湿地成为中国第一个国家湿地公园试点工程开园以后，并没有满足于"第一"的示范效应，而是马不停蹄地进行产品和形象的建设。2006年进行了"西溪模式"的推广和二期工程的启动。2011年，我国批准设立12处国家湿地公园试点，西溪名列其中。2012年西溪湿地荣获国家5A级旅游景区、全国首批"自然教育学校（基地）"等30余项国家级以上荣誉，成功地打造了"中国第一个国家湿地公园品牌"。

5. 加入国际重要湿地名录

西溪湿地在快速发展过程中，具有另一里程碑意义的是其在2009年加入国际重要湿地名录。国际重要湿地公约（又称拉姆塞尔公约，Ramsar convention），于1971年在伊朗小城Ramsar签署，1975年12月21日正式生效。中国于1992年加入该公约。西溪湿地的列入具有重要意义，西溪成为世界上第一个国家湿地公园类型的国际重要湿地，也是中国首个以鱼鳞塘地形地貌为标准被列入国际重要湿地名录的湿地，也是浙江省唯一一处被列入国际重要湿地名录的地块。我国57块已经被列入国际重要湿地名录的湿地区域中，西溪湿地面积最小，类型最为特殊。列入国际重要湿地名录使得西溪湿地的知名度更上一步台阶，从中国知名景区跨越成为国际知名度较高的湿地景区。

（四）发展取得成效

西溪湿地在中国国家湿地公园的发展史上具有里程碑意义，对于中国湿地保护、恢复与多样化利用具有划时代的重要意义。西溪国家湿地公园实现了三大效应。其一，完善了杭州城市绿地生态系统，发挥了湿地生态系统保持水源、净化水质、蓄洪防旱、调节气候、清新大气和维护生物多样性等功能；其二，掀起了中国湿地公园建设的高潮，对中国湿地资源的综合利用、中国湿地公园的发展模式起到了示范作用；其三，为西溪湿地的高端发展开了好头，是王国平所提出的"打造专家叫好、百姓叫座的世纪精品、传世之作"的重要开端。西溪国家湿地公园是我国对湿地资源保护、恢复、利用的新的尝试，并掀起了国内湿地公园建设的热潮。在西溪国家湿地公园试点工程的基础上，国家林业局发布《关于做好湿地公园发展建设工作的通知》（林护发〔2005〕118号），明确界定了湿地公园的概念、特点、条件、申报与审批程序等内容。

西溪湿地在我国的湿地开发保护上具有无可替代的典范作用。西溪湿地的生态保护过程可以说是对西溪湿地的抢救性保护，通过生态修复，西溪湿地再现湿地风采，湿地文化得到恢复，对杭州城市生态发挥了湿地的调节功能。国际湿地公约秘书长皮特布里奇华特指出，西溪湿地为全球其他湿地的建设提供了很好的经验，也为21世纪全球各地进行城市中湿地的保护和利用提供了科学、有效的模式。

（五）经验和启示

在众多的国家湿地公园中，西溪湿地面积不是足够大、生态系统不是足够典型、物种不是足够稀有，但是它却在数量众多的国家湿地公园中树立了独特的旅游形象，发展成了国家湿地公园发展模式的典型工程与示范区，而且不断进行形象品牌阶梯的建设与巩固，甚至成为2020年习近平总书记杭州考察的首站访问地，值得每个具有国家湿地公园品牌的湿地景区进行深思，在旅游供给日益多样化的背景下也值得每一个旅游景区进行借鉴。作为第一个国家湿地公园试点的杭州西溪湿地，其品牌形象建设过程及与之相伴的景区发展过程为我们留下了深深的思考与经验总结，西溪湿地15年来的一幕幕无不讲述着其凭借非垄断性湿地资源发展成高端景区的历程。

二、案例分析

学习杭州西溪国家湿地公园湿地保护和管理的成功经验，旨在让学生了解其资源保护、可持续综合利用、开发模式及保障体系。湿地是重要的旅游资源，湿地公园作为较新型的旅游景区，集环境净化、生态旅游、休闲娱乐和科普教育等众多社会功能于一体，可为游客提供多方面的价值体验。在旅游产品日益剧烈竞争的背景下，非资源垄断型西溪国家湿地公园的发展模式，值得每一个旅游景区借鉴。构建和谐社会，加强生态文明建设，必须保护和利用好我国的湿地资源，提高对湿地的认识水平，合理规划利用湿地，保护我国的湿地生态系统。

（一）思政结合点

1. 生态文明理念

生态文明是指人类遵循人、自然、社会和谐发展这一客观规律而取得的物质与精神成果的总和；是指人与自然、人与人、人与社会和谐共生、良性循环、全面发展、持续繁荣为基本宗旨的文化伦理形态。生态文明是人类文明的一种形态，它以尊重和维护自然为前提，以人与人、人与自然、人与社会和谐共生为宗旨，以建立可持续的生产方式和消费方式为内涵，以引导人们走上持续、和谐的发展道路为着眼点。生态文明强调人的自觉与自律，强调人与自然环境的相互依存、相互促进、共处共融，既追求人与生态的和谐，也追求人与人的和谐，而且人与人的和谐是人与自然和谐的前提。可以说，生态文明是人类对传统文明形态特别是工业文明进行深刻反思的成果，是人类文明形态和文明发展理念、道路和模式的重大进步。

2. 创新精神

创新精神是指在实践开拓基础上，形成新的知识、创造新的活动方式和构建新的理论框架的精神，包括理论创新、体制创新、科技创新及其他创新。创新是一个民族的灵魂，是一个国家兴旺发达的不竭动力，也是一个政党永葆生机的源泉。当前，世界发展格局正加速演变，第四次工业革命深入推进，国家创新力竞争此起彼伏，实现中华民族伟大复兴，培育具有高度创新理想信念、超强创新本领能力与担当民族复兴创新大任的时代新人成为重要战略任务。党的十九大报告指出："培养担当民族复兴大任的时代新人"。"青年一代有理想、有本领、有担当，国家就有前途，民族就有希望"。创新精神是时代新人最本质的特征，高校要立足新时代，培育具有高度创新理想信念、超强创新本领能力、担当民族复兴创新大任的时代新人。

（二）案例思考题

（1）结合旅游接待业功能谈谈湿地生态旅游的价值。

（2）结合"生态文明"理念，分析旅游景区如何协调经济发展和环境保护？

（3）根据自己所见所闻，设计2~3个具有创新性的生态旅游产品。

（4）结合案例谈谈西溪国家湿地公园建设给你的启示。

第四章 旅游供给商

第一节 购物娱乐：宋城演艺的泛娱乐生态圈（知识点案例）

摘　要：本案例通过旅游供给商中的龙头企业——宋城演艺发展股份有限公司，介绍了旅游供给商中的购物娱乐企业的特点和发展成长。基于企业生命周期理论，描述了"宋城演艺"从孵化到成长再到成熟的发展历程，这其中包括"宋城演艺"从单一的主题公园，到"千古情"系列文化演艺的融入，以及其实现异地复制，再到轻资产快速业务拓展，并进一步尝试互联网演艺、开拓国际市场和演艺谷等新领域的探索之路。本案例致力于通过讲述"宋城演艺"的发展历程，让读者了解旅游供给商的运营模式、企业经营、对外扩张，从而对旅游供给商这一章节的知识内容有更深的理解。

一、案例正文

（一）案例背景

2022年3月3日，中国经济网北京讯，元宇宙板块今日跌1.55%，"宋城演艺"涨4.85%居首。疫情之下，文旅板块几乎迎来致命打击，为何"宋城演艺"能一枝独秀。这一趋势再次吸引了股民的注目，各大论坛掀起了对投资"宋城演艺"的前景的讨论，看好的声音远远超过了唱衰的声音。"宋城演艺"作为一家经营"主题公园+文化演艺"的文旅企业，早已成为行业内的龙头企业，同时在业内还有个响亮的名头——"中国演艺第一股"，在如此光环之下，又有哪些不为人知的发展故事呢？

（二）"宋城演艺"大事年表

1996年5月18日，杭州宋城主题公园开园。

1997年3月29日，《宋城千古情》首次公演。

2006年4月22日至10月22日，承办杭州世界休闲博览会，开启中国休闲元年。

2010年12月9日，"宋城股份"在深交所上市，成为中国演艺第一股。

2013年9月23日，三亚千古情景区开业，大型歌舞剧《三亚千古情》成功首演。

2014年3月21日，丽江千古情景区开业，大型歌舞剧《丽江千古情》成功首演。

2014年3月26日，"宋城股份"改名"宋城演艺"。

2014年5月1日，九寨千古情景区开业，大型歌舞剧《九寨千古情》成功首演。

2015年3月18日，收购六间房科技有限公司，开始经营线上业务。

2017年7月3日，炭河古城开园，大型歌舞剧《炭河千古情》成功首演，拉开宋城品牌轻资产输出的序幕。

2018年8月8日，桂林千古情景区开业，大型歌舞剧《桂林千古情》成功首演。

2019年6月28日，张家界千古情景区开业，大型歌舞剧《张家界千古情》成功首演。

2020年6月22日，西安宋城开园，大型歌舞剧《西安千古情》成功首演，"宋城演艺"模式全新升级。

2021年4月29日，上海宋城开业。

（三）宋城模式孵化

黄巧灵是宋城演艺的创始人，他出生于浙江丽水县的一个农村家庭，从小酷爱读书。1975年，17岁的黄巧灵在济南军区成为一名侦察兵，在军营里他阅读了大量的书籍，以至于后来还成了军报记者。1981年，黄巧灵从部队转业，回到了家乡的地方文化系统工作，1987年他已经当上了丽水县新华书店的总经理。一次偶然的机会他听到了一名电台记者对海南岛的梦幻讲述，便对海南岛产生了极大的向往，不安分的他很快就辞掉了新华书店总经理的工作，揣了2 000多元便奔赴海南三亚。在三亚，他成立了天涯海角旅游开发有限公司，建起了中国第一个海滨浴场，刚开始一张门票仅8毛，但是一个月的收入竟然突破1万元。即便如此，后来的一次汛期海潮还是卷走了他的所有家当，他历经五年的初次创业以失败告终，但是这次创业却让他赢得了一个诚信的好名声，这个好名声也为他后来创立宋城埋下了伏笔。

1992年，黄巧灵再次回到故乡，同年他被推选为丽水群艺馆馆长，此后两年他一边沉淀一边积极找寻新的创业项目。1994年，他来到杭州在当地著名的工艺品商场天工苑参观了一整天，其间他被栩栩如生的《清明上河图》模型深深地吸引住了，"烟柳画桥，风帘翠幕，参差十万人家"描绘了一幅宋城盛景。然而就在当晚，天工苑意外经历了一场大火，《清明上河图》模型在大火中烧成了灰烬，黄巧灵得知此事后备感惋惜，也给他心里带来了很大触动，他也下了一个决定，决心要将千年之前的繁华宋都重现在今世。说干就干，同年黄巧灵启动了宋城项目，这个项目耗资1.8亿元，而这笔巨资能够顺利到位得益于当年他在三亚的创业经历，黄巧灵在海南收获的好名声，让天南海北的好朋友们，纷纷对他慷慨解囊。1996年5月18日，宋城开园，打出"给我一天，还你千年"的口号，第一天就吸引了超过6万人前来体验。

以"宋文化"为主题的宋城一经开园就备受欢迎和关注，但黄巧灵马上就嗅到了新的危机，在当时长三角地区的主题公园是竞争最为激烈和集中的地区，尤其是类似于宋城这样仿古且形式原始的主题公园是最早被淘汰的一批。宋城仅仅占地30亩，且主题又单一，如果没有独具一格的核心吸引力，在规模、设备和品质上很容易被后续新建的主题公园所压制。放眼全球，不少的主题公园都不单单以公园的形式运营，其中一些主题公园都带有演艺。比如说长隆的大马戏、迪士尼的音乐剧，于是黄巧灵便开始探索"主题公园+文化演艺"的新模式。

1997年3月29日，《宋城千古情》露天版首次公演。它依据南宋历史典故，结合神话传说，运用歌舞、杂技、戏曲等艺术形式，最后通过绚烂的舞台呈现出来。整部剧依次讲述了良渚古人的艰辛（良渚之光）、宋皇宫的歌舞升平（宋宫宴舞）、岳家军的征战历程（金戈铁马）、梁祝的凄美爱情（美丽的西子、美丽的传说）、白蛇传的断桥相会（世界在这里相聚）五部分。整场演出大气恢宏、跌宕起伏，把烟雨江南展现得淋漓尽致，让观众看得酣畅淋漓、回味无穷。《宋城千古情》一炮而红，开演7个月，接待观众100万，旅游收入近4000万元。

（四）近　况

2017年至2019年，"宋城演艺"全年营业收入分别为30.2亿元、32.1亿元、26.1亿元；净利润分别为10.7亿元、12.9亿元、13.4亿元。如果没有外部冲击影响，宋城演艺的盈利能力将稳中有升，一方面，公司将逐渐剥离低毛利率业务，转型毛利率达50%~60%的互联网演艺业务；另一方面，公司将发力轻资产运行，只运营服务。但2020年突如其来的新冠肺炎疫情，对整个旅游相关行业都造成了巨大冲击。

二、案例分析

（一）启发思考

"宋城演艺"从一开始的单一主题公园，发展到现在包括"主题公园＋演艺"、直播平台、影视、动漫等几位一体的一个泛娱乐生态圈平台，它早已成为旅游行业人造景观赛道的龙头企业。"宋城演艺"既是一家人造景区也是一家从事文化演艺的娱乐供给企业，"宋城演艺"的发展史就是一家旅游供给商做大做强的范式。本案例说明，现实世界中并非像书本理论一样严格，企业的运营往往是基于现实情况而进行的。因此，为引导学生更好地理解案例以及旅游供给商一章的知识理论，特提出以下四个问题供学生思考：

（1）请结合企业生命周期理论分析宋城演艺的发展经历了哪些阶段，各阶段有何特点？

（2）请结合旅游供给商理论分析宋城演艺属于旅游供给商的哪一类有何特点？

（3）试结合旅游供给商的理论知识分析宋城演艺在管理运营上有何特点？

（4）试从市场营销的角度分析"千古情"系列获得成功的原因。

（二）分析思路

本案例从旅游供给商的视角讲述了"宋城演艺"在黄巧灵的大胆、精心运营下，由小做大的过程。案例从书本上脱离出来，讲述了一个真实的旅游供给商的故事，以便学生更好地理解现实世界中的旅游供给商，本案例仅作为与本章节理论知识呼应的一个补充。本案例的分析思路可以结合上述四个问题展开，首先学生应该理顺宋城演艺经历了哪几个发展阶段，并且要能够概括不同发展阶段有何特点，可依托企业生命周期理论展开分析；其次，案例的学习应回归教材理论，从宋城演艺整体的经营业务分析它属于哪种供给商，并要能结合理论和宋城现实情况分析宋城演艺有何特点；再次，结合旅游供给商的相关理论归纳宋城演艺在具体管理经营运作上有何特征、特点；最后，拓展思路，试从市场营销的角度，应用经典的营销学理论分析一下，宋城演艺采用了何种策略，实现了"千古情"系列的成功。

(三) 理论依据

1. 企业生命周期理论

企业生命周期是企业的发展与成长的动态轨迹，包括新生、成长、稳定、衰退几个阶段。企业生命周期理论的研究目的就在于，它试图为处于不同生命周期阶段的企业找到能够与其特点相适应，并能不断促其发展延续的特定组织结构形式，使得企业可以从内部管理方面找到一个相对较优的模式来保持企业的发展能力，在每个生命周期阶段内充分发挥特色优势，进而延长企业的生命周期，帮助企业实现自身的可持续发展。

(1) 新生期。对于新生企业来说，最重要的任务不是发展和管理，而是活下来，尽快进入成长期，只有在企业存活下来后企业才能有自己的未来。对于这一阶段的企业来说，因为有了产品和收益才能让企业的生存周期延长，所以在这一阶段中，产品经理和开发人员是团队的核心，同时因为没有自身的品牌产品和模式，所以企业在这一阶段中，用快速迭代的方式确定一种产品或商业模式，能够快速吸引用户进入高速增长。

(2) 成长期。对比起新生期来说，进入成长期就表示企业已经有了一定的实力与资本，在这时候企业最重要的任务就是要趁机扩大自己的客户群，快速抢占市场占有率，保持高速的增长模式。因为已经度过了新生期，有了自己的客户群，在这一阶段中，市场营销与运营将是企业发展的核心，所以在这一阶段上，企业最大的变化就是出现了新的市场和运营团队（部门）。一般而言，在成长期，企业结合新颖或独有的产品功能，通过运营手段和市场营销手段，能够快速达到吸引新用户和保留老用户的效果。

(3) 稳定期。相对于前面两个发展时期，进入稳定期的企业一般而言都需要从细分领域继续争夺自己的客户，并且从管理方面降低自己各项经营成本来提高获取的利润率。因为已经发展成熟,所以最需要的就是在保住现有流量的基础上继续挖掘用户需求,调整产品功能,将发展重点投入细分领域进行精细化运营,提高经营效率。因为需要从细分领域进行发展,处在这一时期的企业也往往会从内部进行细分划分,例如,针对某一产品线出现相应的事业部和配套的运营团队、营销小队,同时为了提高经营效率,会将一切详细化、步骤化,即使企业内部发展更加立体化和结构化,出现具体的IT部、运维部、财务部、人力资源部、行政部等。

（4）衰退期。当一个企业步入衰退期,一般会尽可能地保证在退出原有的领域前,培育出新的产品和品牌方向,以此避免倒闭。因为这属于产品周期的自然变化,往往企业方面很难更改,只能从新的领域寻求突破,这时候对于企业一些原有的事业部和产品线会被关闭,而小型新创事业团队的会被重新提出,或许一些原有的小型创新团队结构会得到重点关注。当然这一时期对于所有企业来说,往往会在企业处于稳定期时期就进行布局,而其中的区别就在于因为情况不同,当处在衰退期时企业就会对此更加重视。

总结来说,企业发展分为新生期、成长期、稳定期和衰退期,而根据发展期的不同,企业的发展布局也会有所不同,新生期考验领导者个人能力,需要领导者带领团队好生存；成长期需要考虑推广运营,确保能够快速占领市场；稳定期需要做好客户维护和细分领域突破,需要将企业组织架构完善细分；衰落期需要剔除无意义团队,从新的领域和产品中寻求新的突破。

2. 旅游供给商的类型及特点

旅游供给商是向旅游消费者提供旅游产品和服务的经营组织,按照提供产品类别可分为三大类：景区景点企业、住宿餐饮企业和购物娱乐企业。景区景点企业是开发和经营景区景点的企业,需要依法成立、自主经营。旅游景区是指具有参观游览、休闲度假、康乐健身等功能,且具备相应旅游服务设施并提供对应旅游服务的独立管理区。住宿餐饮企业是为旅游消费者提供住宿、餐饮及多种综合服务的企业。住宿企业是向消费者提供住宿、饮食、娱乐、健身、会议、展览、文艺演出和商务等服务的企业,是各类酒店、客栈的总称。购物娱乐企业是为旅游消费者提供购物、娱乐及多种综合服务的企业。购物娱乐企业又分为旅游购物企业和旅游娱乐企业两类。

旅游供给商具有项目投资大、回收周期长、重视产品创新、经营活动敏感、提供实体产品等特点。

（1）项目投资大。旅游供给商的旅游开发依赖于大资本的运作，小、散、弱的投入很难撬动一个区域性的旅游开发项目。一方面，企业为了满足旅游消费者多样化的需求、提供高品质旅游体验，需要从单一性企业发展为综合性企业，比如，某些住宿餐饮企业除提供住宿餐饮之外，还要建造健身房、游泳池、游艺室、网球场，提供洗衣、美容、养生等服务。而近年来土地、原材料、人力等价格上涨，因而需要大量的资金投入。另一方面，旅游资源、酒店设施、娱乐设备等企业资源需要长期维护和更新，需要维护资金的持续注入。

（2）回收周期长。对于旅游供给商来说，从旅游项目的初步意向确立，到规划、审批、建设、运营，时间漫长。并且，旅游供给商通过门票、餐饮、住宿、购物等途径获取收入，因此与地产企业不同，其成本不能一次性收回，再加上建设规划期长、前期投入大、折旧成本高，回收周期将被大大延长。一般而言，旅游项目金额越大，牵涉面越广，回收周期越长。

（3）重视产品创新。产品创新是旅游供给商在改革发展进程中不得不面对的问题，能否科学合理、适时适度地进行产品创新，关系到企业能否持续、健康、快速地发展。近年来，旅游供给商高度重视产品创新，依靠与众不同、新颖独特、具有市场吸引力的旅游产品，形成企业的市场竞争优势。文旅融合是一大创新发展趋势。

（4）经营活动敏感。旅游活动的异地性，使得旅游活动本身会受到多种因素的影响，包括政治、经济、文化、外交、汇率、自然灾害、流行疾病等，所以旅游供给商经营活动的敏感性很强。2020年以来的新冠肺炎疫情使景区景点企业在一定时期内处于停顿状态，许多酒店和娱乐性企业面临停业、破产甚至倒闭的风险。

（5）提供实体产品。与旅游招揽商、旅游平台商相比，旅游供给商向旅游消费者提供实体旅游产品。无形的服务产品是旅游产品的价值核心，有形的实体产品是旅游产品的基础。实体产品的质量、特色、风格、声誉、组合方式等都关系到旅游消费者的旅游体验和旅游感知。旅游供给商利用实体产品进行旅游有形展示，将自身的服务特色进行有效的实物化，并通过展示使产品更容易被旅游消费者把握和感知。

3. 旅游供给商管理运营特点

（1）景区景点企业管理主要包括景区开发和规划管理、市场营销管理、日常经营管理、环境与质量管理等。①景区开发和规划管理：如何保持和增强景区、景点的吸引力，是景区景点企业管理的重要内容。为了延长企业生命周期，需要对旅游资源进行规划和开发，形成新的旅游项目。②市场营销管理：为了实现景区景点企业的战略目标，需要实施市场营销管理，营销关系到景区景点企业的生存和发展。③日常经营管理：为了实现旅游景区、景点的正常运营，需要实施日常管理，具体内容包括接待服务管理、交通管理、餐饮管理、财务管理、安全管理、人力资源管理等。④环境与质量管理：环境管理包括景区景点内部自然环境的管理和社会人文环境的管理。

（2）景区景点企业具有执行标准规范、注重控制、淡旺分明的经营特点。执行标准规范：根据《旅游景区质量等级的划分与评定》与《旅游景区质量等级管理办法》，旅游景区质量等级由各省（自治区、直辖市）旅游景区质量等级评定委员会初评，由全国旅游景区质量等级评定委员会组织评定，评价内容有服务质量与环境质量（满分100分）、景观质量（满分100分）、游客满意度（满分100分）、年接待境内外旅游消费者数量四个方面。旅游景区质量等级的标志、标牌、证书，由国家旅游行政主管部门统一制作和颁发。

注重控制：景区景点企业经营的安全性取决于对安全隐患的控制与管理，包括可控因素、可影响因素以及不可控因素。可控因素包括出入口管理、景区容量、游览通道和线路、警示标识系统等；可影响因素包括员工管理、特许经营活动、游览区域限制等；不可控因素包括气候变化、地质灾害、游客非正常行为等。景区景点企业对资源和旅游消费者的控制管理能力是决定其市场竞争力的关键条件。首先，旅游消费者在旅游目的地开展旅游活动，涉及食、住、行、游、购、娱诸多要素，这些要素决定了景区景点企业经营的复杂性。其次，旅游消费者来自五湖四海，他们有着不同的地域文化背景、风俗习惯、宗教信仰，以及兴趣爱好等，每个人的需求千差万别，这决定了服务接待工作的复杂性与多样性。

淡旺分明。景区景点企业经营出现淡旺分明与旅游消费者的闲暇时间、气象气候的季节性、旅游产品特征等因素有关。在法定节假日、黄金周、个人带薪休假日、寒暑假等时间，旅游消费者众多，形成企业经营旺季；而在平时，旅游消费者闲暇时间不足，所能选择出游目的地很少，形成企业经营淡季。气象气候的季节性变化会使旅游景区景点形成季节特色，从而导致旅游消费者行为和企业经营发生同步变化，比如在冬季，黑龙江地区会推出冰雕、雪雾景观等旅游项目吸引旅游消费者，部分旅游消费者也会选择到海南地区避寒。旅游景区景点在特定时间推出特定旅游主题活动吸引众多旅游消费者前往也可造成旺季，比如哈尔滨国际冰雪节、青岛国际啤酒节、少数民族节庆活动的举办等。

（3）旅游娱乐企业的管理要以市场为导向、注重科技投入、积极开拓新市场。①市场导向：依据旅游消费者的需求和旅游商品市场竞争的特点进行旅游商品的开发与创新。无论是游乐园、主题公园，还是景区景点文娱表演和节庆活动等旅游娱乐产品，从创意到实现手段和商业运作手段，都要力求做到雅俗共赏、老少皆宜。应注重资源整合，挖掘本国或本民族文化，突出主题，形成旅游目的地的独特文化。②科技投入：科技不仅是旅游商品开发创新的源泉，而且是旅游商品开发创新的推动力和基础。科技发展为旅游商品的开发创新提供了重要的手段。提高科技在旅游商品开发创新中的应用水平，有助于提高旅游商品的精确性和开发效率。③开拓新市场：新市场开拓的管理模式即以新的旅游商品去满足旅游消费者的新需求或以老的旅游商品去满足新市场的需求。

（4）旅游娱乐企业的经营特点有项目功能设计和服务个性化。游乐项目的选址、建设需要与当地的景观、生态、文化等融为一体，从游览项目功能、景区线路设计、旅游消费者不同时段消费心理上体现人性化特征。如北京"龙脉温泉国际康体乐园"，为适应城市人向往大自然的心理，充分利用得天独厚的温泉资源和区位优势，突出"温泉文化"特色，大做"水"的文章，在方便旅游消费者上下功夫，营造了一个北方热带雨林全天候游乐环境，适应了不同性别、年龄，不同兴趣爱好，不同健康状况，不同消费能力的旅游消费者的需求。投资主体和娱乐载体多元化：旅游娱乐企业的高收益激发海内外投资者的热情，众多投资者纷纷选择投资游乐项目。同时，许多旅游项目通过突破传统观念，精心策划，调整、完善原有项目结构或功能，使娱乐从内容到形式在众多旅游项目中得到延伸和拓展，使娱乐业更加充满活力和生机。管理模式和表现手段国际化：随着企业改制力度和管理层知识型人员比重加大，国外先进管理经验逐渐被国内旅游娱乐企业接受、运用，整个行业的管理水平和整体素质不断提高；在设施和表现手段上，高端科技在众多游乐项目中出现，部分项目同国际接轨。

4. 市场营销

市场营销的经典理论很多，如4P、4C、4R、4I等。本案例主要涉及最经典的4P理论。

（1）价格（Price），是指顾客购买产品时的价格，包括折扣、支付期限等。价格或价格决策，关系到企业的利润、成本补偿以及是否有利于产品销售、促销等问题。影响定价的主要因素有三个：需求、成本、竞争。最高价格取决于市场需求，最低价格取决于该产品的成本费用，在最高价格和最低价格的幅度内，企业能把这种产品价格定多高则取决于竞争者同种产品的价格。Price是先于Product，Place，Promotion而定的，定价是传统行业的营销或者产品工作的第一步工作。因为在做产品、渠道、宣传（STP）这三步的时候，Price已经做完了。

（2）产品（Product），从市场营销的角度来看，产品是指能够提供给市场被人们使用和消费并满足人们某种需要的任何东西，包括有形产品、服务、人员、组织、观念或它们的组合。产品是否能赚钱？依靠什么赚钱？Product边际成本是否为零。如果到一个服务业的话，Service就是Product。

（3）渠道（Place），所谓销售渠道是指在商品从生产企业流转到消费者手上的全过程中所经历的各个环节和推动力量之和。渠道分销要考虑以下几个原因：分销的是边际成本为零的产品，还是分销的边际成本不为零的产品；渠道划分的意识和渠道管理的意识是判断经营水平的一个重要因素。

（4）宣传（Promotion），很多人将Promotion狭义地理解为"促销"，其实这样理解是很片面的。Promotion应当是包括品牌宣传（广告）、公关、促销等一系列的营销行为。

（四）关键要点

1. 请结合企业生命周期理论分析宋城演艺的发展经历了哪些阶段，各阶段有何特点？

关于"宋城演艺"的发展可以分为几个阶段，教师可以根据案例的编排结合企业生命周期理论引导学生进行划分。宋城演艺是中国最大的民营旅游企业之一，主要从事主题公园和旅游文化演艺的投资、开发和经营，经过二十余年的发展，宋城演艺逐渐打造并建立了宋城文化娱乐生态圈。回顾"宋城演艺"的发展历程，主要是企业生命周期的前三个阶段。

第一阶段新生期，概括为"主题公园+文化演艺"。这一时期主要以杭州为大本营，起初黄巧灵受到《清明上河图》模型的启发，打造了浙江省第一个主题公园——宋城。之后，"宋城演艺"提出"建筑为形，文化为魂"的理念，将独创的文化表演引入宋城主题公园，策划导演了《宋城千古情》，率先走出了一条"文化+旅游"的产业融合之路。宋城演艺通过"主题公园+文化演艺"的业务来建公园、排演艺，并通过景区门票以及景区演艺联票的方式获得了盈利，将产品的核心价值传递给目标顾客，满足顾客文化和旅游方面的需求。对于宋城景区，"主题公园"作为主导产品，"文化演艺"作为附加产品，"宋城演艺"通过增加"文化演艺"改变了企业的收入结构，使得"主题公园"保持其竞争力，经过不断地整合升级，"文化演艺"这一附加产品的收入成为"宋城演艺"的主要收入来源。

第二阶段是成长期，该阶段可以概括为"轻重资产+异地复制"。这一阶段，"宋城演艺"渐渐走出杭州，走向全国。在重资产业务的基础上，宋城演艺还开展了轻资产业务，采用"两条腿走路"的模式，轻资产相较于重资产来说利润更高、风险更低，这也是基于"宋城演艺"在景区管理方面积累的丰富经验而进行的管理经验的输出。通过收取服务费用及受托经营管理费的方式实现业务收入。在轻重资产的发展取得一定进展的同时，宋城为了进一步扩展开始了异地复制模式，将宋城及《宋城千古情》的模式推广到全国，这其中最具挑战的是，每个地方的文化特质不同，宋城演艺只有深挖当地文化元素，并和项目进行高度融合，才能确保项目的顺利落地。通过轻重资产以及异地复制创造更多的价值，宋城演艺将主题公园和文化演艺传递给各个地方的目标顾客。目前，已完成的重资产项目主要有三亚、丽江、九寨等，轻资产项目主要有宁乡、宜春等。

第三阶段是成熟期，这一阶段可以概括为"互联网+国际化+横向拓展"。随着文旅行业竞争越来越激烈，"宋城演艺"开始寻求新的发展方向。首先，宋城演艺将一部分重心放在了互联网领域，采用相关多元化战略，以收购六间房为起点，涉足"互联网演艺"，并对六间房与密境和风进行重组。其次，宋城演艺在综艺节目《极限挑战》《二十四小时》中做原生植入，入驻抖音、涉足电影产业链等，参与电影项目投资，创造自有 IP 价值。另外一个相关多元化的方式是拓展演艺谷项目，这是宋城演艺打造全方位、多层次、立体化旅游目的地的升级产品，也是中国文旅融合、演艺产业发展到新时代应运而生的重大项目，演艺谷包括了音乐剧、情景剧、街头表演等元素，这种多种元素的组合价值，有效满足顾客的多样化需求和个别化需求，更有利于吸引顾客。目前在建的项目有西塘与珠海演艺谷项目。最后，宋城演艺还采取了国际化战略，在建的有澳大利亚传奇王国项目。

2. 请结合旅游供给商理论分析宋城演艺属于旅游供给商的哪一类有何特点？

首先，"宋城演艺"在形成"主题公园+文化演艺"模式后，它既属于景区景点企业，也属于旅游娱乐企业。"宋城演艺"通过旅游资源开发、设施建设、营销宣传、获取门票收入、销售旅游产品等方式开展经营活动。其次，《宋城千古情》是为旅游消费者提供各种文艺演出以满足其游乐需要，而且其产业链覆盖旅游休闲、现场娱乐、互联网娱乐，已打造成为宋城文化娱乐生态圈。

"宋城演艺"的特点有项目投资大、回收周期长、重视产品创新、经营活动敏感、提供实体产品等特点。创立之初黄巧灵在 20 世纪 90 年代投资建立宋城就花费了 1.8 亿元，随后投资三亚千古情 30 多亿元，收购六间房花费 26 亿元，等等，可见宋城的运作需要大量资本来撬动市场，并且大资本投入也意味着资金回收周期相对较长。"宋城演艺"是非常重视产品创新的企业，"千古情"系列保持着一月一小改、一年一大改的习惯，而且十分重视前沿光电机械技术的应用，园区的娱乐设施也一直紧跟潮流。当然它的经营活动面对新冠肺炎疫情也暴露出了敏感性，2020 年，"宋城演艺"的各大景区在 1 月 24 日至 6 月 11 日，均处于闭园状态。在疫情的影响下，"宋城演艺"2020 年的营收和净利润均出现了大幅下降。根据财报显示，2020 年，"宋城演艺"全年营业收入 9 亿元，比 2019 年下降 65.44%；净利润为负的 17.5 亿元，比 2019 年下降 230.8%。最后，虽然"宋城演艺"为打造宋城娱乐生态圈做了很多线上的铺垫运营，但是成绩并不理想，使得宋城及时收紧策略将重心放回线下实体产品。

3. 试结合旅游供给商的理论知识分析"宋城演艺"在管理运营上有何特点？

作为景区景点企业，宋城非常重视景区开发和规划管理，保持和增强景区、景点的吸引力。首先，为了延长宋城的生命周期，其对旅游资源进行规划和开发，形成新的旅游项目。在全面分析旅游市场和旅游资源的基础上，由最先的单一宋城主题公园发展为"宋城+千古情"的业务模式。其次，市场营销管理，为了实现景区景点企业的战略目标，需要实施市场营销管理，营销关系到景区景点企业的生存和发展。市场营销管理的内容有：在对旅游市场调查和分析的基础上，确定目标市场，针对市场进行产品设计和经营决策，制订有效营销策略，促销产品，及时有效地接受消费信息反馈。

作为旅游娱乐企业，宋城在项目功能设计和服务上讲究个性化。首先，"千古情"系列扩张的时候，无论是国内项目还是国外项目，都是因地制宜，从当地历史文化、神话故事挖掘文化素材，强调文化特色，因而打造了不同的、以各地特色为主的"千古情"系列。宋城投资主体和娱乐载体是多元化的，起初宋城仅经营"主题公园+文化演艺"业务，后来从收购六间房开始打造其娱乐生态圈，涉足影视、动漫、综艺等，除此之外，演艺谷项目的开辟也是其线下业务的拓展和尝试。"宋城演艺"在管理模式和表现手段上一直以国际化标准运作，一方面最早学习迪士尼发展"宋城+千古情"模式，另一方面在"千古情"舞台表现中不停添加国际最新技术。其次，在其发展历程中，"宋城演艺"一直以市场为导向。观众需要舒适的观赏环境，千古情表演便由室外转到了室内；观众趋于年轻化，宋成就注重新兴舞台技术的应用，开展线上模式，如直播、动漫、综艺等。它在科技应用和新市场开拓方面的动作更是十分明显，收购六间房一方面是向新兴科技靠拢，另一方面是开拓线上市场，异地复制、国外输出等也是其对新市场的追逐。

4. 试从市场营销的角度分析"千古情"系列获得成功的原因。

基于4P理论，首先是产品（Product）。创立至今，"宋城演艺"在产品上不断追求创新和排他。首先，在打造宋文化主题公园之后，为避免同类主题公园竞争分流市场，其迅速打造了独一无二的歌舞剧《宋城千古情》。其次，在其核心产品品质的把控上，黄巧灵可谓是精益求精，从创意设计到排练，每一个环节都亲自把控，宋城的成功就是靠解决了上万个小问题累积起来的。正是靠着对演艺内容细节上的精雕细刻，《宋城千古情》才有了持久的活力，宋城主题公园才有了超高的重游率和满意度。此外，《宋城千古情》还在2004年荣获杭州市政府颁发的文艺创作突出贡献奖，并成为代表杭州的精品力作入选第七届中国艺术节的展演剧目；在2009年获得由中宣部评选的中国旅游演艺第一个国家"五个一工程"奖以及中国舞蹈最高奖荷花奖。

其次是价格（Price）。宋城门票通票从2013年开始稳定在280元，相比较杭州其他景点，门票价格确实较高，但是此价格基于宋城在同类赛道的垄断地位，所以在价格上只要还在消费者的预期可承受范围内，把价格定到消费者心里预期的最高价就会获得最大收益。从4P理论逻辑分析，宋城门票的价格是基于宋城的优质产品而制定的。

最后是渠道（Place）和宣传（Promotion）。两者不得不一起分析，宋城有关渠道和宣传是同步进行的。由于"宋城演艺"区别于影院剧场、市民剧场，表现剧本故事内容趋于标准化和固定化，导致了演出剧本无法像影院电影、市民剧场那样不断通过更换电影档期或不同艺术团队表演吸引游客，既然演出无法不断更换就只能不断吸引新的游客。于是"宋城演艺"瞄准的是外地游客这一市场，宋城极为重视与旅行社的合作，通过案例中反映的旅游团队游客占景区总人数的90%之上就能体现。"宋城演艺"采取进入游客源头市场，设立办事处进行推广工作，加强和地接社的合作，同时给予旅行社团队的价格优惠力度也很大。宋城将景区利益与旅行社利益捆绑，使得每一个旅行社和导游都成为宋城的渠道分销者和促销员。这对"宋城演艺"的推广和宣传及提升利润起到了非常重要的作用。

（五）案例启示

1. 企业背景

"宋城演艺"发展股份有限公司是杭州宋城集团控股有限公司的一家子公司，主要从事文化演绎和主题公园运营，除此之外，杭州宋城集团控股有限公司旗下还有宋城酒店集团、宋城房产集团、宋城七弦投资公司。"宋城演艺"发展股份有限公司是中国第一家上市的文化演艺公司，同时也创造了世界演艺市场的五个"第一"：剧院数第一、座位数第一、年演出场次第一、年观众人次第一、年演出利润第一。"宋城演艺"以演艺和主题园为核心，成功打造了"宋城"和"千古情"品牌，且产业链延伸至旅游休闲、现场娱乐、互联网娱乐。"宋城演艺"旗下拥有的剧场座位数超过了世界两大戏剧中心伦敦西区和美国百老汇全部座位数的总和。目前"宋城演艺"已建成杭州、西安、上海、三亚、丽江、九寨、桂林、张家界、珠海、佛山、西塘等数十大旅游区和演艺公园，上演了上百台千古情及演艺秀。它致力于用中国文化讲述中国故事，做全球文化演艺第一。

2. 后续发展

2021 年开始，随着国内旅游市场的逐渐复苏，以及旅游行业中国外游转国内游形成的巨大空间，"宋城演艺"的客流量才出现了修复。在项目投资上，"宋城演艺"在三亚和丽江等项目的成功，虽然证明了其异地复制项目的能力，但是旗下泰山千古情项目关停、武夷山等项目夭折注销，也反映出"宋城演艺"在拓展旅游景点上的不成熟，以及选址的重要性。在线上布局方面，"宋城演艺"曾尝试入局风口之上的互联网直播，收购了"六间房"直播公司。但是，其在线下线上的转换效果不佳，不但没有为其增加收益，反而拖累了其业绩的增长。2020 年，"宋城演艺"确认了 18.3 亿元的长期股权投资损失和减值准备，在直播业务上及时止损，轻装上阵回归线下主业。同时，由于疫情在全球的蔓延发展，"宋城演艺"的国际化战略前途未卜。在"宋城演艺"的海外投资布局中，澳大利亚项目是其出海的第一步，但目前已基本停滞，"宋城演艺"的国际化战略，遇到了"瓶颈"。

3. 教学建议

本案例可以作为专门的案例讨论课来进行。以下是按照时间进度提供的课堂计划建议，整个案例课的课堂时间建议控制在 80~90 分钟。

课前计划：提出启发思考题，请学生在课前完成阅读和初步思考。

课中计划：简要的课堂前言，明确主题（2~5 分钟）；分组讨论（30 分钟），告知发言要求；小组发言（每组 5 分钟，控制在 30 分钟）；引导全班进一步讨论，并进行归纳总结（15~20 分钟）。

课后计划：如有必要，请学生采用报告形式给出更加具体的解决方案，包括具体的职责分工，为后续章节内容做好铺垫。

第二节 爱国主义：南京大屠杀纪念馆设计观（思政点案例）

摘　要：爱国主义精神往往在一个国家和民族历经磨难后变得更加神圣。本案例介绍了南京大屠杀纪念馆各分场馆的设计元素及设计理念，其中饱含爱国、缅怀、反战、爱好和平的情感表达。本案例分析中引入了有关黑色旅游的思辨内容，希望学生在了解南京大屠杀纪念馆设计理念和思辨黑色旅游的同时，加深爱国主义情感，强化危机意识，珍惜和平，反对战争。

一、案例正文

（一）景点简介

侵华日军南京大屠杀遇难同胞纪念馆位于南京市建邺区水西门大街418号，通称江东门纪念馆，它选址于南京大屠杀江东门集体屠杀遗址及遇难者丛葬地，是中国首批国家一级博物馆，首批全国爱国主义教育示范基地，全国重点文物保护单位，首批国家级抗战纪念设施、遗址名录，也是国际公认的二战期间三大惨案纪念馆之一。

江东门纪念馆是为铭记侵华日军攻占当时中国首都南京后制造了惨无人道的南京大屠杀的暴行而筹建的，是中国人民铭记全民族灾难的实证性、遗址型专史纪念馆，也是中国唯一一座有关侵华日军南京大屠杀的专史陈列馆及国家公祭日的主办地。截至2015年，侵华日军南京大屠杀遇难同胞纪念馆占地面积120 000多平方米，建筑面积115 000平方米，展陈面积近18 000平方米，馆藏文物史料20万余件。2014年接待人数达803.4万人次，自1985年8月15日建成开放至2015年8月15日参观总人数达6 072.79万人次，其中来自美、日、德、英等90多个国家和地区的人士有300余万人次。

（二）设计的故事

场馆共分三期工程，其中一期与二期工程由齐康操刀设计。齐康，浙江天台人，1931年生于江苏南京，侵华日军南京大屠杀遇难同胞纪念馆设计者。一期以"生与死""痛与恨"为主题，建成史料陈列厅、电影放映厅、遗骨陈列室及藏品库等。二期工程的主题为"古城的灾难"，拥有群像雕塑以及以"和平之舟"为设计思想的新纪念馆（由何镜堂团队设计）。在齐康看来，纪念馆除了陈列作品外，还要借助于场、墙，以及借助于空间的氛围，特殊的序列，给参观者一种历史灾难的显现，让建筑物、场地、墙、树、坡道、雕塑等都成为整个表达环境氛围的要素。

2015 年，南京大屠杀纪念馆三期工程竣工。该工程由何镜堂设计，中建八局三公司承建，共有地上一层，地下两层，包括了新的纪念馆与纪念广场等。作为旧馆的扩建工程，新馆采用了与过去不同的叙述方式。比起原馆的肃穆感，新馆希望在让人记住悲恸的同时，表达出"胜利的喜悦"与"和平的实现"。尽管新馆的门面仍旧是灰色，以厚实的混凝土浇筑，但从总体设计来看，它更开放、柔和，使用了诸多流畅的曲线，并且用草地的亮色削弱了沉重感与尖锐感。一次浇筑成型的 413 根混凝土柱伫立在四周，与中间的椭圆广场相融合，代表着"万众一心"，也象征抗战军民前赴后继。建筑东立面恰巧有 77 根立柱，象征着中华民族全面抗战的起点"七七事变"。在阳光照射的时候，会形成无数光线，走在廊中，也仿佛穿过"时光走廊"。新馆希望呈现的"胜利"主题则通过一条叫作"胜利之路"的参观路线呈现。这条路带有强烈的隐喻，用的是建筑中常见的手法：以光的强烈对比象征一段从黑暗到光明的经历。当游客沿着胜利墙的斜坡缓缓上升，到达坡道顶端时，会感受到突如其来的开阔空间。弧形的胜利之墙由深红色的铁锈板组成，可以凸显历史和沧桑的感觉，它的纹理通过钢板和嵌入式灯槽分离形成。胜利之墙是由 3 850 块锈钢板组成，寓意八年全国性抗日战争的血与火，抗战胜利是革命先烈用鲜血换来的。

而纪念馆的整体建筑空间像是一把断刀，半围住椭圆形的巨大草坪"纪念广场"。这里能容纳 8 000 人，可供大型纪念活动使用。这个广场并非完全平坦，外围的土地稍微隆起，使广场形成一个半封闭的空间。它能塑造一定围合空间，又能对人流走向起到引导作用。椭圆形的胜利广场又被称为"九九广场"（1945 年 9 月 9 日，中国战区的日本投降仪式在南京举行），同时工程充分采用了圆弧空间元素，寓意抗日战争胜利，代表圆满。何镜堂曾经在接受采访时表示，南京大屠杀纪念馆扩建工程是他最喜欢的三大作品之一。这个新馆将历史回忆与当前的城市生活对接，容纳了胜利喜悦和死亡悲恸。在今天这样的时代，我们真诚地希望，勿忘历史，尊重人性，珍惜现代文明成果，永远不要再重现那样的至暗时刻！

二、案例分析

（一）思政结合点

侵华日军南京大屠杀遇难同胞纪念馆的意义体现在以下六个方面：第一，增加民族认同感，增强国家凝聚力。纪念南京大屠杀、设立国家公祭日能够强化整个中华民族的国家认同感。我们现在处在一个开放的社会，大家对很多问题都有不同的看法。但作为一个整体，我们的民族认同感需要强化，这有助于我们提升凝聚力，增强合力，促进国家发展。第二，尊重人权，彰显对生命的敬畏。纪念南京大屠杀、设立南京大屠杀死难者国家公祭日，首先就要求我们必须以人为本，珍重和敬畏生命，维护最基本的人权。30多万，不是一个冰冷的数字，而是一个个曾经鲜活的中国人的生命。这些死难者的背后，是一个个曾经温暖的家庭。中国举行国家公祭仪式，悼念南京大屠杀死难者和所有在日本帝国主义侵华战争期间惨遭日本侵略者杀戮的死难者，体现的是对人权的尊重、对生命的敬畏、对和平的向往。第三，打击日本右翼歪曲、抹杀历史的"翻案"企图。南京大屠杀国家公祭日的设立，再一次以法律的形式向世界郑重宣告南京大屠杀的历史罪行不可否认，表明全中国和全世界人民，没有忘记人类历史上那最丑恶的血腥屠杀一幕。同时，这也是对日本右翼复辟势力的庄严警告和法律压制。任何企图复辟军国主义的势力，任何企图推翻战后国际新秩序的政策，都不可能得逞。第四，以史为鉴，唤醒民族精神。硝烟已经散尽，警钟仍需长鸣。牢记国耻，勿忘国殇，富国强军，锐意进取，居安思危，常备不懈，警惕日本军国主义复活，绝不让历史重演，这就是纪念南京大屠杀的意义所在。第五，符合国际惯例，追求共同和平。南京大屠杀象征着中国苦难近代史的高潮时刻。中国自近代以来所遭遇的外部压力，给整个民族留下了许多历史疤痕，而八年全国性抗日战争最为艰苦，中国军民付出的牺牲最大，中国向现代性转变的进程被阻滞得最为严重。无论是从反法西斯主义还是从人道主义的角度看，南京大屠杀都不仅是历史留给中国人的伤痛，也是留给全世界的伤痛。如同奥斯威辛集中营，其警示意义是世界性的。第六，制度化形式，富于氛围感染力。设立南京大屠杀死难者国家公祭日对于展示国家形象很有意义。这昭示了中国对人权的尊重，对历史的认知达到高度和趋向成熟。这有利于增强民族凝聚力，有利于唤起民众与国家患难与共的情感，有利于世人学习和传承历史，有利于警示和教育世人尤其是年轻人，有利于与国际社会进行沟通。

（二）案例启示

首先，侵华日军南京大屠杀遇难同胞纪念馆属于黑色旅游吸引物的范畴。黑色旅游（Dark Tourism）指人们到死亡、灾难、痛苦、恐怖事件或悲剧发生地旅游的一种现象。黑色旅游是近年来国外，特别是北美地区旅游学界新兴的热点研究领域，也是一个颇具争议的领域。支持者称："现实生活提醒我们不能一味地沉醉在苦难。'黑色旅游'所获得的资金，可以用来进行灾区重建，这无疑是灾区的自我造血。"反对者说，告别苦难并不意味着忘记历史，但在开始新生活之前，我们是不是也要给"回忆"保留一份自留地？如针对四川大地震的"黑色旅游"，主要有以下异议：

1. 是否对死者不敬？

如果将灾难遗址参观或纪念名之为"黑色"，这既是对当地受灾幸存民众的不恭，更是对那些死难者的不敬，我们以前听说过"黑色"幽默，发展成了黑色旅游，将经济利益看成高于人性道德的价值，似有不当。自然灾难遗留下来的遗址，不是用来发财的，而是供人们前往纪念甚至凭吊的，去到那里的人们，不应是去观赏灾难景观，而是去那儿看"另一个自己"。

2. 是否为时尚早？

今后几年时间，在地震灾区，灾后重建、灾后恢复生产将是第一要务，灾区上下需要集中精力共闯难关。灾民们需要争分夺秒重建自己的家园，工商企业需要只争朝夕重建场地恢复生产经营，政府需要凝心聚力重建公共和公益设施。此时灾区若开放"黑色旅游"，势必要分散灾区上下精力，影响灾区灾后重建进程。同时，游客们来到灾区旅游观光，看到灾区还是一片狼藉，也会影响自己的心情和感受，"黑色旅游"的质量也难以得到保证。

3. 是否是道德绑架？

震灾虽然惨痛，死者虽然让人悲恸，但生活还得继续，活着的人还得过平常的生活——丧偶的人要婚嫁重新生活，孤儿将笑起来面对新的家庭，娱乐也是正常生活的一部分，灾难已经过去了这么长时间，灾区的人民不该重新享受他们应有的娱乐吗？灾难是灾难，娱乐是娱乐，不必以灾难去绑架人们的娱乐追求。

4. 能否照搬他国经验？

欧美的黑色旅游活动由来已久，2005年，飓风袭击新奥尔良后，当地一家旅行社推出了"卡特里娜灾难之旅"作为对遇难者的怀念，每位游客所付出的35美元团费当中，有3美元直接用于灾区救助。

第五章　旅游招徕商

第一节　交通企业：东方航空的资本运作之路（知识点案例）

摘　要：东方航空属于旅游招徕商中的交通企业，本案例介绍了交通企业的资本运作的几种模式。案例回溯了东航自建立以来三次重大的资本运作。2006年，东航遭遇"滑铁卢"，新航向东方航空抛出橄榄枝，国航为打造超级承运人，想乘机入股东航，并以"东航资产贱卖论"棒打鸳鸯，成功搅局。2008年的中国民航业"深陷寒冬"，东航和上航亏损额分别高达139亿元和12.49亿元，东航严重资不抵债。为了救赎东航，同时也为了打造上海国际航空枢纽港，2009年政府启动"东上合并"。2018年东航在面临行业竞争激烈以及自身经营困境时，通过央企民企交叉持股的方式另辟蹊径，同吉祥航空实现了"股权和业务"的双重合作。本案例着重从企业战略管理及资本运作角度对案例中国航、新航、东航、上航、吉祥航空的动机和行为进行分析研究，致力于引导学生了解企业的资本运作、企业扩张、兼并重组、交叉持股等。

一、案例正文

（一）案例背景

2022年3月21日14时38分，一架东航波音737-800客机在广西壮族自治区梧州市藤县附近山林坠毁，并引发山火。MU5735原计划于3月21日13时10分在昆明长水机场起飞，14时52分到达广州白云国际机场。2022年3月21日，民航局表示已确认该飞机坠毁。机上人员共132人，其中旅客123人、机组人员9人。后续搜救中证实，机上人员全部遇难。在悲痛悼念中，东方航空这个巨无霸民航公司又重新被大家关注了起来。

（二）与新航、国航的合作争夺战

1. 东航陷入泥潭

2002年中国民航行政性重组前后，东航对武汉航空、西北航空、云南航空等5家航空公司的收购给其未来发展背上了沉重包袱，缓慢整合很快让东航陷入泥潭。2005年和2006年，东航连续两年亏损，这两年的亏损额分别为4.67亿元和27.8亿元。2006年8月，东航旗下的中国货运航空有限公司腐败案曝光，其中5名高管因涉嫌商业贿赂被司法部门拘传，先后有数名上市公司高管因受到牵连而离职。后来，又发生了10名东航机长集体辞职事件。到2007年底，东航的负债率已高达93.72%，净资产额只相当于南航的1/3，国航的1/10。10年来，东航高层不断走马换将，换了6届领导班子、4任董事长、6任总经理，平均每个总经理在位时间仅1年半。2002年，55岁的李丰华被提升为东航集团董事长，以扭转公司危局。

对于东航的困局，不论国资委还是中国民用航空总局都做过诸多设想，比如流传最广的三合二方案，国资委将东航按国际和国内航线拆分为两部分，国际航线资产划归国航，国内航线资产划归南航。但这显然不是作为"拯救者"的李丰华所乐于见到的。执掌东航集团后，除解决东航固有问题外，李丰华最重要也最迫切的任务就是为东航寻找一个战略投资者，在资金和管理上帮助东航尽快渡过难关，以避免它沦为国内同行的猎物。东航引进战略投资者，可以改善财务状况，减少财务费用，增强其竞争能力，资产负债率水平的降低预计每年可以给公司节省约5亿元的财务费用。此外，新的注资有利于东航进一步扩大其财务杠杆，重拾其因资金问题搁置两年的扩张计划，扩张机队，增强竞争力，帮助其在上海机场树立绝对控制地位。

2. 国航、新航各有所图

国航全称为中国国际航空股份有限公司，其前身是民航总局北京管理局。2004年9月30日，由中国航空集团公司（以下简称"国航集团"）及国航集团的全资子公司国航有限共同发起设立。国航一直有"超级承运人"之梦，希望自身做大做强来抵御外资航空公司不断夺取中国市场份额的现状。当时中国已签署航空双边协议106个，全球已有90多家航空公司飞往中国。在外航大举进入中国市场的同时，外国资本也通过与中国的航空公司合资、合作，以及在股票市场收购中国的航空股等各种形式进入中国航空业。因此，中国国内航空市场竞争国际化的特征越发明显。面对行业发展趋势和已经显现出来的行业"制高点"，国内航空公司只有尽快联合起来，一起做大做强，才能生存发展。而重组东航是国航打造"超级承运人"之梦的重要步骤之一。除此之外，国航意欲巩固在上海的航空枢纽地位，并提高其市场占有率。上海作为中国的经济、金融中心，拥有大量的高端商务旅客，是中国未来三大航空枢纽之一，国航在上海的市场份额仅有12%，与此相比，东航在上海却有36%的市场份额，又具有基地航空公司的优势。倘若国航成功整合东航，将有助国航在上海占有率提高至近50%。

新航全称新加坡航空公司，成立于1947年，是新加坡的国有航空公司。公司以卓越的管理和一流的服务闻名于世，并多次被评为全球最佳航空公司。2004年，其执行扩张计划瞄准了中国市场，而参股中国的航空公司是新航大规模进入中国航空市场、增加抗衡能力的捷径。在对中国市场逐步的了解中，新航的高层对上海未来在全球航空业的战略枢纽地位达成共识。新航将合作伙伴锁定上海，并逐步聚焦到春秋、均瑶、上航和东航四家公司，最先试图对上航和春秋展开进一步调查，但由于这两家公司都不想放弃对公司的话语权，拒绝了新航的要求。随后新航找到了吉祥航空公司，但由于吉祥航空不是上市公司，财务透明度有限，这让一贯谨慎保守的新航顾虑重重，致使双方不欢而散。2006年年初，洞察到政策松动可能性的新航开始研究与中国三大航空公司国航、南航、东航合作的可能性。此时，国航与香港第一大航空公司国泰以交叉持股的方式结成了战略联盟，基于双方各自在北京和香港的地位，结盟后双枢纽的联动效应在一定程度上使亚洲的其他机场感受到了压力。受此启发，新航决定与上海巨头东航结盟，建立新加坡与上海双枢纽的联动效应。

3. 东新合作展开

2006年6月，新航对东航进行尽职调查。2007年5月22日，东航、新航双双停牌，称可能将公布重组协议。2007年9月2日，东航宣布向大股东东航集团、新航、淡马锡（拥有新航54.6%的股份）定向增发H股。东航将以每股3.80港元的价格，总计增发29.85亿股，其中向新航和淡马锡分别定向增发12.35亿、6.49亿股H股，交易完成后，新航、淡马锡和东航集团在增发后的东航总股本中持股比例将分别为15.73%、8.27%和51.00%。2007年11月9日，东航与新航、淡马锡以及淡马锡全资子公司 Lentor 私人投资签订最终交易协议。董事会通过了东航与新航签署的战略合作协议和人员派遣协议。根据协议，东航与新航将在飞行、机务、服务、采购、营销和培训等领域展开战略联盟与合作，新航还将派遣人员到东航担任管理职务，从而与东航分享新航在机务、乘客服务和营销等领域的各种管理经验。

4. 国航插手合作破灭

2007 年 9 月 25 日，新航入股东航一事还没有尘埃落定，国航就迫不及待地出手了，它发布公告表示，拟携手香港国泰航空有限公司（以下简称"国泰"）竞购东航部分股份。国航的收购并未取得国资委的同意，国航不得已宣称"此交易（竞购东航）在 3 个月之内不会进行"。国航深谙资本之道，它懂得利用手中的股票为自己赢得话语权。2007 年 11 月 19 日国航的母公司中航集团完成了十余次增持后，国航对东航的持股比例达到 12.07%，成为东航第一大流通股股东。2008 年 1 月 2 日，东航特别股东大会临近之际，一直隐身幕后的国资委突然打破缄默，国航集团发表声明，称 3.8 港元定价太低，意指东航贱卖国有资产，市场上沸沸扬扬地出现了东航"贱卖论"。2008 年 1 月 6 日，国航有限声称，如果东新合作方案未能获得特别股东大会的批准，国航有限将在两周内向东航董事会提交一份新方案。方案主要内容是建议由国航有限取代淡马锡和新航的角色，认购东航新发行的 H 股，并将收购价格提高到每股 H 股不低于 5 港元。此外，在对东航持股低于发行后总股本 30% 的前提下，国航有限愿意认购原拟由东航集团认购的部分东航增发 H 股。国航公布的拟以不低于 5 港元的价格代替新航和淡马锡来收购东航的相关股权，实现和东航的战略合作。正是这样的诱惑让众多境内、外基金纷纷临阵倒戈，原本的赞成票变成了反对票，加上国航作为最大流通股东投出的反对票，使得东新合作最终功亏一篑。

（三）与上航的重组整合

1. 雪上加霜的东航

2008 年经历"东新"合作失利之后，东航的重组似乎陷入了拉锯战。一方面新航痴心等待，另一方面国航绝不松口，而东航则显示出了"宁为玉碎、不为瓦全"的坚定。然而命运再次和东航开了玩笑，由于全球经济走入衰退，低迷的经济使民航业经营惨淡，东航深陷内忧外患中。随着 2006 年国际油价的不断攀升，国内航空公司为降低成本，逐步开始利用航油套期保值规避风险。2008年国际原油价格一度攀上每桶147美元的高峰，金融危机，客运下滑，前三季度东航一下子就暴出22亿元的巨亏。东航在2007年7月油价一路高企时，为了锁定成本，和国际投行签下套保协议，但此后油价没有像东航判断的一样冲上200美元，而是开始一路狂泻，击穿东航的套保底线。随着油价下跌，东航的燃油套保损失也随之不断加大，每天都在以几千万元的速度"失血"。多重因素导致东航巨额亏损，根据国际会计准则，公司年度营业收入为410.73亿元，营业成本为568.28亿元，经营亏损150.83亿元。

2. 南航掌门人空降救援

2008年12月12日，曾任中国南方航空股份有限公司老总的刘绍勇端坐在CZ3537头等舱的后排，由广州新白云机场飞往上海虹桥机场，开始统率当时国内最萎靡的航空巨头——东航。首先，刘绍勇亲飞云南，解决由来已久的东航顽疾。2002年中国民航大重组后，云南航空划归东航，随后矛盾频出，直至爆发了大规模的飞行员返航罢飞事件。云南是旅游大省，地处边陲，辖区内有多达12个民用机场，一直客源充足，昆明机场承运的旅客数一度稳居国内前十。但是，由于云南航空长期的"不合作运动"，东航不但没得到好处，相反却付出了惨痛的代价。刘绍勇顶住压力，放飞云南航空，让其按独立法人运营，甚至可以恢复原来云南航空的金孔雀LOGO，唯一的要求仅是"可以合并报表"。其次，刘绍勇直接抛出"航空公司不要再为艺龙、携程打工"的狠话。东航每年售票系统的资金流有10亿元被分销商拿走，而以艺龙、携程为代表的大型呼叫中心平台模式，瓜分了机票销售蛋糕的20%。2009年11月24日，东航与阿里集团签署合作协议，双方最终敲定东航选择支付宝作为在线机票支付商，并在淘宝网高调开设了官方旗舰店。省去中间商后，航空公司可以无缝对接消费者，利润更高，机票也会更便宜，实现了双赢。再次，公司停止了对西藏航空公司的投资，减少了在幸福航空公司中的持股比例，暂缓成立原计划成立的6家分公司。最后，公司将运力重点投向主要基地，把东航建设成为规模网络型航空公司，重点建设上海、西安、昆明三大枢纽。

3. 东上合并大势所趋

上航即上海航空股份有限公司。东方航空与上海航空的基地均设在上海，航线网络覆盖上海至国内，以及日本、韩国、东南亚主要城市。相同的客货运输业务及高度重叠的航线网络，使两家航空公司之间竞争异常激烈。另外，两家公司均同时在上海的虹桥和浦东两个机场独立运营各自的业务，也直接导致双方运营成本居高不下。2008年上航财报显示，其全年亏损13.46亿元，归属上市公司股东的净利润为负12.49亿元。上海航空2007、2008年度业绩连续两年亏损，被上海交易所实施"退市风险警示"（*ST），上航急需大笔资金注入，才能使企业持续经营，否则随时面临退市风险。

东上合并还有着更高层面的原因：国家决定在上海建设航空枢纽港，按照国际规律，国际枢纽港的条件之一是拥有一个市场份额超过50%的基地航空公司。然而，以上海为基地的东航和上航2008年的基地市场份额分别仅为31.7%和15%。按照《上海航空枢纽战略规划》的目标，上海提出要在2010年之前基本建成上海航空枢纽，上海市政府对于本地民航业整合也显得更加迫切。在我国当前的体制下，如果不是政府方面积极推进这一重组计划，完全由两家企业协商解决这个问题，恐怕只有等到其中一家轰然倒地抑或两败俱伤之日了。

4. 合并重组鏖战蓝天

2009年7月12日晚，东航正式公告称，东航将以1:1.3的比例换股吸收合并上航。交易完成后，上航的全部资产、负债、业务和人员进入东航，从而成为东航的全资子公司，但将保留原上航的品牌、经营权、债权债务和合同义务，而上航将从上证所摘牌。东航和上航的整合包括在营销方面，东航与上航统筹座位及价格管理、加强销售渠道管理控制、做好战略客户的统一管理工作；在运营结算方面，实施全面的航班代码共享，航班等资源得到统一调配，销售网络集中控制，营销队伍合署办公，渠道统一管理，价格统一协调；在成本控制方面，在机组安排、维修、采购、资金成本等方面进行整合统一，实现公司库存最优化，并通过合署办公大幅减少管理费用；在货运业务方面，大力整合目前两家上市公司旗下的货运业务和物流业务，向全程物流服务发展；在运行保障方面，东航与上航众多保障资源统一调配使用；在信息系统方面，对双方已有的信息系统依据评估结果择优使用，新系统的开发统一建设。

此项吸收合并使得新东航的营业利润率、净资产收益率和边际成本均有大幅提升，资产负债率有大幅下降。这不仅为东航、上航缓解了营运资金压力，还提高了公司的盈利能力，改善了抗风险能力，使得整合后东航的财务状况全面好转，保障了公司未来的发展。公司市值由约 200 亿元人民币上升为超过 643 亿元人民币，超过了南航的约 417 亿元人民币市值，在国内上市航空公司中仅次于国航。

（四）与吉祥航空的合作

1. 东、吉困境

上海吉祥航空股份有限公司是国内著名民营企业均瑶集团成立的以上海为基地的新兴民营航空公司，是由均瑶集团所属的上海均瑶（集团）有限公司和上海均瑶航空投资有限公司共同投资筹建的民营资本航空公司，已于 2015 年 5 月在 A 股上市。上海作为国际特大型城市、长三角区域的核心，汇集了来自全国各地的人流、物流。2019 年上海浦东机场和虹桥机场旅客吞吐量达到了近 1.2 亿人次，较 2018 年增长 3.53%，是中国最大的航空市场。东航在上海虹桥机场和浦东机场拥有最大市场份额。尽管东航上海主基地的区位优势如此明显，吉祥航空也不甘示弱，同样将业务重心放在上海地区，并且凭借着优秀的服务品质和成本控制能力，已经成长为民营航空龙头企业，也在上海地区占据了较重的市场份额。吉祥航空虽以上海为中心，构建了辐射全国主要城市的运输网络，但是在旅客资源及航线分布方面，仍然无法与东方航空相提并论，且吉祥航空采用的是"全服务+低成本"发展模式，这恰好与东方航空的经营模式"撞衫"，主模式的相似对吉祥航空自身的发展产生了极大威胁。与国企东航相比，吉祥航空作为民营资本的航空公司，长期面临着资金缺乏、航空管制、航线分配不公以及融资困难等问题，这些问题也是阻碍吉航长期发展的关键因素。

从 2014 年到 2018 年，东方航空的资产负债率始终显著高于吉祥航空的资产负债率及行业平均水平。相对于民航业其他的公司来说，东航背负着更大的债务压力，东航也在探索着更加有效的方式来缓解自己的压力。东航董事会在经历数次激烈讨论后，最终选择以向民营资本非公开发行股票的方式来引入战略投资者。首先，要选择优质的非公有企业，且具有较强的资本实力；其次，要求对方的行业关联度较高，且行业的竞争优势突出；最后，要求对方地域优势明显，资源容易整合，吉祥航空恰好均满足东航的要求。面对东方航空投来的橄榄枝，吉祥航空董事长王均金先生对于双方合作可谓是乐见其成。

2. 合作展开

2018年7月10日，东方航空发行公告称其拟非公开发行A+H股股票，以现金方式一次性认购发行，吉祥方拟合计持有东航A股10%和H股10%的股份，H股募集资金在扣除发行相关费用后将全部用于补充公司一般运营资金。吉祥航空立即对此做出回应，即同意参与本次非公开发行并成为东航重要股东之一。吉祥航空受自身体量限制，无法做到一次性独立全部参与认购。为了避免错过本次机会，吉祥航空选择邀请均瑶集团及下属子公司作为财务投资者共同配合来参与东方航空的此次非公开发行的认购。2018年7月27日，均瑶集团做出股东决定，同意设立上海吉道航企业管理有限公司。由均瑶集团借款3.61亿元给上海吉道航，让其先行认购东方航空股份，后续再由吉祥航空通过收购吉道航来间接持有东方航空的股份。10月18日，吉祥航空同意指定上海吉祥航空香港有限公司为认购此次非公开发行H股股票的主体。

一番操作之后，东航集团通过旗下东航产投合计持有吉祥航空15%股份，而均瑶集团及旗下吉祥航空则合计持有东方航空10.07%股份。但两家航空公司并不想止步于资本层面上的深度交融，业务方面的紧密合作才是两者青睐彼此的关键。于是紧接着在9月6日，东方航空母公司中国东方航空集团公司与吉祥航空母公司上海均瑶（集团）有限公司正式签署战略合作协议，东航总经理李养民先生和均瑶集团董事长王均金先生出席签约仪式，宣布双方及旗下的东方航空和吉祥航空从商业伙伴关系升级为战略合作伙伴关系，开启"股权+业务"全面合作。这也就意味着两公司交叉持股历经一年多时间终告一段落。交叉持股后，东方航空吉祥航空高管分别入驻双方董事会：2019年11月26日，东方航空总经理李养民先生进入吉祥航空董事会担任公司董事，接着半个月后，吉祥航空董事长王均金先生提名东航董事人选的提案也顺利通过，双方实现了股权的深度绑定。

二、案例分析

（一）启发思考

本案例介绍了旅游招徕商中的交通企业——东方航空集团的三次资本运作，其中涉及了股权合作、重组合并、交叉持股等一系列企业运作，基于案例内容教师可以引出以下问题供学生学习参考：

(1) 东方航空在发展中选择哪些资本运作方式，结合企业战略理论分析？

(2) 请结合战略理论分析新航为什么选择东航？国航如何成功阻击东新合作的？

(3) 东方航空和上海航空两家民航重组整合的动因有哪些？

(4) 交叉持股的动机有哪些？结合案例分析对于东方航空和吉祥航空而言，他们选择彼此作为持股对象的原因是什么？

（二）分析思路

教师可以根据自己的教学目标（目的）来灵活使用本案例。这里提出本案例的分析思路，仅供参考。

(1) 企业战略管理包括战略分析、战略选择和战略实施等内容，教师可以从战略分析角度出发，思考本案例中国航、新航采取并购战略的动因有哪些，可引导学生利用波特五力模型和SWOT分析矩阵来思考。

(2) 从企业资本运作角度出发，引导学生思考影响企业并购成功的影响因素有哪些？以及结合敌意并购的6个步骤，思考国航狙击东新联姻成功以及并购东航失败的内部原因。

(3) 分别从东方航空和上海航空的经营实况去分析它们各自选择与对方合并重组的原因，并且要关注政府在此次合并中所发挥的作用。

(4) 请分析东方航空作为国有企业，吉祥航空是民营企业，这二者展开合作，又有哪些区别于前几次资本运作的特点。

（三）理论依据

1. 企业资本扩张

企业资本扩张经营的方式是多种多样的。目前我国企业资本扩张中采用的基本方式有兼并、收购、战略联盟等。企业资本扩张经营的根本目的是实现股东价值的最大化，并且使现有管理者的收益更大。这既是由现代经营管理目标所决定的，也是由现代企业代理理论所决定的。资本扩张的类型包括横向型资本扩张、纵向型资本扩张、混合型资本扩张。

(1) 企业资本扩张方式。

企业进行内部资本扩张是指企业内部利用企业的留存收益或外筹资金，依据资本预算程序的可行性投资方案进行资本投资，以扩大企业的生产经营规模，促进企业成长的行为。

企业内部资本扩张往往投入大、时间长、风险大、见效慢。

企业对外进行资本扩张是指企业以不同的方式直接与其他企业组合起来，利用其现成的设备、技术力量和其他有利条件，扩大生产经营规模，实现优势互补，促进企业迅速成长的行为。

企业对外资本扩张往往投入少、见效快、风险小。

（2）企业资本扩张形式。

兼并是指一家企业以现金、证券或其他形式（如承担债务、利润返还等）购买其他企业的产权，使其他企业丧失法人资格或改变法人实体，并取得对这些企业决策控制权的经济行为。

收购是指企业用现金、债券、股票购买另一家企业的部分或全部资产或产权，以获得该公司的控股权。

新设合并是指两个或两个以上公司合并设立一个新公司，合并后原各方的法人实体地位消失。

（3）根据产权流动的不同轨道资本扩张可分为三种类型。

①横向型资本扩张是指交易双方属于同一产业或部门，产品相同或相似，为了实现规模经营而进行的产权交易。横向型资本扩张不仅减少了竞争者的数量，增强了企业的市场支配能力，而且改善了行业的结构，解决了市场有限性与行业整体生产能力不断扩大的矛盾。青岛啤酒集团的扩张就是横向型资本扩张的典型例子。近年来，青啤集团公司抓住国内啤酒行业竞争加剧，一批地方啤酒生产企业效益下滑，地方政府积极帮助企业寻找"大树"求生的有利时机，按照集团公司总体战略和规划布局，以开发潜在和区域市场为目标，实施了以兼并收购为主要方式的低成本扩张。几年来，青啤集团依靠自身的品牌资本优势，先后斥资6.6亿元，兼并收购了省内外14家啤酒企业。不仅扩大了青啤集团的市场规模，提高了市场占有率，壮大了青啤的实力，而且带动了一批国企脱困。2003年，青啤产销量达260万吨，跻身世界啤酒十强，利税总额也上升到全国行业首位，初步实现了做"大"做"强"的目标。

②纵向型资本扩张处于生产经营不同阶段的企业或者不同行业部门之间，有直接投入产出关系的企业之间的交易称为纵向资本扩张。纵向资本扩张将关键性

的投入产出关系纳入自身控制范围，通过对原料和销售渠道及对用户的控制来提高企业对市场的控制力。格林柯尔集团是全球第三大无氟制冷剂供应商，处于制冷行业的上游。收购下游的冰箱企业，既有利于发挥其制冷技术优势，同时也能直接面对更广大的消费群体。从2002年开始，格林柯尔先后收购了包括科龙、美菱等冰箱巨头在内的五家企业及生产线。通过这一系列的并购活动，格林柯尔已拥有900万台的冰箱产能，居世界第二、亚洲第一，具备了打造国际制冷家电航母的基础。格林柯尔集团纵向产业链的构筑，大大提高了其自身的竞争能力和抗风险能力。

③混合型资本扩张 两个或两个以上相互之间没有直接投入产出关系和技术经济联系的企业之间进行的产权交易称之为混合资本扩张。混合资本扩张适应了现代企业集团多元化经营战略的要求，跨越技术经济联系密切的部门之间的交易。它的优点在于分散风险，提高企业的经营环境适应能力。拥有105亿元资产的美的集团一直是我国白色家电业的巨头，其2003年的销售额达175亿元。在20年的发展历程中，美的从来没有偏离过家电这一主线。专业化的路线使美的风扇做到了全国最大，空调、压缩机、电饭锅等产品做到了全国前三名，巨大的规模造就了明显的规模优势。然而，随着家电行业竞争形势的日益严峻，进军其他行业、培养新的利润增长点成为美的集团的现实选择。与此同时，美的在资本、品牌、市场渠道、管理和人才优势等方面也积累到了具备多元化经营、资本化运作的能力。审时度势之后，美的毅然做出了从相对单一的专业化经营转向相关多元化发展的战略决策。2003年8月和10月美的先后收购了云南客车和湖南三湘客车，正式进入汽车业。此后不久，又收购了安徽天润集团，进军化工行业。接下来的几年，美的以家电制造为基础平台，以美的既有的资源优势为依托，以内部重组和外部并购为手段，通过对现有产业的调整和新产业的扩张，实现多产业经营发展的格局。

2. 企业购并理论

企业购并是指一个企业购买另一个企业的全部或部分资产或产权，从而影响、控制被收购的企业，以增强企业的竞争优势，实现企业经营目标的行为。

购并类型：

（1）企业购并可以分为横向购并、纵向购并和混合购并。

横向购并是指处于同行业、生产同类产品或生产工艺相似的企业间的购并。

这种购并实质上是资本在同一产业和部门内集中，迅速扩大生产规模，提高市场份额，增强企业的竞争能力和盈利能力。

纵向购并是指生产和经营过程相互衔接、紧密联系间的企业之间的购并。其实质是通过处于生产同一产品的不同阶段的企业之间的购并，从而实现纵向一体化。纵向购并除了可以扩大生产规模，节约共同费用之外，还可以促进生产过程的各个环节的密切配合，加速生产流程，缩短生产周期，节约运输、仓储费用和能源。

混合购并是指处于不同产业部门，不同市场，且这些产业部门之间没有特别的生产技术联系的企业之间的购并。包括三种形态：

①产品扩张性购并，即生产相关产品的企业间的购并。

②市场扩张性购并，即一个企业为了扩大竞争地盘而对其他地区的生产同类产品的企业进行的购并。

③纯粹的购并，即生产和经营彼此毫无关系的产品或服务的若干企业之间的购并。

混合购并可以降低一个企业长期从事一个行业所带来的经营风险，另外通过这种方式可以使企业的技术、原材料等各种资源得到充分利用。

（2）从是否通过中介机构进行划分，企业并购可以分直接收购和间接收购。

直接收购是指收购公司直接向目标公司提出购并要求，双方经过磋商，达成协议，从而完成收购活动。如果收购公司对目标公司的部分所有权提要求，目标公司可能会允许收购公司取得目标公司的新发行的股票；如果是全部产权的要求，双方可以通过协商，确定所有权的转移方式。由于在直接收购的条件下，双方可以密切配合，因此相对成本较低，成功的可能性较大。

间接收购指收购公司直接在证券市场上收购目标公司的股票，从而控制目标公司。由于间接收购方式很容易引起股价的剧烈上涨，同时可能会引起目标公司的激烈反应，因此会提高收购的成本，增加收购的难度。

（3）从收购公司的动机划分，购并可以分为善意购并和恶意购并。

①善意购并。收购公司提出收购条件以后，如果目标公司接受收购条件，这种购并称为善意购并。在善意购并下，收购条件、价格、方式等可以由双方高层管理者协商进行并经董事会批准。由于双方都有合并的愿望，因此，这种方式的

成功率较高。

②恶意购并。如果收购公司提出收购要求和条件后，目标公司不同意，收购公司只有在证券市场上强行收购，这种方式称为恶意收购。在恶意收购下，目标公司通常会采取各种措施对收购进行抵制，证券市场也会迅速做出反应，股价会迅速提高，因此恶意收购中，除非收购公司有雄厚的实力，否则很难成功。

（4）购并过程按支付方式的不同，购并可以分为：现金收购、股票收购、综合证券收购。

现金收购指收购公司向目标公司的股东支付一定数量的现金而获得目标公司的所有权。现金收购存在资本所得税的问题，这可能会增加是收购公司的成本，因此在采用这一方式的时候，必须考虑这项收购是否免税。另外现金收购会对收购公司的流动性、资产结构、负债等产生影响，所以应该综合进行权衡。

股票收购指收购公司通过增发股票的方式获得目标公司的所有权。这种方式，公司不需要对外付出现金，因此不至于对公司的财务状况发生影响，但是增发股票，会影响公司的股权结构，原有股东的控制权会受到冲击。

综合证券收购指在收购过程中，收购公司支付的不仅仅有现金、股票，而且还有认股权证、可转换债券等多种方式的混合。这种兼并方式具有现金收购和股票收购的特点，收购公司既可以避免支付过多的现金，保持良好的财务状况，又可以防止控制权的转移。

（5）购并动因。

企业可能出于以下原因进行兼并和收购：

①通过引进新的产品系列、占据市场份额来实现营销方面的优势。

②通过收购本行业中的企业来对新进入者设置更为有效的壁垒。

③实现多元化。

④获取规模经济，以更大的产量和大批购买来削减成本。

⑤获得技术与技能。

⑥获得流行资源。购买方可通过发行额外的股票，特别是市盈率高的股票作为支付对价。

⑦通过形成大到无法被收购的规模来避免被别人收购而保持独立性。

（6）恶意购并实施的6个步骤。

恶意购并是指购并方不顾被购并方的意愿而采取非协议性购买手段，强行兼并被购并企业。恶意购并方式的常用手段主要有两种：第一，购并被兼并企业股东的股票委托书。如果兼并方能够获得足够的股票委托书，以使其发言权超过被兼并企业的管理当局，那么就可以设法改变被兼并企业的董事会，从而实现兼并的目的。第二，收购被兼并企业的股票。并购企业在公开市场中购得一部分被并购企业的股票后，可以宣布直接从被购并企业的股东手中（一般通过发出要约的方式）高价购买其部分或全部股票。总体来说，恶意购并从计划到实施一般会采取以下6个步骤。

①聘请外部顾问。

②制订出其不意的并购计划。

③选择最佳出击时机。

④发挥公关优势。

⑤批评目标公司的业绩。

⑥拟订合适的出价条款和支付方式。

3. 企业战略管理

企业战略是指企业设立远景目标并对实现目标的轨迹进行的总体性、指导性谋划，它属于宏观管理的范畴，具有指导性、全局性、长远性、竞争性、系统性风险性六大主要特征。企业战略是对企业各种战略的统称，其中既包括竞争战略，也包括营销战略、发展战略、品牌战略、融资战略、技术开发战略、人才开发战略、资源开发战略等等。企业战略层出不穷，虽然有多种，但基本属性是相同的，都是对企业的谋略，都是对企业整体性、长期性、基本性问题的计谋。各种企业战略有同也有异，相同的是基本属性，不同的是谋划问题的层次与角度。总之，无论哪个方面的计谋，只要涉及的是企业整体性、长期性、基本性问题，就属于企业战略的范畴。

（1）波特五力模型。

五力分析模型是迈克尔·波特（Michael Porter）于20世纪80年代初提出的战略管理分析工具，对企业战略制定产生了全球性的深远影响。它用于竞争战略的分析，可以有效地分析客户的竞争环境。"五力"分别是：供应商的讨价还价能力、购买者的讨价还价能力、潜在竞争者进入的能力、替代品的替代能力、行业内竞争者现在的竞争能力。五种力量的不同组合变化最终影响行业利润潜力的变化。

（2）安迪·格鲁夫的六力分析模型。

六力分析的概念是指英特尔前总裁安迪·格鲁夫（AndrewS. Grove），以波特的五力分析架构为出发点，重新探讨并定义产业竞争的六种影响力而提出的战略管理。他认为影响产业竞争态势的因素分别是：①现存竞争者的影响力、活力、能力；②供货商的影响力、活力、能力；③客户的影响力、活力、能力；④潜在竞争者的影响力、活力、能力；⑤产品或服务的替代方式；⑥协力业者的力量。透过此六种竞争力量的战略管理分析，有助于厘清企业所处的竞争环境，点出产业中竞争的关键因素，并界定最能改善产业和企业本身获利能力的策略性创新。

（3）SWOT分析法。

SWOT分析法又称为态势分析法，它是由旧金山大学的管理学教授韦里克于20世纪80年代初提出来的，是一种能够较客观而准确地分析和研究一个单位现实情况的方法。SWOT分别代表：Strengths（优势）、Weakness（劣势）、Opportunities（机会）、Threats（威胁）。SWOT分析通过对优势、劣势、机会和威胁加以综合评估与分析得出结论，然后再调整企业资源及企业策略，来达到企业的目标。

（4）蓝海战略。

蓝海战略（Blue Ocean Strategy）是由W·钱·金（W. Chan Kim）和莫博涅（Mauborgne）提出的。蓝海战略认为，聚焦于红海等于接受了商战的限制性因素，即在有限的土地上求胜，却否认了商业世界开创新市场的可能。运用蓝海战略，视线将超越竞争对手移向买方需求，跨越现有竞争边界，将不同市场的买方价值元素筛选并重新排序，从给定结构下的定位选择向改变市场结构本身转变。

蓝海以战略行动（Strategic Move）作为分析单位，其战略行动包含开辟市场的主要业务项目所涉及的一整套管理动作和决定，在研究1880—2000年的30多个产业150次战略行动的基础上，指出价值创新（Value Innovation）是蓝海战略的基石。价值创新挑战了基于竞争的传统教条即价值和成本的权衡取舍关系，让企业将创新与效用、价格与成本整合一体，不是比照现有产业最佳实践去赶超对手，而是改变产业镜框重新设定游戏规则；不是瞄准现有市场"高端"或"低端"顾客，而是面向潜在需求的买方大众；不是一味细分市场满足顾客偏好，而是合并细分市场整合需求。

（四）关键要点

1. 东方航空在发展中选择哪些资本运作方式？结合企业战略理论进行分析。

从整个的发展历程看，虽然在后期有过一些收缩经营范围的运作方式，但整体而言，其能成为今天民航三巨头之一，东方航空主要采取了资本扩张的战略，而且是横向扩张战略。其从一开始就以收购的方式兼并了西北航空、云南航空；然后在财务危机的时候通过外部扩张的方式，想要吸收新加坡航空的投资，但在中国航空的搅局下以失败告终；接着又在上海市政府的推动下，通过兼并的方式与上海航空合并重组，站稳了上海市场；最后以战略合作的方式与吉祥航空这样一家民营航空公司实现了交叉持股。

2. 请结合战略理论分析新航为什么选择东航？国航如何成功阻击东新合作？

新航利用自己的资金、先进服务、国际名声于2004年执行扩张计划瞄准了中国上海，并选择参股当地航空公司的方式。选择合作民航公司的过程就是其利弊权衡的过程，新航最先试图对上航和春秋航空展开进一步调查，但由于这两家公司都不想放弃对公司的话语权，拒绝了新航的要求。随后新航找到了吉祥航空公司，但由于吉祥航空不是上市公司，财务透明度有限，这让一贯谨慎保守的新航顾虑重重，致使双方不欢而散。2006年初，洞察到政策松动可能性的新航开始研究与中国三大航空公司国航、南航、东航合作的可能性。此时，国航与香港第一大航空公司国泰以交叉持股的方式结成了战略联盟，基于双方各自在北京和香港的地位，结盟后双枢纽的联动效应在一定程度上使亚洲的其他机场感受到了压力。受此启发，新航决定与上海巨头东航结盟，建立新加坡与上海双枢纽的联动效应。

国航的搅局属于企业之间的恶意购并，其恶意购并行为首先是其落空的购并计划，即拟携手香港国泰航空有限公司（以下简称"国泰"）竞购东航部分股份；购并失败后其开始收购东航股票以获得投票权，2007年11月19日国航的母公司中航集团完成了十余次增持后，对东航的持股比例达到12.07%，成为东航第一大流通股股东；接着其开始利用公关发声，2008年1月2日，东大会临近之际，一直隐身幕后的国资委突然打破缄默，中航集团发表声明，称3.8港元定价太低，意指东航贱卖国有资产，市场上沸沸扬扬地出现了东航"贱卖论"；最后通过拟订合适的出价条款和支付方式吸引其他股东支持，2008年1月6日，中航有限声明称，如果东新合作方案未能获得特别股东大会的批准，国航有将以每股H股不低于5港元的价格收购H股，正是这样的诱惑让众多境内、外基金纷纷临阵倒戈，原本的赞成票变成了反对票，加上国航作为最大流通股东投出的反对票，使得东新合作最终功亏一篑。

3. 东方航空和上海航空两家民航重组整合的动因有哪些？

一方面，2008年以来，全球经济整体性下滑让整个中国民航业出现少有的负增长。经济环境恶化导致需求疲软，客运量、货运量双双下降，民航业遭遇20年来最寒冷的"严冬"。在如此严峻的经济大背景下，全球航空公司都在经历着不同程度的变革，期望在行业低谷期增加自身抵抗风险能力与快速恢复能力。东上重组的根本目的是通过重组的方式盘活现状不佳的资产，两公司合并后可以通过一体化整合降低成本，提高企业经营效益，新东航的资产结构会得到进一步优化，抗风险能力显著增强。行业不景气时期酝酿的最大变革，就是企业间由传统的竞争走向并购与重组，以期取得资源整合效应。在面临行业危机时，"抱团取暖"是航空公司走出困境的重要选择。

另一方面，东航与上航的基地都在上海，使得航线重合、机构设置重复，导致两家航空公司竞争激烈、资源浪费。2003年，国家决定在上海建设航空枢纽港，按照国际规律，国际枢纽港的条件之一是拥有一个市场份额超过50%的基地航空公司。基地航空公司的作用主要是形成航班波，以实现航空港的高效中转。这是枢纽港建设的题中之意。2008年，ST东航和*ST上航分别约占上海航空市场31.7%和15%的份额，一旦完成合并，市场份额将达到近50%。两航企合并使得空港竞争力与服务保障能力大大提升，带来竞争力的提高，及全国航空格局的优化，保证世博会的航空安全并能满足其庞大的客货运输量，将加强上海作为国际航空枢纽的地位，有利于更好地服务于广大旅客，更好地服务于上海"两个中心"的建设，更好地服务于中国的改革开放和经济社会发展。

4. 交叉持股的动机有哪些？结合案例分析对于东方航空和吉祥航空而言，他们选择彼此作为持股对象的原因是什么？

东方航空作为国有企业，其核心利益诉求为实现国有资产增值保值，带动区域经济发展。就东航层面而言，为实现其利益诉求，选择吉祥航空作为长期战略伙伴，主要基于以下几点考虑：第一，引入民营资本有利于优化企业股权治理结构，为企业发展注入活力。与民营航空企业加强合作，能够借鉴民营航空更贴近市场的现代化管理体系，增强企业活力，提高企业经营效率。并且引入该优质战略投资者，将进一步优化公司股东结构，健全企业法人治理结构，为公司战略的实施和未来的进一步发展打下良好基础。第二，东航、吉航发展战略相近，合作前景广阔。东方航空与吉祥航空运营主基地都在上海，经营模式都是全服务加低成本定位，两家企业合作后，上海市场份额合计将超过50%。战略协同优势明显，同时双方在长三角市场的份额超过35%，有利于双方加强长三角一体化发展和上海五个中心建设。第三，获得巨额资金收益，优化国有资本杠杆作用。此次股权交易，均瑶集团与吉祥航空承诺投入百亿元资金参与东方航空定向增发，是中国民航史上规模最大的一次股权交易。该笔资金投入，在资本层面，能够使东方航空资本结构得到显著优化，降低东方航空资产负债率。在业务层面，东方航空能够利用股权交易资本扩大机队规模，进一步提升航空运输能力，增强企业自身实力。

  吉祥航空作为民营企业，其核心利益诉求为提升竞争实力、增加企业利润。对于吉祥航空而言，与东方航空进行股权加业务合作是一次难得的发展机遇。首先，吉祥航空在上海地区最大的竞争对手为东方航空，作为国有三大航空公司之一，东方航空在航线、航班时刻、机队规模及政府资源方面优势显著，吉祥航空与东方航空相比，除了具有更高的公司治理效率与成本管理优势，其他方面难以与东方航空相匹配，在抢占市场份额方面，吉祥航空始终占据劣势地位。因此选择与东方航空合作既能够在一定程度上避免同业竞争，又能依靠东航获取更大的主场优势。其次，从更长远的发展角度看，东方航空与多家国际知名航企合作，具有丰富的国际化航线运营经验。同时，东航也与携程、迪士尼等国际知名旅游品牌保持紧密联系，在枢纽市场与核心市场保持较强的市场影响力。吉祥航空与东方航空加强合作，能够促进企业进一步落实国际化战略、拓展国际合作，同时也为吉祥航空提升国际知名度提供了有力支持。最后，吉祥航空作为民营企业，融资途径受到多重束缚。相对于国有企业，民企经营风险大，缺乏政策保障，抗风险能力弱，金融机构出于安全性考虑，更愿意贷款给规模大、抗风险能力强的国有企业，此次吉祥航空与东方航空交叉持股,引入大型国企战略投资者,能够使企业抗风险能力得到强化,拓宽吉祥航空资金获取渠道,提升企业整体竞争实力。

(五)案例启示

1. 补充知识背景

返航门事件

2008年3月31日,东航云南分公司14个航班因飞行员"闹情绪"全部返航;4月1日,东航又有3个航班返航;4月1日,民航总局召开紧急会议以期解决问题;4月5日,东航致歉,仍称返航缘于"天气原因";4月6日,东航宁波飞上海航班中途返航,百余乘客"情绪激动";4月7日,东航上海飞往烟台航班机械故障返航;海口飞往南京的航班延误;4月7日,东航首次承认返航"存在明显的人为因素";4月9日,昆明机场东航出港航班晚到几十分钟;4月17日,民航总局对东航处以人民币150万元罚款;4月24日,东航一架上海飞至北京的飞机在飞行了一个多小时后折返;5月4日,东航昆明—西双版纳、昆明—大理的航线永久停航;5月10日,东航一架B7371800型飞机在北京首都机场起飞滑行时起火;6月4日,东航云南公司的MU5941次航班在飞抵丽江机场跑道上空后却因为"天气原因"被迫返航;6月28日,东航航班从昆明飞往丽江,却在一个多小时后又返回了昆明;7月16日,东航被指航班晚点4小时无人解释,40多名未登机旅客拒飞后,苦熬一夜;7月20日,东航MU2815从南京飞往成都双流机场,因天气原因班机备降重庆江北机场后,乘客被困机舱5小时无人理睬;7月21日和7月23日,从昆明飞往昭通的东航航班,连续出现了飞抵昭通机场上空后,以天气原因为由返航的情况。

2. 课堂教学建议

本案例可以作为专门的案例讨论课来进行。以下是按照时间进度提供的课堂计划建议,整个案例课的课堂时间建议控制在80~90分钟。

课前计划:提出启发思考题,请学生在课前完成阅读和初步思考。

课中计划:简要的课堂前言,明确主题(2~5分钟);分组讨论(30分钟),告知发言要求;小组发言(每组5分钟,控制在30分钟);引导全班进一步讨论,并进行归纳总结(15~20分钟)。

课后计划:如有必要,请学生采用报告形式给出更加具体的解决方案,包括具体的职责分工，为后续章节内容做好铺垫。

第二节　诚信友善："零负团费"的治理难题（思政点案例）

摘　要： 公平正义是衡量一个国家、社会文明程度的标准，本案例从辩证的角度以"零负团费"现象为例，体现了公平正义在旅游市场的重要性。案例介绍了"零负团费"的运作原理及危害，并且介绍了几个全国投诉"零负团费"的现实案例，最后介绍了云南"零负团费"的整治措施。欲让学生在了解"零负团费"及现有治理措施的基础上，思考如何更为合理辩证地治理该乱象，市场治理如何保证经营者和消费者双方的公平公正。

一、案例正文

（一）案例背景

"零负团费"接团，就是指旅行社在接外地组团社的游客团队时，分文不赚只收成本价，甚至低于成本价收客。"零负团费"的本质是欺诈游客，非法牟利。在"零团费"运行模式下，客源地组团社不付给目的地地接社任何资金，只输送客源。在这种模式中，游客的基本旅游消费，以及地接社的折旧费、利润、税金、导游服务费等都来自导游所交的"高人头费"和旅游服务供应商的"签单"；地接社的运营费用以购物和自费活动佣金为主，导游人头费为辅；地接社和导游的"回扣"项目多。

在"负团费"运行模式下，目的地地接社不仅不向组团社收取任何接待费用，反而向组团社"买团"。地接社的运营费用以导游人头费为主，购物和自费活动佣金为辅；游客必须花费一定数额的指定消费项目的费用。风味餐馆、偏僻宾馆、观光缆车、上岛游船、出租车司机、低劣景点、购物商店、特种演艺厅等自费场所的旅游服务供应商为了保证客源，只得将大部分营业收入都"返还"给地接社和导游，陷入了低价经营的循环中，而游客则陷入高价陷阱。如海南的地接社导游在带团前要先交6 000元的押金给旅行社，地方导游真正成了"鱼鹰""刀手"，陷入了高压力带团的境地，服务意识全无，整个人的心灵和行为都被扭曲。

为促进我国旅游市场规范有序发展，营造安全、和谐的旅游环境和氛围，全国各旅游景区景点对开展以整治"零负团费"为主要内容的旅游市场整顿规范专项行动工作进行督查。

（二）低价游

1988年，我国首批开放公民自费前往新马泰和中国港澳等地旅游；1995年前后，泰国游开始出现"零负团费"，并很快波及新马两国。为杜绝"零团费"这一不正常的旅游市场现象，2000年中国、马来西亚、新加坡、泰国在昆明举行了四国联合治理地区旅游市场部长级会议，就维护我国旅游者的合法权益达成了相关协议。2004年9月，欧洲游向我国开放，首发团就有旅行社采取了"零负团费"的做法，例如，导游"自费"50%个人往返欧洲机票的费用作为"买团"的人头费。海南大量出现"零负团费"始于2003年下半年；2004年底，云南游已发展到1700元可以"北京—昆明大理丽江6日双飞"的程度；2005年，华东五市游、九寨沟成都游也频繁出现了这一模式；随后，"零负团费"现象波及全国。

文旅部曾发布了20个不合理低价游投诉案例（本书选载其中的5个）：

1. 以"比赛奖励"为名赠送旅游

游客周某投诉，湖北宜昌某旅行社以奖励"中老年健身舞比赛"优胜成员为名，组织周某一行5人"零团费"港澳六日游。行程中，导游存在诱导购物行为，且所购商品明显质价不符，周某一行5人共计消费9万余元。经湖北省宜昌市文化和旅游市场综合执法支队调查，湖北宜昌某旅行社以奖励"某中老年健身舞比赛"优胜成员为名，共组织197名中老年人赴港澳旅游，其中，55岁以下的中老年人团费0元/人，55岁以上的老年人团费380元/人，未向地接社支付团款，地接社需通过游客购物获取成本和收益。经调解，旅行社同意为游客办理退货手续，并先行垫付退货货款9万余元。旅行社的违法行为另行"诉转案"立案查处。

2. 以"政府补贴"为名组织低价游

游客杨某投诉，广西北海某旅行社以"政府补贴"为名，组织杨某一行3人"零团费"参加桂林三日游。行程中，导游将游客带到玉器店诱导消费 2 600 元，游客所购玉器严重质价不符。经广西壮族自治区北海市旅游文体局调解，旅行社同意为游客办理退货手续，并先行垫付退货货款 2 600 元。旅行社的违法行为另行"诉转案"立案查处。

3. 街头揽客低价游

游客龚某投诉，在厦门客运站某旅行社报名参加厦门一日游，团费原价 198 元，优惠价 98 元，合同约定共参观 10 余个景点。行程中，导游擅自增加需另行付费的旅游项目，并安排购物，龚某共消费 600 余元。经福建省厦门市文化市场综合执法支队调解，双方达成和解，旅行社赔偿龚某 700 元。旅行社的违法行为另行"诉转案"立案查处。

4. 通过在线旅游平台报名参加低价游

游客李某投诉，通过某在线旅游平台报名参加荆门赴厦门纯玩五日游，团费 880 元。行程中，导游未经游客同意将游客带到购物店，诱骗、强迫购置玉器 5 万余元。经湖北省荆门市文化综合执法支队调解，旅行社同意为游客办理退货并先行垫付退货货款 5 万余元。旅行社的违法行为另行"诉转案"立案查处。

5. 通过购物获利的"零团费"旅游团

游客王某投诉，在南京某旅行社报名参加宜兴五日购物团，团费 0 元。在约定的行程外，导游擅自增加购物次数，王某共消费 500 元，所购商品严重质价不符。经江苏省南京市鼓楼区文化和旅游局调解，旅行社同意为游客办理退货手续，并先行垫付退货货款 500 元。旅行社的违法行为另行"诉转案"立案查处。等等。

除了文旅部发布的 20 个案例，类似的事还有更多。云南风景秀美，是国内热门旅游目的地，但低价游陷阱等负面旅游事件频发，无良导游强迫游客消费、辱骂游客等现象屡见，很多不合理低价游产品没有保障，这些年坑骗消费者的案例比比皆是。

二、案例分析

（一）思政结合点

（1）思辨"不合理低价游"的表述是否合理，低价旅游团是否属于供大于求的吉芬商品，国家为保护农民的收益对农产品设置低价保护线，以杜绝谷贱伤民的现象，而一般商品只有限高价一说，所以低价旅行团的出现是否直接被定调不合理，其是否属于一种特殊的经济现象。

（2）思辨中央下达"一刀切"政策，杜绝低价游的决策是否合理。国家治理旅游行业乱象首先在云南开刀，云南率先推出22条禁令，使得云南的旅游业收入大打折扣，该举措是否合理。不合理低价团之所以被大众认为不合理，并非是旅游团的价格太低，若大家不满足其价格，则那绝大多数人不会选择此种旅游团，而是在旅游途中强迫购物以及让游客以高价购买一些廉价劣质产品。所以治理不合理低价游的关键在于规范强迫购物以及顾客购买质价不符的产品，所以云南推出了30天无理由退货的政策，即持购物小票可以直接在"一部手机游云南"App中申请退款，由此解决了低价游的不合理。

（3）思辨在不合理低价游事件中，单方面约束旅游经营者是否合理。不合理低价游产生的游客与导游、旅行社的矛盾，一方面是由于信息的不对称，另一方面是由于一些游客有故意忽视相关信息企图占便宜的心理。2013年，针对旅游行业乱象，国家颁布了旅游法。该法看来一些条款仍有待完善，其中法条注重于保护消费者权益，而较忽视保护旅游经营者，商业法应该保护契约双方如果过于倾向某一方而忽略另一方，必然会导致该行业的消沉和更多的社会矛盾。

（二）案例启示

（1）市场的主体包括经营者和消费者，在经营者和消费者发生矛盾之时，如何合理地解决二者的矛盾，并且不能有失公平，请学生们结合"零负团费"的案例思考此问题。

（2）"零负团费"的矛盾，一方面是因为旅游市场的信息不对等，所以政府在治理这一乱象时，秉持着保护弱势群体（消费者）的正义，来作为解决矛盾的出发点。但另一方面，"零负团费"通过交叉补贴的形势让低收入群体享受到了旅游这一活动，从此角度看，"零负团费"又有其可取之处。所以请学生考虑，在治理"零负团费"乱象上，如何更大限度地保证弱势群体的利益，实现社会正义。

第六章　旅游平台商

第一节　电子平台：携程"全球超级旅行App"（知识点案例）

摘　要：在互联网飞速发展的背景下，携程这类旅游平台商作为传统旅游产品与现代科学技术有机融合的典型代表，其发展历程和管理模式具有一定参考价值。本案例以时间为主要轴线，从携程的发卡起家到危机应对再到转型升级出发，对旅游平台商的建设之路进行阐述，并在案例中穿插旅游平台商的经营模式、创新思路、社会作用等理论知识点。在案例分析基础上引导学生了解旅游平台商的经营背景，认识旅游平台商的管理模式、创新思路以及与传统旅游企业的竞合关系等，并在公共危机事件中明晰旅游平台商应该如何自救并做到对自身社会责任的承担。

一、案例正文

（一）案例背景

作为中国领先的综合性旅行服务公司，携程成功整合了高科技产业与传统旅行业，向超过4亿的用户提供集旅游度假产品、私人向导平台、酒店预订服务、携程租车服务、机票票价比价、商业旅游管理、旅游信息发布为一体的全方位旅行服务，被誉为互联网和传统旅游无缝结合的典范。凭借稳定的业务发展和优异的盈利能力，携程于2003年12月在美国纳斯达克成功上市。在之后的发展中其秉持"以客户为中心"的原则，以团队间紧密无缝的合作机制，以一丝不苟的敬业精神、真实诚信合作理念，创造"多赢"伙伴式合作体系，从而共同创造最大价值。今日的携程，在在线旅行服务市场居领先地位，连续多年被评为中国第一旅游集团，目前是全球市值第二的在线旅行服务公司。2020年受新冠肺炎疫情的影响，旅游业受到巨大冲击，携程凭借"中国旅游复兴V计划"带领行业复苏，在疫情期间成为旅游业有效自救的生动示例。

（二）携程四君子的发卡起家

1999年5月，在上海南丹路天文大厦，携程公司正式成立。起初公司规模简单来说就是150平方米的办公区，十来号人，刚开始设想的产品，是一个大而全的产品，框架包括三C：Content（内容）、Community（社区）、Commerce（商务）三个领域，内容涵盖了旅游所涉及的吃、住、行、游、购、娱各方面，几乎等同于今天的"携程+大众点评+美团+马蜂窝"的总和。根据最初的设想，创始人们在之后的五个月里，通过多方技术努力和资金筹集，最终在1999年10月28日，由号称"携程四君子"的梁建章、季琦、沈南鹏和范敏创立的携程网站正式面世。

根据当时的实际情况来看，在携程之前，人们订飞机票，往往靠人"跑腿"实现。多数写字楼大堂会对外出租一个小摊位，谁要订票就会在这儿登记或打电话来，因为信息化程度不高，远不如电子机票方便。可以说1999年，互联网在中国还是新鲜事物。对消费者而言，大家根本就不知道、也不相信可以在网上预订酒店、机票或者旅游行程；而对酒店、景区、航空公司、旅行社来说，他们也不知道什么是互联网，以及这个东西能给自己带来什么。

创办初期，携程是通过仿照一家名为亿客行的美国旅游公司做出来的旅游网站，并参考了当时已在OTA行业小有名气的缤客和Priceline的商业模式，借助互联网发展大潮向有着无限市场前景的旅游行业进军，即通过以"鼠标+水泥"的方式开始提供产品预订。但当时的情况往往是携程的推广人员刚开口介绍自己的业务，就会被酒店或旅行社的经理轰出去。好在创始人之一的范敏已在旅游行业多年，且还担任着上海某旅行社的总经理，旅游资源比较充足，为携程初期的业务开拓提供了很多便利。但问题是，有了资源，如何卖出去产品成为携程需要解决的关键问题。由于那时候的流量入口是电话，因此可以说携程最早的客户业务是从发卡开始的。当时携程的业务人员在火车站、汽车站、机场拿着携程的会员卡发放，会员卡上有两个关键数字，一个是卡号，一个是携程呼叫中心的电话号码。客人想出差订酒店，通过打携程呼叫中心电话，报卡号，从而与携程建立相应的关系。正是这样原始的推广、沟通形式，改变了人们订酒店的方式。携程的产品推销之路也并非一帆风顺,也曾有很狼狈的困境。例如,在推销过程中,携程好不容易拿到了上海龙华寺千禧年敲钟门票的网上分销权,但是在携程网上却一张也没卖出去,最后全体员工只好冒着寒风到现场去充当"票贩子"。从成立一直到2000年初,携程面临的情况都是业务进展非常缓慢,盈利根本看不见曙光,初期融资很快将要花光。财务部分提出如果不能解决业务拓展和融资两个问题,公司马上就要倒闭。面对这样的问题,而携程四君子的救亡之道,则充分展现了这支梦幻团队的魄力和想象力。他们想出的办法是,直接收购全国最好的酒店预订服务公司,并且用这个作为筹码,去做新一轮融资。2000年1月,携程账上的资金已经捉襟见肘,季琦却开始去和当时中国酒店预订服务的前五强——现代运通、商之行、金色世纪、国信商盟、百德勤,一家家地谈收购事宜。这五家公司,每一家的业务量都远超刚刚成立几个月的携程。与此同时,携程也诚意十足地多次同软银谈第二轮融资。直至2000年3月份,商之行同携程签订了携程的第一项合约,接着软银领投的450万美元融资汇入了携程的账户,使得携程得以继续存活。从时间脉络来看,携程在互联网泡沫破裂、全球互联网公司开始大批倒闭、投资市场风声鹤唳的最后时刻,搭上了繁荣期融资的末班车。也许再推迟几天,就没有了后来携程在旅游业领域这五彩斑斓的传奇故事了。收购商之行及融资进入后,资金问题的解决使得携程的主业终于被确定为酒店预订业务,之后又不断拓展了旅游领域的其他业务,如机票预订等。

  从最初的人工发卡起家到后来的板块拓展,携程进入了飞速发展的时期。时间又过了半年,携程并购了国内最大的电话订房中心——北京现代通运,其后台服务体系得以扩大,并在之后逐步形成其引以为傲的"客服呼叫中心"。可以说第二次合并不仅让携程成为酒店预订行业当之无愧的老大,更是让携程又拿到了以美国凯雷为主投资的1 200万美元,这笔投资是当时互联网寒冬时期罕见的一笔巨额融资,且值得一提的是,两笔收购携程花的现金并不多,携程主要是凭借互联网的概念,利用自身高估值的股票去置换的。此后,随着互联网在中国逐渐兴起,以及旅游的火热,携程的业务数据大幅上涨。到了2001年10月,携程首次实现了盈利,也成为互联网泡沫破裂之后第一家盈利的互联网公司。2003年非典的出现无疑是对成立时间不足五年的年轻企业的一次巨大冲击,但携程在经历过非典的短暂影响后,下半年业务开始报复性反弹,一举把携程送上了纳斯达克股市。从 1999 年 5 月携程创立，到 2003 年 12 月上市，"携程四君子"仅仅用了 4 年 10 个月的时间，就让携程成为中国在线旅行（OTA）第一股，市值达到 40 多亿美元。

（三）O2O 时代的探索者和引领者

携程作为行业中发展较早的旅游平台商，在创业初期不仅对产品的孵化、销售有较为全面的涉及，同时还具有一定的超前眼光，例如，对社区环境进行了超前的设计与布局。在 2004 年携程宣布收购上海翠明国际旅行社，获得出境游经营权，之后其还相继与东方航空、上海航空等国内外航空公司建立战略合作伙伴关系并进军商旅市场，同时联合上海翠明国际旅行社等旅游供应商宣布推出全新的 360°度假超市，全力进军度假市场领域。为进一步提升服务质量，2005 年起携程利用技术手段，充分满足旅游消费者的新需求。在伴随着用户行为改变的基础上，携程的流量入口也从电话转到线上，例如，搭建了国内首个国际机票在线预订平台，从携程手机网站在再到后来的移动端 App，经营方式也转变成为线上订酒店、订机票送上门等，从而改变了人们出行购票方式、旅游景点售票方式、国内旅游方式。之后携程还梳理服务流程，简化订购程序，提高旅游消费者的出行效率。例如，携程推出"一小时飞人通道"，极大地压缩了出行时间。随着携程服务质量的提升，携程让外界逐渐了解并认可这家在线旅游企业，构建起旅游供应商和旅游消费者的交互空间，进而促进企业成长。携程不仅获得了"2005 年中国 500 最具价值品牌""2006 年首届消费者最喜爱的网站 TOP100"等称号，还提升了企业绩效，2007 年携程净营业收入 12 亿元。

2008 年在地震、雪灾、金融危机等不可抗力因素的接连打击下，中国旅游业的情况急转直下，携程的成长速度初现疲态。雪上加霜的是，携程先是爆出"保单门"事件，用户通过携程购买的航空意外保险被证实无效；随后又面临合作伙伴指责携程使用不正当手段逼迫酒店给予其最低价承诺。危机事件的出现，让携程意识到"企业存在的价值，不仅在于创造了多少财富，还在于为企业对社会、对行业的和谐发展做出了多少努力"。为顺应公众对构建和谐社会的期望，携程开始积极投身于慈善公益。然而，这些行为并不能真正改善携程的处境。艺龙、去哪儿、同程等一批"专而精"的旅游平台商日益崛起，旅游平台企业在细分领域通过价格战的方式向携程发起挑战。对此携程只得将精力主要置于低价竞争中，无暇顾及服务创新，服务互动性不足，服务质量亦明显下滑。由于携程对提升服务能力的承诺和愿景并没有落到实处，企业成长速度大幅下滑。2012年携程因连续业绩表现不达标，在收盘后被剔除出纳斯达克100指数范围，受市场和业绩的影响其股价狂跌，市值缩水近3/4。这场价格战，使得各大旅游平台商们陷入"囚徒困境"。2014年第四季度，携程迎来上市11年来的首亏，同时低价促销也造成携程各类旅游消费投诉大量增加，携程曾经引以为傲的服务质量，也成为缺失的一环。此时的携程必须采取措施突出重围。

为恢复良性的市场竞争秩序，携程相继通过战略投资、入股的方式将老对手同程、途牛、艺龙、去哪儿逐一收入麾下，并着手重建旅游服务质量标准，倡导诚信经营，重建市场秩序。2015年，携程率先发布"亲子游"十大标准，保障用户的出行安全和合法权利，并逐步在提升旅游服务质量、提高旅游消费体验等问题上做出改进。随着市场秩序的重建，携程如何在原有的创新基础上实现持续发展成为新的议题。在2016年携程成立了"携程创新工厂"，逐步完善企业创新机制，让整个企业的创新思维在原先的基础创新上更加灵活多变。正是在此过程中，携程涌现了诸如"境外WIFI免费服务""微领队""全程X计划"等一批独具特色和竞争力的旅游新项目，建立了一个"多层次连接的生态圈"，创造了携程乃至旅游行业的发展新空间，也为之后携程的危机应对中打下坚实基础。

在全球化背景下，携程的业务范围不断扩张，2016年携程以17.4亿美元收购天巡，将自身搜索服务范围从单一的机票业务扩至机票、火车票、酒店、租车等多项业务，使其年销售额增长超过30%。2017年，天巡收购英国社交平台Twizoo，整合英文点评推荐服务，融入携程海外生态。2018年，携程的平台商品交易总额超过全球老牌旅游服务网站Booking，正式成为全球第一，此后就一直保持着全球第一的优势。2019年，携程在新一轮换股后，成为MakeMyTrip的最大股东，MakeMyTrip的国际预订量出现了显著增长。携程还在新加坡、首尔等22个境外城市设立分支机构，在中国南通、苏格兰爱丁堡设立服务联络中心。

在线旅游平台商概念盛行之前，携程已在这个行业深耕多年，尽管有起有落，但其无疑是这个时期的引领者和探索者，并且在各个旅游平台商企业井喷出现之后，携程凭借自身的经营基础、积累的众多经验、发展的战略眼光，实现了有效的经营过渡和成果转换。携程还在自身发展经历和全球化背景下提出"携程的全球化，是要为国家软实力努力，目的不是去征服，而是拓宽一些对中国社会认知的维度"。至此，携程凭借全球化浪潮和自身的战略决策实现了新一轮突破。

（四）以新引擎向社会型企业迈进

2020年至今新冠肺炎疫情的持续，使得国内大受影响，国际旅游几乎归零。旅游行业除了面对萧条的市场外，相关企业也因疫情而产生的大规模赔付，整个行业都面临生死考验。作为全球最大在线旅行平台的携程在这个过程中又采取了什么样的自救措施而实现逆风飞扬呢？

疫情暴发初期，本身是销售旺季的携程面临大量订单退改。公司最具市场份额优势和竞争力的酒店业务受到的冲击最大。随着新冠肺炎疫情逐步得到有效控制和各行各业逐步复工复产，携程的优势逐步显现，盈利水平日益恢复。在疫情期间，携程正确决策、积极应对，提出了"深耕国内、心怀全球"融入国家"双循环"发展新格局，从内容、产品、供应链和质量四个方向深耕国内旅游市场，并为国际旅游市场的复苏做出充足准备，力争做有全球影响力的旅游企业。最初当同类行业、酒店、旅行社、航空公司等都还没有出台任何政策的时候，携程做出替消费者承担损失的决定，为了帮助受疫情影响滞留海外的旅客顺利回国，携程启动应急机制，携程当地领队与"携程全球旅行SOS平台"随时待命，并与全国4大领区共117个领馆和使馆进行了相关沟通，来帮助滞留旅客顺利回国。针对平台合作商，携程推出了"同袍"计划，向合作供应商提供10亿元扶持基金和100亿元小微贷款，主要分为金融支持、资源倾斜、费用减免、安全保障、资源共享5个方面，解决了产业链中处于弱势的供应商群体的燃眉之急，更是对国家防疫政策做出积极响应。

随着疫情的初步控制，2020年3月初启动"旅游复兴V计划"，联合百余目的地、万家品牌共同投入10亿元复苏基金，旨在形成一个旅游业命运共同体，刺激旅游消费，振兴疫后旅游经济。在回暖期，携程通过联合目的地进行公益传播，提升消费者信息，强化企业社会责任。在复苏期，携程则启动预售项目，实现产业链提前预热锁定预期收益。在反弹期，携程通过打造自有IP、全产业链合作等协助行业全面迎接复苏。可以说携程启动的V计划不仅在行业中展现出了一个龙头企业应有的带头精神，也使消费者更加有信心以乐观积极的态度购买旅游产品。同时，在内容深耕方面携程还在V计划中推出"Boss直播+酒店预售"，还从交易型平台迭代为集"寻找灵感、优惠和休闲"于一体的服务型平台，大力发展与旅游相关的短视频、直播、游记攻略等内容，以期更好地满足用户对旅游内容消费的需求。2020年，携程发起118场直播，2亿消费者在直播间预约旅行，带动携程预售总交易额超40亿元，直播中推出的五星级酒店预售模式成功地满足了疫情期间消费者的需求从低端跟团游到高端旅游线路、高端酒店的变化，为企业自身及相关行业增加了新的收入增长点。此外，携程直播与目的地政府达成深度合作，企政联手激活目的地的旅游经济，并为消费者发放数以亿元计的旅游补贴。携程还联手河南推出"老家河南清凉一夏"活动，通过一系列富有创意的营销，带动河南夏季旅游消费超过2亿元，为地方经济发展提供助力。在产品深耕角度，携程也着重挖掘诸如精品民宿、特色玩乐等小而美的新一代旅游产品；在供应链端，携程将打通从内容到交易的"闭环"，确保高品质服务的持续输出；此外，携程将通过先进的数字技术能力和严谨的信息安全思维，打造高效便捷的互联网平台生态系统，实现"质量深耕"。携程通过跟随智能旅游热潮，在疫情期间推出"云旅游"，例如，利用AI等智能技术推出"畅听博物馆"业务，在自己开发的平台上为游客提供语音导览服务，现已覆盖景区超过5 000个，其中覆盖博物馆景区超过300个，这项新业务也缓和了携程在疫情期间受到的冲击，为业务恢复过程带来了利润增长。

在深耕国内的同时，携程仍然胸怀全球，在英国、韩国、日本设立了3家海外服务中心，通过打造"全球超级旅行App"，助力4亿用户更加便捷普及地游遍天下。随着境外确诊人数的迅猛增加，许多国家陷入了"口罩荒"。此时，携程及时向包括日本、韩国、意大利、德国等在内的全球25个国家伸出援手，累计捐赠300多万个医用口罩，为当地"抗疫"增添助力。携程的这一捐赠行为很好地履行了行业内龙头企业的社会责任，更在消费者心中建立了大爱形象，为其他企业树立了从"赚钱之后行善"向"行善同时赚钱"模式的战略转变的优良榜样，也巩固了公司与其他国家政府的亲密关系，是心怀全球战略的直接体现，也是未来境外旅游业务的开展与拓展的良好基础。

在国内外市场对接方面，携程还连续举办多场主题性的旅游资源展示会。如携程联合甘肃文旅厅，以核心客源国为出发点，在上海展开了4场以"交响丝路，如意甘肃"为主题的宣传推介会，为未来蓄势。同时携程正在通过服务和系统地快速搭建，在海外旅游目的地实现旅业新基建的快速落地，以及旅游产品供给侧的改革。具体来看，在持续深耕国内市场的同时，携程从产品采购和系统直连方面双向发力，从产品力方面，携程通过强化与国际酒店的合作并于 2020 年收购了总部位于荷兰、以机票业务为主的 OTA 集团 Travix，迅速在上海成立研发团队，多方面拓宽国际市场的布局，以实现疫情空窗期携程全球旅游基建的部署。

  从 1999 年创办至今的 20 余年里，携程极大地推动了中国旅行行业的发展，已经打造出了几乎覆盖全部旅游场景的"一站式"旅行平台。在用户侧，携程现在所积累的 4 亿多用户数，在信息积累的基础上存储了巨大的数据，大体量用户也使之在市场上具有很大的影响力，可以更容易开发新的供应链。在供给侧，携程拥有中国市场最多的机票和酒店住宿订单。这既让携程具有了最好的行业实践经验，形成相对高效、优质的运营和服务流程，也使得携程具有了最强大的规模效应，发挥集体作战的协同作用。2021 年，携程主推的"星球号旗舰店"的诞生也为在线平台商开启了一段新的流量架构。营销 IP 矩阵的不断充实，也链接了更多的需求。携程"超级品牌日、超级上新日、超级目的地、超级会员日"的设立将同星球号旗舰店一起，与合作伙伴做好用户营销。未来不管对携程集团，还是对整个旅游行业来说，疫情的持续存在需要所有旅游经营者找到新的经济增长点。

  未来，携程将在深度平台化、消费内容化、商业化和国际化进 4 个方面进行转型升级。在通往复苏的崎岖道路上，携程建立的更强的韧性，也从根本上变得强大。携程的管理者表示"携程不仅追求的是商业上的成功，也更希望成为社会型的携程、时代型的携程，同时携程也十分关切全行业的情况，接下来也将会与全行业一起积极筑底，静待花开"。

二、案例分析

（一）启发思考

（1）试根据案例资料梳理携程的发展经历了哪几个阶段？

（2）旅游平台商的企业管理行为有哪些，携程管理层的行为模式在企业成长过程中有什么样的影响？

(3) 结合案例分析旅游平台商与传统的旅游企业之间是何种关系，是合作方还是竞争者？

(4) 以新冠肺炎疫情为背景，思考危机情境下旅游平台商如何承担经济——社会的双重责任。

（二）分析思路

在本案例的使用中，授课教师可根据自己的教学目标进行灵活使用，本文提供的分析思路，仅供参考。

本案例描述了我国旅游平台商中的领军企业携程自创立以来的主要发展历程，以及其在新冠肺炎疫情冲击下做出的有效自救与战略部署。希望通过案例的学习与讨论，让学生从旅游平台商的经营发展脉络来分析行业中较为领先的、有代表性的管理层行为模式和新型行业与传统行业间的竞合关系，同时借助新冠肺炎疫情这样的重大公共危机事件为背景，让学生树立企业在发展过程中不应只是以发展经济为目标，还应积极承担企业层面的社会责任的管理思想。

本案例分析思路为：首先，建议让学生在通读案例的基础上对携程的发展脉络有所了解，带领学生一起对旅游平台商出现的背景以及不同时期的业务形式、经营状况、演变趋势、行业特点进行分析和梳理。其次，在梳理清楚发展历程的基础上，带领学生站在企业管理的高度，对携程这类电子平台商的管理行为模式进行分析，并且进一步探究在企业的不同管理行为下对企业的发展会带来何种影响，帮助学生明晰各类管理模式的作用。之后，从企业竞争力理论出发，引导学生对行业间竞争问题的探讨，通过分析携程这类旅游平台商与传统旅游行业之间的竞争关系，引导学生思考旅游平台商这类新型综合类平台与传统旅游行业之间尽管存在一定的竞争关系，但依然是可以在良性市场竞争的基础上实现互利共赢。最后，通过归纳新冠肺炎疫情危机事件中携程做出的系列应急处置以及承担的经济——社会责任，让学生对危机事件中的平台型企业自救、行业整合、社会功能发挥的有机整合和多重价值创造有所认知，并树立积极正向、有温度、有高度的管理者思想。

（三）关键要点

1. 试根据案例资料梳理携程的发展经历了哪几个阶段？

携程作为我国起步较早的旅游平台商、作为行业中的探路者，其发展轨迹对学生明晰中国旅游平台商在不同时代背景下的发展脉络与经营业务有全面性的指导作用。因此，教师可以带领学生根据案例框架按照案例框架和时间轴线进行梳理。

（1）从发卡起家到快速上市。

携程旅行网创立于1999年，最早的客户业务是以发卡开始同客户建立关系，通过电话作为流量入口，从而改变人们预订酒店的方式。之后携程在前期探索阶段中，通过深入探索运营模式，收购传统旅游分销商，扩充自身实力。2001年携程从探索期转入成长期。经过前期积累，以携程为代表的在线旅游商找到并明确市场定位，区别于国外的在线B2C运营模式，实施中国特有的电话呼叫中心服务与网络相结合的预订方式，向旅游消费者提供全方位的简单旅游产品预订服务。此外，在融资方面，2003年12月携程成功上市，标志着中国在线旅游业开始吸纳资金，随后的几年内携程的业务板块不断扩大。

（2）电子平台商中的探索者和引领者。

随着中国在线旅游行业呈现出多元化、差异化发展态势，一方面，传统以商务旅游为主的在线旅游供应商，在渠道和竞争的双重压力下，纷纷探寻新的产品方向，以期开拓新的盈利增长点；另一方面，各种新兴的旅游服务商涌现，且模式各异。部分航空酒店加大官方网站的投入力度，进行网络直销，挤压传统在线旅游供应商的佣金收入；各种细分垂直型的在线旅游服务商日渐兴起，在风险投资的推动下快速发展以抢滩市场；互联巨头涉足在线旅游行业，在一定程度上分流了携程网作为旅游在线代理商的网站流量；垂直媒介的发展使得行业整体的竞争更加立体化。对此携程也采取了相应的措施和发展战略。从2006年开始，早期电商网站起步，很多用户的行为习惯已经逐步转向互联网，他们更习惯在网上买商品。因此随着用户行为的改变，这时候携程的流量入口也从电话转到线上，再到后来的移动端App。经营方式转变为线上订酒店、订机票送上门等，改变了人们出行购票方式、旅游景点售票方式、国内旅游方式。例如，2010年的时候收购汉庭连锁等酒店来支撑其作为分销商而没有自己直接拥有产品的弱势，在江苏南通建立了适合国内消费者需求的拥有超过1.2万个呼叫席位的携程信息技术大楼；2011年1月12日，与沪上知名餐饮预订服务提供商"订餐小秘书"合作，签署了协议，发挥各自优势，深入扩展国内的订餐市场来保持竞争力和行业地位等。之后携程还采用"全球化+AI"的战略布局模式进行业务扩展，如2015年携程用1亿美元收购富贤，2016年以17.4亿美元收购天巡。收购天巡后，携程将其搜索服务范围从单一的机票业务扩至火车票、酒店、租车等多项业务，使其年销售额增长超过30%。2017年，天巡收购英国社交平台Twizoo，整合英文点评推荐服务，融入携程海外生态。2019年9月，携程在新一轮换股后，成为MakeMyTrip的最大股东，MakeMyTrip的国际预订量出现了显著增长。

（3）危机事件后的积极自救。

新冠肺炎疫情的出现，携程快速响应，替消费者承担相应损失。随着疫情的持续，携程被迫大幅转型，此次转型是一次被推着走的巨大变革。这种变革分为多个方面，首当其冲的就是重塑旅游的内核，这里包括了深耕国内的方向转变，深度挖掘用户需求，强化短途周边游产品布局，把旅游下沉到农村去，携手相关企业展开让携程复兴V计划、政企联合刺激消费等。携程还利用间断期完善了平台，并进行技术升级和营销创新，打造"社区+直播+星球号旗舰店"，持续的创新激活了用户的旅游灵感，开拓出了更多的产品可能，更引领了商旅产品、旅游产品等创新，趁行业低谷来修炼内功，实现效率升级和服务升级。同时，携程还注重能力的输出，这种输出不仅包括在国内的携程旅游营销枢纽战略打造汇聚百万合作伙伴的一站式旅行平台，而且在国外也落地了一系列在国内得到成功验证的商业模式，在海外本土旅游市场中创造新的增量空间，还大幅提升了服务效率，让海外用户也把携程当作本地出行旅行的首选，扩大了海外的经营。作为处于领先位置的旅游平台型企业，携程在新冠肺炎疫情期间的举措与表现，给了旅游从业者和消费者巨大的信心，也起到了良好的自救示范作用。

2. 旅游平台商的企业管理行为有哪些，携程的管理层行为模式在企业成长过程中有什么样的影响？

在线旅游企业的企业管理行为又可分为实质性行为和象征性行为（图6-1）。实质性行为是在线旅游企业为了提高用户活跃度和参与度，而采取的服务内容创新、开放平台、技术迭代等实际行动，是对经营方式和方向的实质性改变。具体可细化为三个维度：内部孵化旅游产品及服务、合作伙伴获取与配置、技术开发与版本迭代。象征性管理行为是在线旅游企业为了向外界展示自身的责任感和专业性，获得社会公众的信任和支持而采取的具有较高可视性和标榜意义的表现。具体可细化为四个维度：社区沟通、旅游预警及损失补偿、慈善公益与旅游产品促销。

```
                                    ┌── 社区沟通
                    ┌── 象征性行为 ──┼── 旅游预警及损失补偿
                    │               ├── 慈善公益
旅游企业              │               └── 旅游产品促销
管理行为   ──────────┤
                    │               ┌── 内部孵化旅游产品及服务
                    └── 实质性行为 ──┼── 合作伙伴获取与配置
                                    └── 技术开发与版本迭代
```

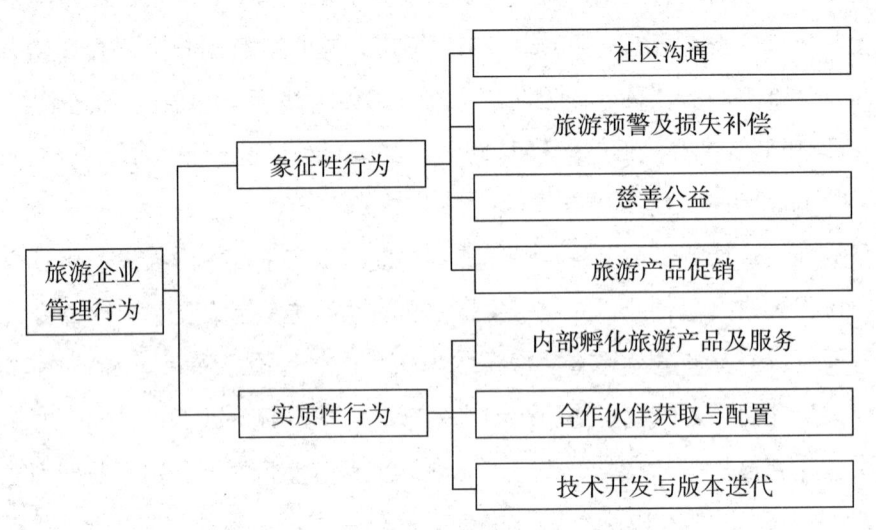

图 6-1 在线旅游企业的企业管理理论

管理层模式理论。20 世纪 60 年代，Rabe 正式提出"管理层权力"的概念，将其定义为管理层控制企业的意愿和能力。案例中携程的管理层是指包括高级经理层、董事会、监事会成员在内的所有高层管理团队。而管理层的管理权力的变化会对企业的研发行为、社会责任、信息披露、投资行为等产生不同作用，即在企业发展的不同阶段，利益趋同效应和掘壕自守效应将各自发挥主导作用。综合来看，企业外部因素需要通过内部因素的传导，才能影响企业成长，可以说企业内部因素是企业成长的决定性因素，因此管理层的管理形式作为影响携程这类旅游平台商企业成长的重要因素和公司治理结构的一部分，其权力配置已成为影响企业成长的重要机制之一。

根据以上理论，结合携程的发展脉络来看，可以对携程的管理层管理行为与内部管理模式对企业成长的作用过程进行如下分析。

第一阶段（1999 年—2007 年）管理层均衡地实施实质性行为和象征性行为。2003 年，携程依靠"互联网+传统旅行服务"模式占据酒店预订和机票预订第一的市场位置。2004 年，携程宣布收购上海翠明国际旅行社，获得出境游经营权，利用并购企业和合作企业的市场知名度，快速获得合法的旅游资质。除此之外，携程还通过差异化的旅游产品和活动彰显其在整合资源、产品创新的全面性和整体实力，并通过社区沟通的主要形式，就如何提供大规模、可复制的个性化或标准化服务进行探索和落实，进一步消除社会公众对其怀有的疑虑和质疑。随着市场质疑的消除和服务质量的提升，携程让外界逐渐了解并认可，构建起旅游供应商和旅游消费者的交互空间，进而促进企业成长。这个时期的携程，一方面是通过提供新的旅游服务项目、开发新的旅游线路、与旅游供应商建立战略伙伴关系等行为，构建旅游消费者和旅游供应商的交互空间，吸引旅游消费者的进入。同时，通过参与行业研讨会、发布旅游趋势报告等象征性行为，树立专业的、权威的企业形象，提高企业的知名度，以促成多维核心交互活动。

第二阶段（2008—2012年）以象征性行为为主。2008年的危机事件背景下，本身旅游业的发展就受到了一定程度的影响，包括携程在内的平台商也出现疲态。但携程的保单门事件和合作伙伴的上诉使得携程的行业声誉受到影响，因此，携程的管理模式开始从均衡实施实质性与象征性措施向以象征性措施为主转换。例如，开始构建顺应公众和社会期望的绿色慈善项目，积极参与社区沟通性质的行业年会。但在此阶段中，企业发展受到较大干扰，只得通过频繁参与行业研讨、发布旅游趋势报告、产品促销等行为，积极向社会公众传递企业经营的信号。然而，携程未从根本上解决自身的缺陷问题，在技术创新、旅游产品研究、服务质量提升等方面缺乏实质性的改进和突破，影响了企业成长和发展速度。

第三阶段（2013—2019年）以实质性行为为主。此阶段中，前期的行业恶性竞争让携程意识到无序的价格战对行业发展带来极大损害，携程带头制定行业标准规范、入股相关平台、重建市场秩序，例如，将自营的近1000款出境跟团游产品纳入领队服务透明化改革之中，努力提升国内跟团游的服务标准。同时，携程一方面加强"旅游+金融""旅游+保险"等相关的并购投资，深化与高星级酒店、航空公司等旅游供应商的合作，向中小旅游企业、个人商户开放平台入口，以进一步完善旅游生态圈；另一方面，持续完善企业内部的创新机制，孵化出"微领队""全程X计划"等一系列创新服务项目。例如，2016年8月，携程投入千万元成立了我国首个"旅游安全管理中心"，建立了7大旅游者安全保障机制和安全专家团队，确保发生紧急情况时可第一时间启动应急预案和保障措施，保障旅游消费者的出行安全；2018年"开发平台3.0"系统为小微旅游企业和个人创业者赋予更多的发展机会。

第四阶段（2020年至今）以象征性行为为主。该阶段携程作为行业领军企业，在疫情初期率先承担消费者损失随着疫情后人们出游形式的改变，携程又大力开展周边游与私家团、主体游等品质产品，之后主动连接上下游企业开展复兴计划、直播计划等推动行业复苏。可以说在疫情期间非常难得的是，携程不仅没在巨大压力下自乱阵脚，而且其战略的制定与落实更没有丧失自己的梦想和远方。携程通过利用这难得的行业冲击开始重新整合发力，来重构行业新基建，以实质性行为在国内外多领域做出努力。在国际上，携程开始切入门票、火车票等服务的数字化升级和平台搭建，并且不断帮助海外本地游市场激活和复苏，海外服务平台 Trip.com 增长迅猛。当然，在国内的深耕和下沉还是携程的基础所在，比如携程度假农庄已在安徽、河南等相继开业，开辟了疫情下的一种旅游新模式，通过研究和投入为目的地补齐这块住宿"短板"。2021年携程启动"乡村旅游振兴"战略，让农村旅游不仅在硬件上能够过硬，而且在服务上也能够有足够的人才去支撑，从而实现乡村旅游的真正大发展。从国内到国际，从城市到乡村，从线上到线下，携程的双循环大格局这样的象征性模式令人印象深刻，在如此紧张的局势之下，走出了一条属于自己的道路，甚至还引领着同行开启自己的加速复苏之路，承担了自己在特殊时期的企业责任。

3. 结合案例分析旅游平台商与传统的旅游企业之间是何种关系，是合作方还是竞争者？

竞合理论。竞合，英文称为"coopetition"，是"cooperation"和"competition"的整合。最早在 Brandenburge 等的著作中引入，被认为是一种基于博弈论促进多赢关系的新方法。根据 Kylänen 等的说法，竞合是指企业间同时进行的合作与竞争。在旅游产业价值链中，竞合有助于在竞争与合作间找到一个平衡点，以提高利益相关者的绩效。竞合是一种新型合作关系，竞争是合作的原因，通过合作效益平衡了竞争带来的风险，这也是一种新型合作战略，目的是实现竞争与合作之间的平衡。

旅游者的消费行为被信息技术改变，越来越频繁地通过携程这类旅游在线平台商预订机票、客房等产品，从而促使了传统旅游企业积极与旅游平台商进行合作。一方面，传统旅游企业主要希望获取宣传和销售两方面的利益，而旅游平台商恰好能够借助自身平台优势，为传统旅游企业带来示范效应，扩大宣传效果，提高企业知名度，树立企业形象；另一方面，平台的利用可以为自己吸引大量在线顾客，多角度提升销售额，例如，新冠肺炎疫情期间地方政府同携程的在线合作可以拓宽地方旅游产品的在线市场规模，提高传统旅游资源的网络竞争能力。当然，对于旅游平台商来说，平台的创立就是需要与传统旅游企业开展合作拓展业务，通过他们提供的佣金、中介费或产品价差来获取利润，体现平台商的存在价值。因此，携程这一类的在线旅游平台商，不仅拥有资源整合能力强、服务创新意识突出，注重品牌的建立与传播的特点外，而且拥有通过互联网的时空无界限展示特点，丰富的3D、AI等技术交互呈现的全新旅游体验特点，减少商品中间环节与开支的快捷方便特点。

　　根据以上的描述，可以发现信息资源主要为在线平台所控制，包括消费动态和行为，这造成了双方信息的不对称，使得旅游平台商在合作中拥有优势，相比传统旅游企业而言，旅游平台商拥有较强的技术支撑优势，在双方合作时占据了主导。因此也会带来双方的利益冲突，在线平台压缩了传统旅游企业的利润空间，会引发双方的矛盾与冲突。例如，价格的压制与佣金问题这两方面，使得很多传统企业对合作一直持矛盾态度。因此从竞合理论出发来看待双方的矛盾问题，双方可以通过合作的好处将竞争的风险降到最低，然而一旦其中一方依托自身能力获取由双方努力创造的价值，那么在合作之间就很难实现利益平衡，这就需要双方区分利益空间。这里简单利用旅游平台商与饭店进行举例，旅游平台商与饭店要想在竞争条件下实现合作，关键在于是否可以实现共赢。对饭店来说，要能够提高入住率，增加收入；对旅游平台商来说，要获得更多的佣金和差价收入。因此，这两者可以通过销售成本共享及饭店通过分析旅游平台商对佣金的反应来确定最佳的单位佣金，而旅游平台商则根据佣金确定最佳的返现和销售力度以吸引更多的在线用户，从而使双方都能最大限度地获取利润。

　　4. 以新冠肺炎疫情为背景思考危机情境下旅游平台商如何承担经济—社会的双重责任？

　　企业社会责任（CSR）的概念最早出现在19世纪的西方国家，严格意义上讲，企业社会责任是20世纪的产物。20世纪初，Clark最早提到了企业社会责任这一概念，Clark提出企业需要有责任感的经济的原则。也就是说，企业的义务不仅与自身股东有关,而且与多个团体或者个人有关,因为来自利益相关者群体的压力能够驱使企业建立起更加有效的治理结构。这里的利益相关者是指具有相对共同的目标议程的一组个体,它们能够影响组织的行动、决定、政策或目标。此外,Elkington 在 1997 年提出了"三重底线"概念,认为企业的经营管理应该包含三重底线,分别是经济底线、社会底线和环境底线,企业是经济组织,在承担基本经济责任的同时,也需要承担相应的社会责任和环境责任。由于企业是对社会做出积极贡献并且塑造和促进社会变革的工具,企业社会责任作为一种管理着企业社会认知的组织现象,在企业内部日益普遍可见。随着国家供给侧结构性改革和国家经济结构不断转型升级,旅游业在经济社会发展中的作用和地位越来越突出。在旅游业的不断发展中,携程作为旅游平台商类型的企业,其社会责任代表了携程自身对于包括股东、消费者、员工、社区、环境等在内的广泛利益相关者群体的承诺。在旅游企业社会责任中,经济责任履行得好会正向带动旅游企业净利润的增长,且旅游企业履行企业社会责任会对旅游企业的后续经营带来一定程度的正向作用。均衡地实施企业的经济责任和社会责任仍是促进企业健康发展的有效保障。

根据企业社会责任理论,我们可以在新冠肺炎疫情这类突发型重大公共危机事件中对携程的表现进行问题分析。在新冠肺炎疫情暴发初期,携程率先提出针对病患和武汉地区的无损退改措施,损失由携程承担,并迅速启动一直预备的重大灾害保障基金,为消费者的切实利益和国家疫情防控做出坚实保障。之后在国家防疫措施密集出台的基础上,携程应急指挥管理者始终以国家大局为重,团结上下游产业链,积极配合国家要求的旅游业务整改,并针对供应商开展多项支持措施和充电学习计划,为行业稳定和后期复苏贡献积极力量。在国际层面,携程利用携程全球旅行 SOS 平台为海外滞留游客提供相应帮助,在各国防疫物资紧缺时期向其捐助医用标准口罩,向世界传递中国善意。在疫情常态化后,携程联合各级各类景区、企业、组织、政府开展旅游复兴计划,以直播带货、旅游消费券发放、基础设施布局建设、新型科技文旅融合等措施,推动旅游产业的复苏、更新乃至重构,还提出"深耕国内、心怀全球"的总体战略,为后续企业前行指明方向。

反观携程的五大核心价值中,Customer(客户)表明携程始终是以客户为中心；Teamwork（团队）强调携程在资源整合和企业发展过程中紧密无缝的合作机制；Responsibilit（敬业）是携程一直以来秉持的一丝不苟的敬业精神；Integrit（诚信）则是携程真实诚信的合作理念的表现；Partner（伙伴）是携程在企业前进中建构多行业间伙伴式共赢合作体系而使得携程的和谐生态平台搭建得以实现。五大核心价值也正是携程多年来在大风大浪中得以存活的关键所在，可以说，携程是将社会规范和道德标准纳入经营活动中，并试图通过社会活动来促进自身与社会的可持续发展旅游企业。因此，随着社会责任的提出与践行，旅游平台商在危机情景中积极履行社会责任逐渐成为行业发展的基本要求与共识，也为携程在疫情中的逆风翻盘提供了最大支撑。

（四）案例启示

1. 案例关键点

（1）携程抓住互联网发展和科技进步的浪潮，为旅游企业和旅游消费者搭建双边式平台是其经营的核心内容，交互式平台的创造、更新、完善是其后期发展的关键。

（2）携程作为旅游企业和旅游消费者双边使用的运营平台，在企业管理中不仅需要卓越、超前的经营理念和战略布局，而且还要做到有情感、有温度地承担相应的社会责任，这是携程乃至旅游运营平台整个生态圈可以实现可持续发展的根基所在，学生应该树立经济—社会的双重管理思想。

2. 知识关键点

（1）旅游平台商的发展经历了从无到有、从一到多、市场乱象、规范管理、社企交融、复苏更新几个阶段。

（2）旅游平台商的企业管理行为有实质性行为和象征性行为两种，在不同时期企业的管理者会采取不同管理形式，但两种行为的协调式发展对企业来说是较为有利的。

（3）旅游平台商与传统旅游企业之间的关系并非单纯的竞争或合作，二者需要的是在双方互利共赢、友好协商的基础上形成较为完善的竞合机制，从而保障行业的可持续、高质量发展。

（4）重大危机事件下，平台型旅游企业可从经济发展、社会稳定两个方面积极承担自身的企业责任。

第二节 文明公正：银发一族的"关怀"平台（思政点案例）

摘　要：推动银发经济与时代背景相结合，让老年人可以像年轻人一样在高品质生活中追逐"诗和远方"，这是旅游业高质量发展的要点，也是社会公平公正、文明发展的体现。本案例结合我国银发一族产生的旅游需求为出发点，阐述了旅游平台商在应对这类特殊的旅游需求中做出的调整与供给，让学生对我国银发旅游的机遇、现状、问题进行了解与探究，并引导学生从专业视角出发，结合相关政策对银发旅游未来的发展空间进行探究，树立文明公正的管理理念。

一、案例正文

（一）案例背景

"我来看看最近有什么好的线路，打算和老伴儿一起出去玩一趟。"在北京西直门附近一家携程旅游门店，退休的高阿姨这样说道。高阿姨表示，2015 年退休以后，她每年都会出去旅游两三次，在产品价格、出游时间、出游目的地等选择方面已经颇有心得。但是尽管目前市面上可供选择的旅游产品很多，但是要找到一款受老年游客欢迎的并不容易，如果能专门针对老年游客设计一些主题旅游线路和产品，如自然风光类、怀旧类、看发展成就类、康养类等，他们的满意度和参与度会比现在高很多。由此可以看出，为老年人设计更便利的信息集合平台、开发更适宜的产品、推送更合理的旅游线路，让银发一族积极融入新旅游，是当下旅游平台商需要考虑并解决的重要问题。

（二）银发一族的广大市场

目前，我国老年旅游市场需求巨大，2018 年老年游客的平均出游时间为 5 天，人均消费超过 3 600 元，越来越多有钱、有闲的老年人加入旅游大军，他们的旅游需求旺盛。2019 年，携程发布的《老年群体旅游行为报告》显示，65% 的老年出游用户每年出行 3 次以上。与此同时，老年游客的旅游需求也在不断变化。除了传统的跟团旅游，不少老年游客开始选择定制游、自驾游等。而旅游正成为老年人的一种新型社交方式。携程数据显示，银发一族的旅游消费需求和消费水平显著提升。2021年4月至10月，"五〇后""六〇后"人均花费同比增长35%，增幅超过"九〇后""〇〇后"的22%。我国60岁及以上的老年人已超2.5亿，占总人口的比重超过18%。可以说我国已经初步形成了一批老年旅游目的地和线路产品，主要有旅居养老、医疗旅游、观光旅游、乡村旅游等老年旅游业态，也初步形成了一批专业的老年旅游指导机构和供给商。但总体上，我国老年旅游发展的主体规模不够，专业化水平总体上不高，老年旅游品牌尚未形成，老年旅游竞争开始加剧，老年旅游业发展依然任重道远。根据中国老龄产业协会组织发布的《中国老年旅游产业发展现状和趋势研究报告》显示，按照国内外相关经验和预测，我国在2040年左右将进入老年旅游稳定发展期，老年旅游将占到全国旅游市场的50%左右。预计到2050年，我国老年人口将突破4.8亿人，占总人口比重达到36.5%，在旅游意愿与人均消费额不变的前提下，老年人口旅游消费总额将达2.4万亿元以上。

在追逐"诗和远方"的同时享受品质生活，是许多老年人的愿望。现阶段老年游客青睐的旅游产品也在由观光型向休闲型转变，他们越来越关注深度体验和品质感受，注重旅游的休闲、保健、康复等附加功能。2020年年末，全国多地迎来初雪。因此，临近年末，赏雪、泡温泉成为很多人的出行选择。对于银发一族，多家旅游平台商的负责人都不约而同地表示，在这一次冬季旅游大军中，以"六〇后"为代表的银发族成为当仁不让的主力人群。据统计，温泉游的受众分化特征十分显著，尤其是"有闲有钱"的"六〇后"，占出行人数的比重达到了20%。除了康养类旅游外，旅游平台商为银发一族推出的专项红色旅游也深受银发一族的喜爱。

（三）"关怀"平台的推出

同时面对日新月异的新技术，老年游客们也不愿落下。虽然还不如年轻人对新技术那么熟练，但是大多数老年人并不排斥它们，一直在积极学习、摸索。比如，好多老年人会加携程门店工作人员的微信好友，在使用中遇到问题进行询问和寻求帮助。看到合适的旅游线路，总会第一时间发微信联系自己的亲友约着一同出游。

面对着日益庞大的老年人群体，丰富老年人的精神文化生活，满足其出游的需求成为发展智慧旅游、提高适老化的一项重要议题。为此，为了满足老年群体出行需求，丰富老年人的精神生活，让其出行更加智慧化、便利化、舒适化，携程通过技术升级，推出了适老化产品：携程App"关怀版"。基于此，携程针对老年客群的出游需求，从网页端和手机客户端两方面着手进行适老化改造，并增设满足部分身患疾病的残障人士使用需求的文本朗读功能。在网站的适老化改造中，携程集团技术部门为网页端创新性地增加了无障碍工具栏。在实践层面，调动各产线的技术力量通力合作，对各自业务板块，诸如机票、酒店、跟团游、火车票等进行了技术摸排，小到每一个代码，大到整个业务板块的技术底层逻辑，从零开始设计铺排，与集团公共部门的大框架进行衔接。此外，为提升老年群体和残障人士的使用体验，避免出现误解，集团在改造中特意将所有广告页面均予以剔除，仅保留必要的内容场景，做到"应减尽减"，切实保障老年、残障群体的权益。同时，携程技术团队考虑到仍会有部分群体由于各种原因可能依然无法操作使用改造后的网站。因此创新性地开通并提供了老年人专线电话，由专属的人工客服为老年群体提供服务。致电该客服热线将不会有冗长的前置功能选择，而是直接接通人工客服，由客服人员根据老年用户的需求提供代为筛选产品、代为下单、代为取消预订等服务。在手机客户端方面，携程主要着眼于用户的感知性和实操性改造，制作形成专用于适老化的版本。总体来说，适老化、无障碍改造从可感知性、可操作性、可理解性、兼容性和安全性等多方面多角度为老年和残障人士进行了相应的适配，极大地满足了老年和残障人群的出行需求。

由于跟团游产品多，跟团游方式多样，老年用户对产品理解和线路选择存在不清晰的情况。为帮助老年用户更加准确地挑选到适合的产品和线路，跟团游板块在预订流程上进行了简化处理。老年用户进入"跟团游"页面后，选择出发地和目的地后，点击页面上"确认跟团游意向"，即可生成意向单，将有专属客服专门来电就跟团游相关事项进行沟通，为老年用户提供线路咨询、产品介绍等一系列服务。这样主动将服务前置的形式，能直击老年用户需求，快速响应解答老年用户的疑惑。携程App"关怀版"除了满足老年用户需求外，还进行了无障碍改造升级。截至2021年10月，携程旅行平台60周岁及以上注册用户量较2020年度同比增长22%，整体订单量同比增长37%，其中跟团游订单同比上涨近60%。

今后，旅游平台商的技术团队结合老年和残障用户的使用情况，针对性、适时地对平台中像对银发一族这类特殊群体优化迭代，不断提升网页端和手机客户端的适老化无障碍适配度，丰富适老页面的信息内容，是未来的发展趋势所在，也是旅游平台商为全面提升智慧旅游贡献力量的途径之一。

二、案例分析

（一）思政结合点

老龄工作，既是"家事"，也是"国事"。从"积极应对人口老龄化"写入党的十九大报告，到印发《国家积极应对人口老龄化中长期规划》；从党的十九届五中全会明确提出实施积极应对人口老龄化国家战略，到之后《中共中央国务院关于加强新时代老龄工作的意见》发布提出的"健全养老服务体系，完善老年人健康支撑体系，促进老年人社会参与，着力构建老年友好型社会，积极培育银发经济……"党和国家在聚焦老年人的"急难愁盼"问题的基础上，为推动新时代老龄事业高质量发展指明了方向。

党的十八大以来，以习近平同志为核心的党中央高度重视老龄工作，精心谋划、统筹推进老龄事业发展。习近平总书记强调："满足数量庞大的老年群众多方面需求、妥善解决人口老龄化带来的社会问题，事关国家发展全局，事关百姓福祉，需要我们下大气力来应对。""十四五"规划和2035年远景目标纲要明确提出，"发展银发经济，开发适老化技术和产品，培育智慧养老等新业态。"面向未来，积极发展银发经济，丰富适老产品和服务供给，对于满足多层次多样化养老服务需求，积极应对人口老龄化，培育壮大经济新动能，具有重要意义。

随着生活水平提高，老年消费出现升级趋势，老年消费群体有三大刚需值得关注。其一，医疗保健养老消费已成为老年人的生活必需，需求强度和需求规模远超其他消费人群。老年人对保健食品、药品等消费需求规模大，对定期体检、慢性疾病监测治疗、健康管理等需求日益增长。其二，老年人对交通通信商品和服务的需求不断增长。中国互联网络信息中心发布的第四十六次《中国互联网络发展状况统计报告》表明，老年人对于教育文化娱乐等服务需求大。特别是刚退休的老年群体，文化程度较高，消费能力强，已不再是传统的保守型和经济型消费者。他们在产品选择上更加注重品质，对社交娱乐、体育健身、旅游等需求较大。老年人的时尚消费支出也呈现较快增长的态势。

当前，我国银发经济处于起步阶段，供需结构性矛盾较为突出。从需求侧看，随着经济发展水平不断提高，社会保障制度不断完善，我国老年人口消费结构和方式日趋多元化，正从传统的"衣、食、住、用、行"等消费向医疗保健、康复护理、旅游休闲等服务消费不断拓展。从供给侧看，支持银发经济发展的政策体系尚不健全，针对老年群体的高质量产品和服务供给整体不足，市场主体规模较小、产业能级较低，相关企业产品开发和自主创新能力相对较弱。缓解供需矛盾，需要进一步规范行业发展，持续激发市场主体活力，让银发经济更好地造福老年群体。根据国家老龄办调查数据，2016年至今，我国中老年游客旅游消费年均增速达23%。退休后，老年人拥有大量可自由支配的时间，很多老年人把旅游当作度过这些时间的最好选择之一。同时，疫情防控期间，已有旅游平台商着眼于老年群体出行需求，提出了康养旅游、红色旅游、四季旅游等系列针对性旅游产品，同时老年人旅游市场也出现一些新变化，定制团游、小团游、拼团游等个性化旅游需求越来越旺盛，老年人旅游消费迎来新一轮升级。然而现在市场上专门针对老年游客的旅游产品还不够丰富，商业模式比较单一，旅行过程中针对老年游客的便利乘车、优惠门票等政策措施还不能很好地落实到位。一些针对中老年游客的"低价团"等欺诈事件还时有发生。如何摸准老年游客的需求脉搏，让老年人同年轻人一样自由地享受旅游产品，仍有不少问题亟待解决。

推动银发经济与时代背景相结合，实现高质量发展，需要在提升产品和服务数字化、智能化水平的同时，帮助老年群体更好跨越"数字鸿沟"。根据国家发展愿景，旅游平台商未来还需要提高老年旅游休闲生活品质上做文章，从而充分激发"银发旅游"市场活力，让老年人在享受自然山水、感受人文景观的过程中不断提升获得感、幸福感、安全感。

（二）案例思考题

（1）试结合国家提出的银发产品发展要求，分析旅游平台商提供的银发旅游产品存在的问题与不足？

（2）结合银发一族的旅游刚需思考旅游平台商需要从哪些方面进行旅游产品的调整、供给与创新，做到让老年人可以像年轻人一样去追求"诗和远方"？

（3）旅游平台商如何借助平台优势与智能技术推动银发旅游的高质量发展？

第七章　旅游接待业运营

第一节　运营模式：AirBnb（爱彼迎）的共享经济（知识点案例）

摘　要：旅游接待业运营模式是指旅游接待业企业在经营活动中所采取的经营模式。共享经济时代，旅游接待业企业在旅游产品开发、市场竞争能力等方面不断朝着新的运营模式演化。本案例描述了 AirBnb 颠覆传统酒店的运营模式，整合各类闲散房源，借助大数据平台驱动供需匹配，以轻资产、社交化、重体验为特征成为全球共享住宿领域内领头企业的事迹。案例从旅游产业商业运营模式出发，通过对商业模式、情感营销、信任机制、顾客体验和满意的讨论，引导学生学习共享经济时代商业模式的基本概念和特征，并思考传统旅游行业要进一步发展应该如何进行商业模式的创新。

一、案例正文

（一）案例背景

AirBnb，中文名为爱彼迎。它作为一家共享住宿平台企业，通过在线网站或者手机客户端，为用户提供房源信息的发布或搜索服务，并促进双方达成交易。2008 年 8 月，AirBnb 以 Airbed & Breakfast 网站的形式正式上线。2009 年初更名为 AirBnb，更名之后其业务范围也逐渐扩展。除了合租房源，平台还新上线了整栋房源、独套房源以及专属度假屋。2010 年 AirBnb 上线 iphone 应用程序，并发布了闪订功能，有助于减少消费者与房东之间磋商的时间成本。2011 年 AirBnb 在德国设立办公室，向国际化进程前进。

作为全球共享住宿领域内的领头企业，AirBnb 整合各类闲散房源，借助大数据平台驱动供需匹配。同时，通过细分消费需求，平台致力于定制符合特定消费群体不同消费场景的住宿需求。根据 AirBnb 2019 年数据，AirBnb 社区遍布世界 220 多个国家和地区，上线 700 多万个本土特色房源，并为 10 万以上城市的旅行者们提供各式各样的入住方案，累计接待房客超过 5 亿人次。产品类型囊括全球各地特色房源，如英国城堡、森林树屋、土家窑洞，甚至是"土豆"屋。同时 AirBnb 在全球上线 4 万项独具匠心的体验产品。产品的提供者大多是本地房东，或热衷于体验项目的爱好者。另外，随着住宿领域业务的不断深化，AirBnb 亦开始布局用户出行所需的各项业务。以共享住宿领域为核心，AirBnb 开始向行业四周扩散发展，通过兼并收购的方式，策略性地渗透其他行业业务，包括酒店业务、票务业务、旅游内容业务以及饮食业务等。

（二）颠覆传统商业模式

AirBnb 是一个传统酒店服务业拥抱互联网后的创新商业模式案例，AirBnb 的成功给传统酒店行业带来了很大的影响，使其原本就激烈的竞争变得更为激烈。截至 2015 年 AirBnb 已经在全球提供了 150 万个房间，而希尔顿全球酒店集团提供的房间数只有 65 万个。相比于传统酒店行业，AirBnb 成本低，毛利率高。而传统酒店由于固定资产支出巨大，成本高，房屋和服务标准化程度高，应对市场没有 AirBnb 灵活，因此从运营模式上来看 AirBnb 有着先天的优势。然而，由于传统酒店行业发展历史悠久，在资产总实力、房间数量、客户群数量、交易额等方面还是有着不小的差距。传统酒店以重资产、垂直价值链模式营运，用户和商家都是以传统酒店为中心。一切商业机会都是固定的，无法让人人参与。与之相反，AirBnb 建立的信任网络模式打破了垂直价值链的模式，它以轻资产营运，不拥有任何一间酒店，人人都可以在大平台上定制自己新的生活空间；同时，每一个人实际上可以是一个独立的运营平台为大平台提供房源，人人都可以是消费者，人人同时也都可以是房东。AirBnb 的从无到有，从小到大无不给传统经济注入了新鲜的血液。正是由于 AirBnb 的尝试，使得共享经济的商业模式得以付诸实践，为各行各业的发展提供借鉴意义。

在 AirBnb 发展路径中，我们可以看出 AirBnb 利用其独特的商业模式，通过打造社区大网络，以房东房客为节点，推动双方产生交易联系，使其公正平等地传播财富，这也正是 AirBnb 经营共享住宿业务的核心主张。总之，如果一句话说明 AirBnb 创造了什么与众不同的价值，那么可以形容为：人文关怀"纵容"

消费者彰显个性，信任网络"感召"人人分享资源，智能交互"倒逼"自己用更科学的解决方案经营企业。AirBnb 创造了一种全新的商业价值观和商业逻辑，一切围绕人的属性，改变了传统商业模式中关于客户、生产、供应、交付等价值要素及其之间关系的内涵和意义。

（三）发展危机

随着 AirBnb 的快速发展，问题也接踵而至。

第一是合法性问题。由于不同地区和国家间的法律是不一样的，如有些地区禁止私人住宅经营酒店，有些需要上税的户主逃税等问题困扰着 AirBnb 的持续发展。

第二是安全问题。由于将自己的私人房屋出租给陌生人，而且双方只是通过在线交易平台实现交易，因此存在着很大的安全隐患，比如，很多户主反映提供房屋租赁之后有丢失财物的情况。

第三是相关利益集团的阻挠。AirBnb 提供低于一般酒店的市场价格的房屋，更能满足租客个性化的需求，满足租客了解当地风俗文化的需求，因此抢占了传统酒店行业的市场。但 AirBnb 在全球范围内的大获成功，触及了传统酒店行业的利益，并引发了房价上涨、住房短缺等问题，面临着来自世界各地当局日益严格的监管。由于短租带来的丰厚利润使得房主不再愿意长期租给那些贫困但又真正需要住房的人，从而造成社会不公和住房短缺，2016 年 5 月德国柏林政府叫停 AirBnb 服务，使得 AirBnb 不得不陆续下架其超过 2 万套的柏林房源。2016 年 12 月伦敦实行了每年 90 天的短期租房法定上限，否则需要申请规划许可。这些政策的出台，无疑是对 AirBnb 为首的国际在线短租平台的打压。这些举措导致 AirBnb 全球范围内业务发展遭到重创，2018 年欧美市场相较 2017 年下跌 50%。

（四）商业模式创新因子

1. 社交化

传统旅游商业模式以商业为主，旅游企业为旅游者提供旅游产品和服务，旅游者享受该产品和服务并为之付出相应的报酬。整个交易的过程中双方都是市场中的参与者，不具有人格特性。而旅游共享商业模式下，更多的是个人和个人的参与，它是基于社交网络的共享经济商业活动，人们除了分享闲置旅游产品和服务，更可以交流彼此的旅游心得，找到和自己旅游志趣相投的朋友。而这分享的过程，其实就是口碑营销的一种，通过这种方式，可以吸引更多的旅游爱好者参与分享和交易的活动中来。

2. 信任机制

旅游共享商业模式是建立在陌生人的交易上，而这种交易的形式打破了时空地域的限制，信任机制的重要性由此可见。由于旅游共享网络平台是一个开放和可扩展的平台，因此平台必然要通过一定的指标衡量机制来确认每一个新注册用户的信任值。另外，平台也可以直接把新注册用户的社交账号和信息用来注册旅游共享网络平台，这样不仅可以增强用户的黏性，又可以增强用户的信任值，还可以直接分享注册用户的社交信息。由于旅游共享商业模式的运作，越来越多的旅游者和旅游资源的分享者参与进来，也会改变人们的信任习惯。在这一模式下，人们对于彼此的信任会越来越强，也越来越愿意分享自己的旅游心得和闲置旅游资源，但前提是保证建好安全可行的信任评价机制。

3. 开放性、包容性和共同性

旅游共享商业模式为旅游者和旅游闲置资源提供者提供了一个共享交易的平台，而这一平台所坚持的原则就是开放性、包容性和共同性。所谓的开放性和包容性，是指任何个人只要拥有闲置的旅游资源都可以过来分享和交易，而且交易双方的每个人都是平等的，旅游需求者和旅游供给者之间没有明确的界限区别，在任何时刻双方的角色都有可能发生改变。而所谓的共同性，是指旅游共享商业模式下汇集的用户都是和旅游相关的用户，每一个吸引过来的用户都是希望得到旅游的相关信息，或者成为旅游者，或者成为旅游供给者。

二、案例分析

（一）启发思考

AirBnb 作为集轻资产、C2C 等特征为一体的共享住宿新业态新模式，成为旅游业在共享经济时代与互联网结合的典型。起初，让人们放弃酒店和旅馆住到一个陌生人家中的想法看起来很难不让人怀疑其可靠性，但这种新奇的旅游住宿方式，在社交网络和公司互联网营销的双重推动下逐渐被认可并盛行起来，同时创始人十分重视用户体验，成为首席"流浪官"，亲自进行住宿体验。这种看起来很难被人想透的模式，最终发展成了重要的"独角兽"企业。我们希望通过此案例，让学生掌握共享经济背景下旅游发展的新商业运营模式，并了解旅游应如何与互联网结合起来进行轻资产、新零售创新，以此来启发学生们对传统旅游接待业运营创新的思考。提出以下四个问题供学生思考以便更深入地理解案例。

（1）AirBnb 是如何与互联网时代共享经济相结合？我国旅游共享经济应如何进一步发展？结合商业模式理论进行思考分析。

（2）AirBnb 是如何通过社交网络拉近人与人之间的距离，维持 C2C 运营的？结合情感营销理论进行思考分析。

（3）AirBnb 是如何改变人们的信任习惯，增强用户信任的？结合信任机制理论进行思考分析。

（4）AirBnb 是如何改进顾客体验，实现顾客满意的？结合满意度理论和服务主导逻辑理论进行思考分析。

（二）分析思路

本案例描述了共享住宿平台企业 AirBnb 初创背景、发展危机和不断改进实现颠覆式创新，从商业模式创新、情感营销、信任增强，再到体验改进，一步步成为全球共享住宿领域内的领头企业的过程。希望通过对案例的学习和研讨，帮助学生从运营模式的高度去理解服务商业模式创新和旅游"新零售"运营策略，帮助学生掌握商业模式、情感营销、信任机制、满意度理论和服务主导辑等理论和工具。本案例的分析思路，如图 7-1 所示。

（三）关键要点

1. AirBnb 是如何与互联网时代共享经济相结合？我国旅游共享经济应如何进一步发展？

（1）商业模式理论概述。

商业模式的定义决定了商业模式的构成要素。而商业模式的构成要素又是分析商业模式的基础。为了深入研究商业模式的内涵，国内外学者们根据各自对商业模式的理解给出了其构成要素，如图 7-2 所示，其主要观点：商业模式的组成要素是一个有机整体，商业模式构成要素之间需要相互匹配、共同作用，以创造价值。

目前最为管理学界接受的商业模式的定义，是奥斯特瓦尔德（Osterwalder）、塔奇（Tucci）和皮格内尔（Pigneur）（2005）的定义，他们认为商业模式是一

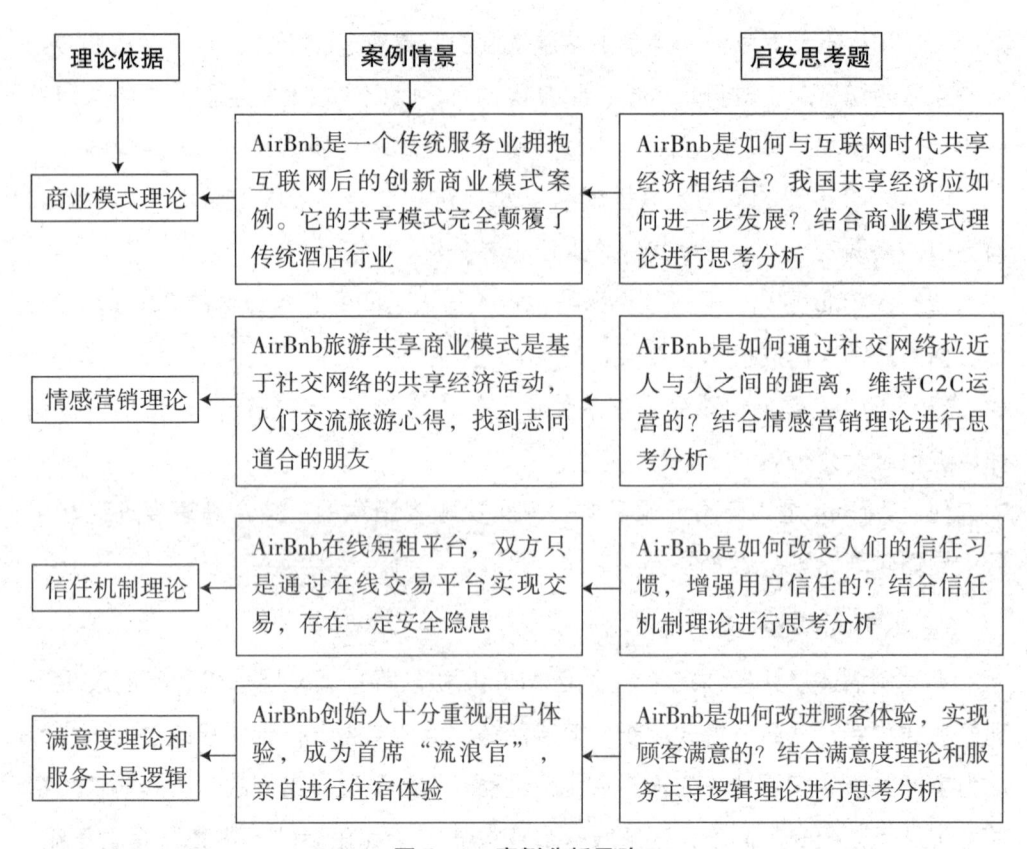

图 7-1 案例分析思路

理论依据	案例情景	启发思考题
商业模式理论	AirBnb是一个传统服务业拥抱互联网后的创新商业模式案例。它的共享模式完全颠覆了传统酒店行业	AirBnb是如何与互联网时代共享经济相结合？我国共享经济应如何进一步发展？结合商业模式理论进行思考分析
情感营销理论	AirBnb旅游共享商业模式是基于社交网络的共享经济活动，人们交流旅游心得，找到志同道合的朋友	AirBnb是如何通过社交网络拉近人与人之间的距离，维持C2C运营的？结合情感营销理论进行思考分析
信任机制理论	AirBnb在线短租平台，双方只是通过在线交易平台实现交易，存在一定安全隐患	AirBnb是如何改变人们的信任习惯，增强用户信任的？结合信任机制理论进行思考分析
满意度理论和服务主导逻辑	AirBnb创始人十分重视用户体验，成为首席"流浪官"，亲自进行住宿体验	AirBnb是如何改进顾客体验，实现顾客满意的？结合满意度理论和服务主导逻辑理论进行思考分析

种包含了一系列要素及其关系的概念性工具，用以阐明某个特定实体的商业逻辑。我们综合了 Weill 等（2001）和 Osterwalder 等（2005）对商业模式构成要素的观点，认为可以从产品的服务、客户互动、技术资源、合作网络 & 伙伴、监管创新、盈利模式、成本控制 7 个因素来对以 AirBnb 为代表的共享经济商业模式（图 7-2）进行探讨。

（2）C2C 商业模式与传统模式的区别。

接下来，让我们通过 AirBnb，看看 C2C 模式与传统模式的区别。

与传统模式相比，C2C 商业生态圈模式的第一个重要特性是其发展了新的商业价值理性——人文关怀。企业或个人商家，不仅仅是为客户提供有用的产品和服务，或者发送一种新奇的社交信息，而是要将冷冰冰的产品和服务，变成有灵魂、有温度、能承载所有利益相关者生命意义和目的的价值主张。AirBnb 为旅行者提供的不仅仅是传统酒店的功能，更重要的是带来了分享、交友、体验不同家

产品&服务
- 产品服务价值内容升级
- 构建共享经济商业生态系统业态创新

客户互动
- 构建共享经济生态圈模式
- 主体协作
- 组织结构优化

技术资源
- 构建价值共创网络
- 数据分析
- 互联网平台创新

成本控制
- 实施MCN模式形成高效运作的联动机制
- 低成本资源共享

共享经济商业模式创新

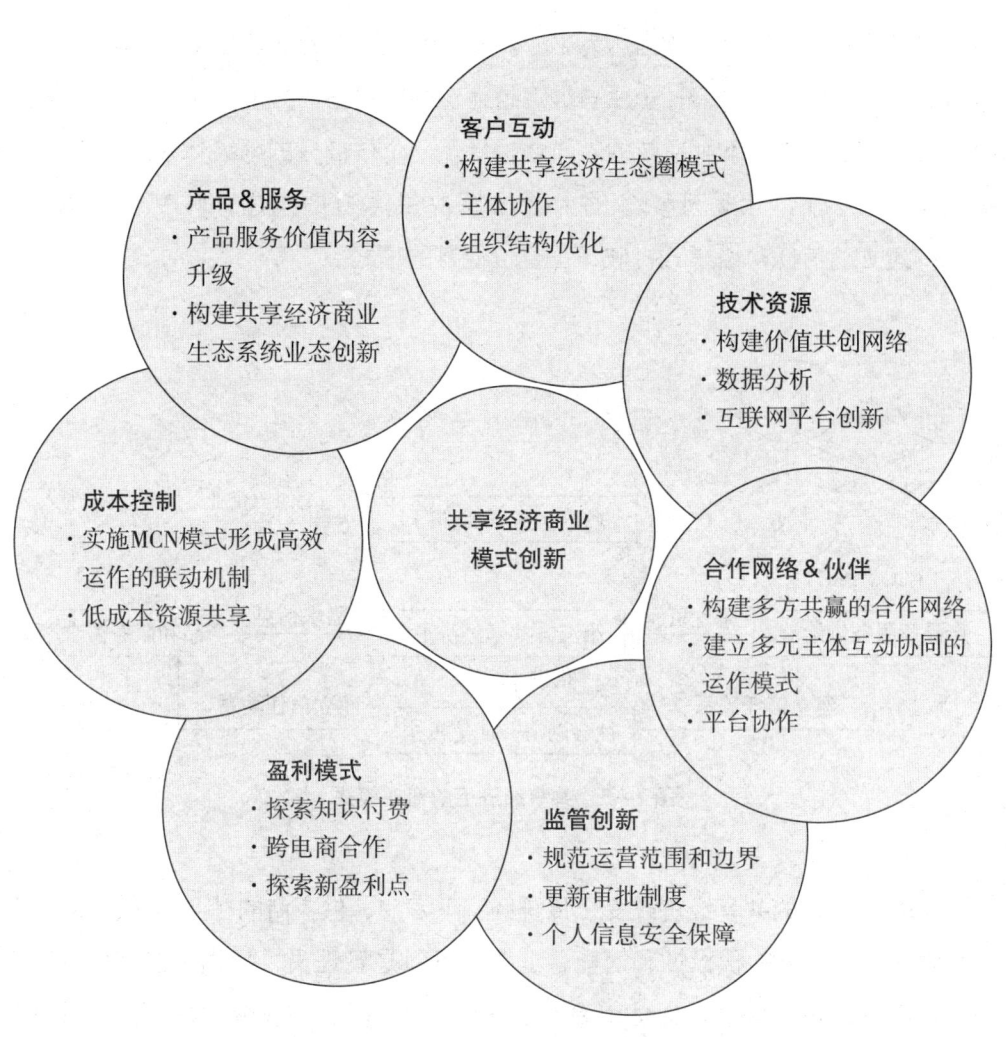

合作网络&伙伴
- 构建多方共赢的合作网络
- 建立多元主体互动协同的运作模式
- 平台协作

盈利模式
- 探索知识付费
- 跨电商合作
- 探索新盈利点

监管创新
- 规范运营范围和边界
- 更新审批制度
- 个人信息安全保障

图7-2　共享经济商业模式创新

文化的人文关怀。人文关怀落到商业模式微观上，往往表现为个性化、参与感和选择性3个指标。首先是有没有个性化，千篇一律是对人性的压制，只有个性化才可以实现自我，实现人类最高层次的精神追求。其次是有没有参与感，是不是人人都能参与其中，在创造产品和服务的过程注入个性化的情感。最后是有没有更多的选择，没有选择、被迫接受，是缺乏人文关怀的。

C2C商业生态圈模式的第二个重要特性有4个关键内涵：连接、网络、互助、信任。通过高度发达的O2O网络连接，整合社会资源或被动闲置资源，鼓励人人参与和分享，形成信任网络体系。传统酒店以重资产、垂直价值链模式营运,用户和商家都是以传统酒店为中心。一切商业机会都是固定的,无法让人人参与。而且,传统模式下,企业与员工是绝对的甲方与乙方的关系。所有这些社会属性都是固定的、不可逆转的。与之相反,一个被信任的网络体系(图7-3)能激发个人潜能,让尽可能多的人参与解决最急迫的问题,转变个人角色。AirBnb建立的信任网络模式打破了垂直价值链的模式。

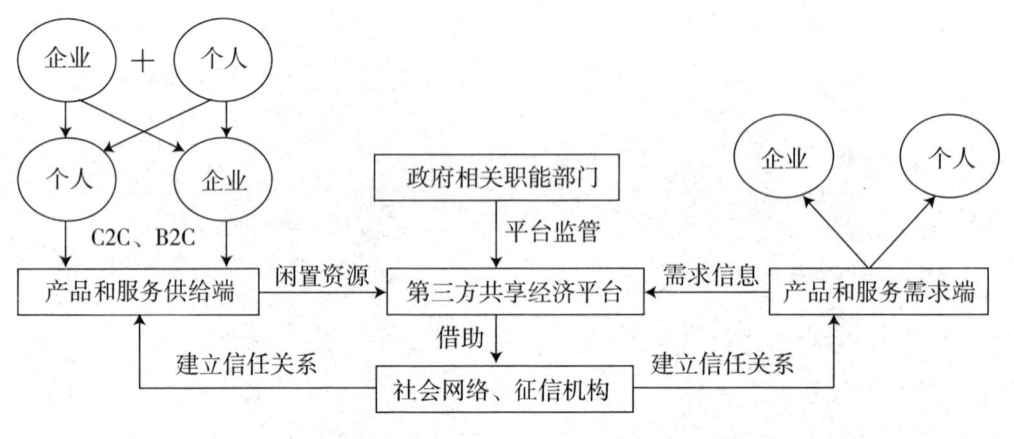

图 7-3 共享经济下的商业模式

AirBnb这样的共享经济改变了传统经济下客户、供应商的社会属性,从而极大地调动了每个人的积极性和潜能,消费者可以是管理员,评估供应商的物品,供应商也可以是服务员,评估消费者的居住行为(图7-4)。这正是互联网时代,诚信、公平、开放、负责任的新商业文明的真实写照。

图 7-4 AirBnb 商业模式

（3）我国的旅游与共享经济。

①共享经济与旅游产业的契合。

中国社会科学院特约研究员魏小安在"共享经济与休闲未来"论坛演讲中表示，共享经济和休闲生活天然契合，共享经济应首先在休闲领域开始发展。在国外，最著名的三家分享经济龙头企业中就有两家与旅游业密切相关，即提供预订租赁用车服务的 Uber、提供家庭旅店服务的 AirBnb。归纳起来，共享经济与旅游产业的契合主要包括以下几个方面：

第一，旅游活动的生活体验性。旅游是游客在异地的、短暂的、殊异的生活体验，是一种对旅游地社区居民生态、生产、生活空间的感受。共享经济强调整合利用当地居民的闲置资源，可以更好地满足现阶段游客想要深度体验当地生活和与社区居民互动的需求。AirBnb 提供的家庭旅游短租服务（如民宿）就是一个典型的案例，旧金山推出的"Surprise"可以让游客像当地人一样生活。

第二，出游方式的散客家庭化。由于信息传播技术的进步、公共服务体系的不断完善、家庭汽车的普及、游客消费经验日益丰富和对个性化的追求，旅游出行方式从团队化向家庭化、散客化方向发展。共享经济模式下，整合当地家庭闲置资源提供的非标准住宿、租赁用车或长途自驾拼车、私人导游服务更加适合追求个性的散客或强调温馨氛围的家庭旅游群体。

第三，旅游主导产品的休闲化。目前旅游产品正在从大众观光主导向休闲度假、特种专项、观光体验型并重转变，休闲产品更加注重对非传统旅游资源的利用、强调社会支持性环境的建设、突出社会公共服务体系的支撑。共享经济着眼于处于闲置状态的社会资源的再利用，有利于拓展资源的边界、丰富产品的供给、推动产品的创新。

第四，旅游需求的季节波动性。旅游活动的季节性波动相对比较明显，企业设施设备和人力资源旺季供不应求、淡季则严重过剩，这是长期困扰旅游业发展的一大难题。共享经济通过对闲置资源的整合利用，实际上创造了旅游接待服务的弹性供给方式，有利于应对旅游需求的波动性带来的经营管理问题。

第五，旅游资源产权的公共性。在产权属性上，绝大多数旅游资源是全民所有，这决定了相应的旅游产品的公共性或准公共性。从现代旅游业诞生起，游客就是采用与其他游客分享（共享）风景和接待服务设施完成旅游活动的，使游客具备了共享消费的意识，更容易接受共享经济模式提供的旅游产品。

②旅游共享经济进一步发展。

旅游共享经济是新时代旅游产业发展趋势，已经渗透到旅游业的方方面面，正在深刻影响和改变着旅游者的出游行为，共享经济扩大了旅游业的承载力，拓展了旅游业的内涵和外延，培育、发展新的旅游业态，成为促进旅游产业升级的必经之路。旅游共享经济发展模式不是简单对传统旅游发展模式的否定，而是在传统旅游发展模式上的继承与创新，探索旅游产业转型升级制约因素的路径选择。

第一，转变旅游发展方式。创新旅游产品供给是旅游共享经济突破发展的核心因素。共享旅游发展模式能够满足旅游者日趋多样的体验需求，旅游体验的差异化和多样化要求创新旅游产品，以满足人民群众追求美好生活的旅游需求，这决定了创新旅游产品供给的关键在于提升旅游服务质量。旅游共享模式转变发展方式，创新旅游产品供给，向多产业融合、协同演化，进而延伸其产业链，产业升级和转型的路径选择可以从旅游产品结构创新、旅游产品类型创新、旅游体验过程创新、旅游主题创新4个方面进行。

第二，完善共享平台建设。培育旅游市场主体是旅游共享经济突破发展的关键因素。旅游共享平台创新性地将目的地旅游创客资源与游客个性化与多样化的需求进行匹配连接，借助旅游共享平台逐步分化了传统意义上的旅游客源，改变了传统旅行社出游的组团方式，旅游消费需求呈现多元化发展趋势，出游动机的随机性、目的地选择的多样性等对旅游共享平台提出了更高的要求。旅游共享经济模式下培育新的旅游市场主体，可以从以下两个方面进行：一是加强旅游信息共享系统建设，旅游共享平台要搭建起旅游目的地居民与旅游消费者之间沟通的桥梁，将旅游目的地居民个人闲置的空间、时间、资产等旅游产业信息推送给旅游者，帮助旅游者解决旅游需要的现实需求问题。二是注重旅游共享平台商业模式的创新，旅游共享平台的核心是实现旅游产品的营销，因此要围绕吃、住、行、游、购、娱等各种旅游要素与旅游者个性化需求之间的关系，推出个性化、定制化的旅游产品，探索适应旅游市场需求的共享商业模式，满足游客多样化的消费需求。

第三，强化旅游市场监管。健全旅游信用机制是旅游共享经济突破发展的保障因素。旅游共享经济是互联网技术进步的一种新事物，给旅游市场监管带来一些难题，其与传统旅游市场监管相比呈现网络化、智能化等特点，对旅游市场监管的现场监管是一项新的挑战，加强旅游市场监管要从治理共享平台入手，构建多方参与的协同治理模式，可以从以下三个方面强化旅游市场监管：一是构建适应旅游共享发展的管理体制，制定有利于共享旅游经济健康发展的法规和政策；二是优化旅游市场环境应结合构建共享旅游现代治理体制；三是强化对共享旅游服务从业资质的管理和监管。共享旅游发展需要依靠第三方网络支付平台，完成旅游消费的支付结算。因此，旅游共享市场监管可以利用第三方支付平台构建加强信用记录、风险预警、违法失信行为等新监管体系，出台旅游市场监管的规划和措施，加强对从事共享旅游的网络平台和中介公司等具有共享旅游服务资质单位的约束和监管，维护旅游交易市场的正常秩序。三是建立旅游市场信用监管制度，不断完善旅游信用体系。健全的信用体系可以将旅游共享经济中的不安全因素最大限度地排除在外。

2. AirBnb 是如何通过社交网络拉近人与人之间的距离，维持 C2C 运营的？

（1）情感营销理论。

情感营销的含义主要包括：商家对于消费者的心理进行仔细分析与研究，并站在消费者的角度去考虑每一个问题，以此来获得消费者的认同。这是企业抢占更多资源，提高自己竞争优势一种最理想的销售方法。各个企业将消费者的情感需求作为主旨与核心，之后通过情感产品、情感品牌、情感服务等来获得消费者的好感，进一步促使消费者购买商品，提高企业的经济效益。总而言之，情感营销可以作为企业与消费者交流沟通的主要桥梁，同时也是最好的方法与手段，更是一种营销的艺术，我们甚至可以将情感营销作为一种人文关怀。

（2）AirBnb 的情感社区。

斯坦福大学教育学教授佛瑞德·特纳在他的《从亚文化到电脑文化》书中说过，人们所期待的世界是每个独立的个体都能实现自身价值的同时又应该是一个统一的团体。互联网使人类重新走向麦克卢汉所说的"重新部落化"，信息的共享、服务的共享等，渐渐拉近各个阶层之间的距离，改善日渐冷漠的人际关系。共享经济恰恰是人际关系发展的社会活动，借助互联网的传播推进人际交往的信任体验。共享经济存在于一个城市中的所有陌生人之间，但是却在潜移默化的缩短人和人之间的距离，是一个情感的化区。

AirBnb，就致力于打造一个情感社区。心理学家麦克·托马塞罗认为，人们对自己认可的同伴会更乐于分享，相互合作和帮助也是为得到认可。房客与房东可以在社区里分享自己的旅游心得、经验及生活方式，甚至房东还会邀请房客参加私人的聚会等。

在这个人们都相互分离和独立的社会里，展示一些人性或者接受某种人性表达的机会，已经变得十分罕有。实际上，AirBnb涉及的是最私密的人际交往体验：访问其他人的家，睡在他们的床上，使用他们的浴室。这恰是有些人反感而从来不想使用这种服务的原因。但也正是这一点，让AirBnb显得如此独特。

3. AirBnb是如何改变人们的信任习惯，增强用户信任的？

（1）共享经济中的信任机制。

祖克尔（LynneG. Zucker）提出基于过程、基于特征以及基于制度的信任等3种信任机制。基于过程的信任，是指将以往的相关具体经历作为未来信任产生的基础；基于特征的信任，将个体的人格特征如年龄、性别、家庭背景等作为信任产生的基础；基于制度的信任，认为信任来源于习俗规范和契约合同等各类社会机制。在共享经济中以上3种信任机制同时存在。就用户提供或使用共享服务的过程而言，首先是选择可信的共享平台，其次是在平台上找到可信的共享人，在此基础上，才有可能产生对共享经济中产品或服务的信任，进而产生共享意愿或行为。以上3种不同类型的信任构建的方式和机制不同。基于祖克尔的信任理论，对共享平台的信任主要是制度信任，共享主体间的信任是人际信任，而需求方对共享产品或服务信任属于基于过程的信任。根据信任构建过程，用户对平台的信任会影响用户间信任的建立，用户间的人际信任会影响用户对产品或服务信任的建立，基于以上思路，2019年有学者提出"3P+3I"理论模型作为共享经济中信任机制分析的理论框架。

（2）信任是关键。

商业上，互联网解决了连接的问题，而"信任的连接"是一个难题。信任的网络体系是一个非常理想的状态，在C2C商业生态圈模式中，最难解决的那个"天"大的问题之一，就是网络诚信问题了。2011年7月，AirBnb遇到了一次重大的网络信任危机，一个房主意想不到地被旅行者洗劫一空。这件事严重危及AirBnb企业的发展。不过，有挑战才会有机遇，AirBnb紧接着创造了一系列非常有价值的建立信任网络的解决方案，如表7-1所示。

表7-1 AirBnb 信任建立措施

平台	保障措施维度	保障措施内容
AirBnb	风险评估	每一笔预订在确认之前都会通过风险评分,利用预测分析和机器学习即时评估数百个指标,在可疑活动发生之前将其标记出来并加以调查
	认证和背景核查	1. 所有用户都有自己的个人资料,方便房客与房东相互了解。要预订或出租房源,需要向 AirBnb 提供姓名全名、出生日期、手机号、付款信息及邮箱地址。 2. 对照监管机构监控名单、恐怖主义组织名单和制裁名单对房东/体验达人和房客/体验参与者筛查,对美国的房东/体验达人和房客/体验参与者核查背景
	对房东的要求及给予的支持	1. 4项基本要求:总体评分,回复率,取消和接受预定。积极回复,接受预定申请,避免取消房客的预定,争取正面评价。 2. 获得房客高度评价。清洁,必要的便利设施,准确的房源信息,顺畅的入住过程,积极沟通。 3. 居住安全:紧急求助联系方式,医疗用品,消防安全,出口,危险预防,儿童安全,温度控制,入住人数限制。 4. 注意礼节,明智的交流,阅读房客的个人资料和评价。 5. 与房东及当地龙头专家一起举办安全研讨会,鼓励房东为客人提供重要的当地信息。为有需要的房东及其房源提供免费的烟雾和一氧化碳报警器
	交易安全保障机制	1. 安全支付和预防诈骗:始终通过 AirBnb 网站或应用直接支付和沟通。从沟通到预订到付款,全程通过 AirBnb 进行交流,提供多层防御策略的保护。 2. 账号保护:采取多项措施来保护 AirBnb 的账号,例如,更换手机或电脑登录时,会进行多重身份认证,并在账号资料发生更改时发送账号提醒
	双向评价机制	在预订结束后才可以相互评价,评价皆为经过亲身参与的真实评价
	随时响应需求的客服团队	全球团队用11种不同语言24小时提供服务,为用户解决各种问题,包括协助用户重新预订、退款、报销
	保险机制	设有高达100万美元的房东保障金计划以及为房源和体验者提供保障的保险计划

资料来源:作者整理。

在中国，诚信更是一个难题和需要解决的经济问题。传统建立诚信的方式只能靠银行贷款抵押，而基于社交建立诚信的信任网络方式才刚刚开始被探索。原《中国企业家》杂志社社长刘东华提出一个理念，"要让有信任的人在一起，让在一起的人更值得信任"。

4. AirBnb 是如何改进顾客体验，实现顾客满意的？

（1）满意度理论。

顾客满意的形成受到了很多学者的关注。朱蕴波（2015）指出，顾客满意的形成是顾客根据一定的标准对所购买的产品或服务进行理性比较的结果。最先顾客满意是由 Oliver 提出的期望不一致模型主导了早期的研究。期望不一致模型认为，顾客在购买产品之前通过广告宣传等方式对产品会提供的效用形成期望。在实际购买和体验行为发生后，顾客将感受到的产品效用与期望进行比较。当感知效用符合期望时，顾客产生适度的满意；当感知效用超过期望时，导致顾客满意；当感知效用低于期望时，则导致顾客不满。尽管期望不一致模型提供了一种具体的测量满意度的方法在实践中广泛应用，但它存在自身固有的缺陷，比如，一些情况下顾客由于缺乏必要的信息对产品未产生事先的期望，一些顾客尽管感知效用超过了期望仍然不会感觉满意。另一种观点认为，顾客满意是顾客对企业和员工提供的产品和服务的直接性综合评价。Kozak（2000）提出的直接消费后评估理论提供了另一种衡量顾客满意度的方法，即忽略在线旅游中个人信息保护的困境与应对推进社会主义现代化法治建设对顾客期望的考察，将重点放在顾客如何对住宿的各个特定方面进行评价。

（2）服务主导逻辑。

服务主导逻辑（SDL）是价值共创理论中的一个重要分支，在 2004 年由 Vargo 和 Lusch 提出。根据服务主导逻辑，首先，市场上产品原有的主导地位被服务取代，因为市场中的行为主体普遍通过互相服务来创造价值和利益，因此，服务取代了产品成为价值创造和交换的首要因素。其次，对生产者而言，产品是生产过程的产物，服务或服务行为是生产者与消费者互动的产物，现代市场经济的生产者努力让自己置身于消费者的体验情境中努力满足消费者的个性化需求，例如，定制化旅游产品、旅游线路和民宿；对于消费者而言，消费者个性化需求的发展要求消费者与生产者互动合作来创造价值，例如，共享住宿中游客与东道主深入交流的机会成为其竞争优势。因此，服务主导逻辑指出价值共创过程就是消费者和生产者共同创造产品或服务的过程，共创价值就是生产者和消费者合作提供和消费产品和服务过程中共同创造价值的总和（图7-5）。

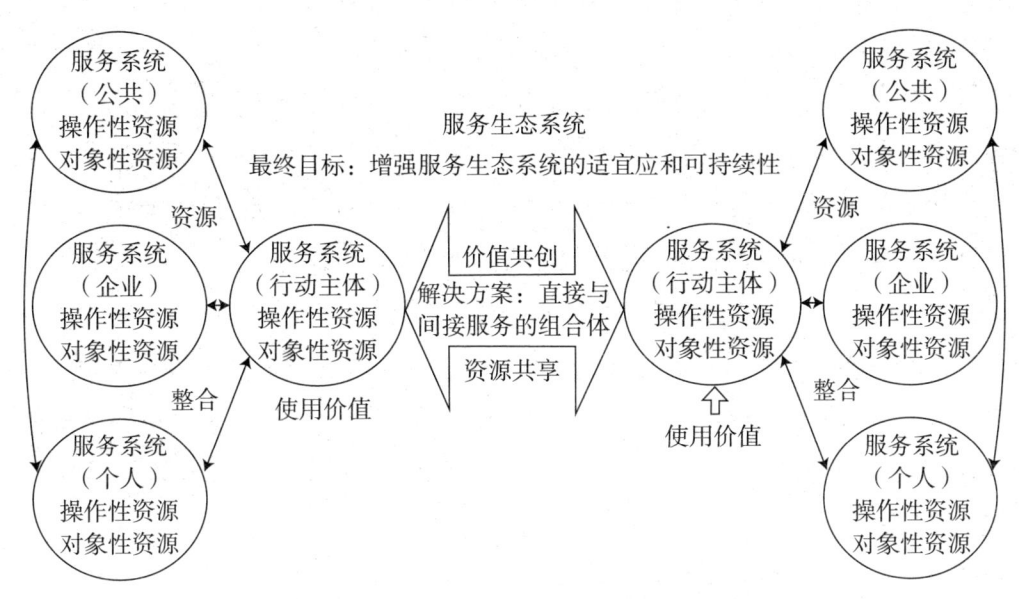

图7-5 服务主导逻辑下的价值共创

（3）AirBnb如何提升顾客满意。

①首席"流浪官"，旨在创造最佳体验。

起初，许多房主并不懂得如何写出诱人的文案，以及拍摄出让人有入住欲望的照片。创始人开始亲自挨家挨户免费为纽约的许多招租者的房屋拍摄照片。2012年，恩切斯基找来皮克斯动画的设计师，围绕房主和租客开发了"AirBnb理想之旅"的插图，其中包括"浏览最佳场所""结账退房"及"如何迎客"，等等。此外，该公司还按租房的不同阶段来规划团队，以提供最佳体验。

创始人布果·恩切斯基至今还过着四处为家的"流浪"生活，还要求每一位成员必须以普通租客身份，频繁地深入体验和使用AirBnb所提供的各种服务。只有实实在在的亲身体验，才能有更多发现，也才能花更多心思打造网站，提升业务，从更多层面和角度，延伸并创造商业模式的新领域和新价值。

②倡导生活方式，实现品牌的价值输出。

AirBnb 始终在探讨的一个话题就是：人与人之间的关系。21 世纪的信任危机、互联网的虚假消息都会让用户对新产品有所恐惧。AirBnb 在说故事的时候，在说一个地方最吸引的是和当地人的相处，将房东包装成为你旅行过程中会遇到的本地朋友。这不但戳中用户渴望人际交往、渴望融入当地社会的心情，同时也满足了共享经济模式下让用户充分信任对方的要求。作为一个短租平台，爱彼迎鼓励旅行者分享自己的故事。在哪里，吃得怎么样，住得怎么样，跟房东有什么样的故事等等。而爱彼迎也会第一时间在微博以及知乎等平台上分享这些故事，让这些故事感动你、吸引你。与其他短租平台不同，AirBnb 一直有一个很酷的品牌故事：房东分享出自己多余的居住空间，有偿提供给房客居住，与千篇一律的酒店相比，更能让房客体验真正的本地生活。这一品牌故事在后来被提升为一个更大的品牌愿景：AirBnb 想让全世界的人都感受到"家在四方（Belong Anywhere）"。归属感和人情味是这个故事中最吸引人的地方。所以在 2019 年 AirBnb 成为爆款综艺《奇遇人生 2》的冠名品牌。在中国的综艺生态下，《奇遇人生》算是一档很特别的综艺节目。《奇遇人生》也被贴上了很多标签：纪录片式综艺、金句制造机、2018 爆款综艺……作为赞助商的 AirBnb 也受到了关注。

③深入了解用户心理，合理利用热点话题，成功地与用户建立心理共鸣。

屏幕的隔阂很容易让互联网产品变得冰冷，而 AirBnb 却能够让产品做得有温度。在营销上，如果单纯拼价格、做促销会让产品透露出互联网的急躁和逐利。AirBnb 在营销上极少拿钱说事儿，说的都是用户关心的话题。比如种族、同性恋、文化差异等等。早在几年前 AirBnb 就对同性婚姻表达了自己的态度。它为了支持澳大利亚同性婚姻合法化，打造了一款有缺口的戒指，而这个缺口正是寓意同性婚姻所缺乏的合法性。

在美国超级碗上，AirBnb 对于不同的歧视也发表了看法，无论你是谁、来自哪里、有什么信仰等等，都值得拥有一个美好的地方，都不应该受到任何的歧视，并要求房东在使用该平台前承诺不会对他人抱有歧视态度，否则房东就要被取消账户。AirBnd 通过从社会的心理问题入手，专注于一个话题，让每一个细节都为它服务。并以对不同的热点及时做出反应，尤其是与用户生活状态息息相关的话题。在操作过程中，不以交易额为目标，诉求用户的感情和认可，与用户建立心理共鸣。

④进行特色营销，跨界不停。

以房子为核心，与所有一切尝试发生关系。当下是一个混合文化盛行的时代，消费者对于好玩的跨界产品也是十分青睐，但并不是每一个跨界营销都能撬动消费者的注意力和好奇心，而 AirBnb 爱彼迎的跨界营销一直以来在业内广受好评。有人说，AirBnb 爱彼迎的跨界就是"以'住'为核心，尝试与一切发生关系"。作为跨界营销当中的佼佼者，某年万圣节，AirBnb 就把世界最著名吸血伯爵的古堡——罗马尼亚布朗城堡（Bran Castle）出租，并且请了吸血鬼小说《德古拉》作者 Bram Stoker 的曾侄孙 Dacre Stoker 陪你过节。

⑤注重内容输出，让品牌更有黏性。

系列营销的关键在于可以产生持续性的效应，可以不断复制，在系列营销中建立起品牌标志性的营销手段。用户熟知度高，可以轻松卷入。显然，这是可以一个梗玩儿好多年的主。作为旅行相关的低频产品，内容就是 AirBnb 区别于其他竞争对手，提高用户黏性的必胜法宝。大致可分为三个阶段：

第一阶段——打响品牌知名度。将新的认知、对旅行新的定义分享给消费者，让他们了解到有归属感的旅行方式是什么样子的。

第二阶段——品牌本土化。秉持"以人为本"的观念，AirBnb 开始深耕当地市场，打造品牌的本土化形象。深刻洞察本土消费者心理的新动态，创造更多的场景和兴趣点来推动他们的旅行意愿和频次。

第三阶段——深入对话。抓住当地市场上的每一个细分消费群体的需求，更深入地与他们逐一对话。将"旅行不只是千篇一律的打卡"的旅行方式，深植每个旅行者的心里。

作为一个端对端的全球旅行平台，在以内容为王的今天，好的内容营销就是成功地打造并推广出品牌。AirBnb，秉持初心，通过重新定义旅行，创造一个更有归属感的世界，打造了一个有温度的品牌。

（四）案例启示

1. 案例关键点

（1）AirBnb 作为新兴的旅游共享商业模式，为旅游者和旅游闲置资源提供者提供了一个共享交易的平台，打破了垂直价值链的模式并且以轻资产营运，是其主要特征。AirBnb 的共享模式，完全颠覆了传统的酒店行业，打破了酒店行业的价值链。

（2）AirBnb 利用其独特的商业模式，打造社区大网络，以房东、房客为节点，推动双方产生交易联系，同时构建信任机制，注重用户体验和满意，不断进行创新性营销。创造了一种全新的商业价值观和商业逻辑，一切围绕人的属性，改变了传统商业模式中关于客户、生产、供应、交付等价值要素及其之间关系的内涵和意义。

2. 知识关键点

（1）共享经济下 C2C 商业生态圈模式有 4 个关键内涵，分别的逻辑顺序是：连接、网络、互助、信任。社交化、信任机制、开放性、包容性和共同性是其商业模式的重要创新因子。

（2）共享经济和旅游休闲生活有天然契合。旅游共享经济是新时代旅游产业发展趋势。

（3）情感营销和信任机制构建是促进用户依赖、增强用户信任的重要手段和策略。

（4）重视用户租客住宿体验、倡导一种新的生活方式、进行特色营销、注重内容输出、不断提高用户满意度是保持在线短租平台企业活力的关键。

第二节　法制友善：在线旅游消费者信息保护（思政点案例）

摘　要：保护好在线旅游平台消费者信息，这对法制友善社会建设具有重要意义。满足信息保护法制建设保护好在线旅游者个人信息安全是在线旅游者个人、在线旅游平台、各级文化和旅游主管部门几方需要共同努力解决的问题。本案例讲述了互联网大数据背景下，在线旅游平台中个人信息滥用现象及危害、个人信息保护现状及缺陷，并结合《中华人民共和国个人信息保护法》的实施，探讨了在线旅游中个人信息保护的重要性。通过学习旅游信息保护相关案例，了解旅游信息保护现状，引导学生思考应该如何保护在线旅游者的个人信息安全、如何优化个人信息保护体系。

一、案例正文

（一）案例背景

近年来，我国的旅游产业一直保持较快的增长。随着互联网技术的不断发展，旅游行业逐渐从传统的游客—旅行社线下旅游模式转向用户—平台在线旅游模式。在旅游行业在线化不断推进的过程中，大数据技术应用也越来越受到重视，基于大数据技术应用的在线旅游模式也随着旅游产业的发展受到越来越多的关注。在线旅游平台在为用户提供旅游相关信息、行程安排预订服务等核心功能的同时，也会通过相关产品高频收集和使用大量用户的个人信息，这也使得用户的隐私泄露风险不断增加。一些在线旅游平台甚至对用户的个人敏感信息未采取任何有效的去识别处理，用户信息往往直接裸露在不安全的大数据环境中，极易导致大规模的用户信息泄露。

在 2018 年我国诸多个人信息泄露的事件中，华住集团旗下连锁酒店客户个人信息在暗网售卖事件无疑是其中有重大影响的事件之一，该事件或许也是我国在线旅游领域有史以来最为严重的个人信息泄露事件。据新华社等权威媒体报道，2018 年 8 月 28 日，一张黑客出售华住酒店集团客户个人信息的截图在网上广泛流传，黑客所售卖的个人信息总量大约 5 亿条，涉及姓名、身份证号码、家庭住址、开房记录等众多敏感信息。这起信息泄露事件几乎涵盖了华住集团旗下所有的酒店品牌。该事件足以表明，当前我国在线旅游中存在的巨大的个人信息泄露风险隐患。在当前全球个人信息泄露事件频发的大背景下，我国在线旅游中个人信息保护态势也异常严峻。

（二）个人信息滥用现象及危害

目前侵犯旅游者个人信息权利的行为具有多样性。总结起来，典型违法行为如下：第一，在线旅游平台过度收集旅游者个人信息。据中国消费者协会于 2018 年底发布《100 款 App 个人信息收集与隐私政策测评报告》，在线旅游类 App 存在过度收集用户个人信息的情况，例如，携程旅行被指过度申请通讯录功能，同程旅行则被指过度申请短信功能。第二，在线旅游平台违规获取、秘密窃取旅游者个人信息。2020 年 4 月，国家有关部门通过监测发现，包括携程旅行、去哪儿攻略在内的多款旅游 App 存在"未向用户明示申请的全部隐私权限"等违规行为。第三，在线旅游平台过度使用、不当使用旅游者个人信息。一方面，部分平台违规或违约将其收集的详细个人信息许可给第三方使用；另一方面，平台要求获取的个人信息使用授权通常还延及协议终止之后。这在用户注册时需签订的"一揽子协议"中即有体现，正如学者指出的个别网络用户协议存在对用户个人信息不当利用、格式条款侵犯用户个人信息控制权等问题。第四，在线旅游经营者非故意泄露旅游者个人信息或旅游者信息库被盗取。如黑客利用平台存在的安全漏洞入侵在线旅游网站，盗取旅游用户数据库。2014年，携程网就曾发生因网络安全漏洞问题导致用户银行卡信息被泄露的事件。第五，在线旅游经营者或其内部员工非法出售、参与倒卖旅游者个人信息。

旅游者个人信息保护至关重要，一旦泄露，后果通常比较严重。个人信息兼具人格权和财产权的双重属性已成为学界共识。一方面，"可识别性"成为个人信息的最重要特征，个人信息具有鲜明的人格要素；另一方面，个人信息的"可交易性"无疑体现了其中的财产属性，个人信息具有一定的商业价值。从个人信息的法律属性而言，对旅游者个人信息的滥用或泄露，将会对其人格利益或财产利益造成侵害。从对信息主体的危害类型而言，非法收集、买卖、窃取等侵害旅游者个人信息的行为，不仅会给信息主体的生活安宁造成侵扰，而且还极易引发财产损失，甚至危及信息主体的生命安全。2013年左右，我国频发的航空旅行信息泄露事件，导致大量旅客遭到短信诈骗。旅客面对精准的身份证号、航班信息，容易毫无防备地"落入诈骗陷阱"。从危害时长而言，大量的个人信息可能在几十年后仍然可能被滥用，网民随时都生活在"信息阴影"之下。从社会危害而言，滥用旅游者个人信息及其衍生的违法行为的出现还将阻碍社会信用体系建设，引发社会信用危机。个人信息的法律属性及相关违法行为所产生的严重后果均表明，在线旅游经营服务中的个人信息体系化保护具有很大必要性。

（三）个人信息保护现状及缺陷

个人信息权益作为一种正当利益已被我国立法所承认，《民法典》及近期通过的《个人信息保护法》已对作为私权益的个人信息权益进行了权益确认，对个人信息的保护具有正当性、必要性基础。个人信息成为权利的保护对象，自然人有权排除他人的非法干涉，一旦个人信息违法行为对权利人造成了侵害，权利人可寻求法律救济。但就现行法律保护框架而言，我国对在线旅游经营服务中的旅游者个人信息保护体系仍有待优化。

在线旅游消费者个人信息保护的相关立法存在以下缺陷：第一，个人信息保护立法尚处于原则规定阶段。我国《民法典》虽然在承继《网络安全法》规定的基础上对个人信息保护的规定进行完善，但其规定仍然较为原则。《个人信息保护法》虽已表决通过，但部分内容多为框架式规定，内容较为粗糙，如在"个人信息"定义、"告知—同意"规则、履行个人信息保护职责的部门、个人信息保护投诉举报工作机制及法律责任等方面仍待重点完善与加强。而《在线旅游经营服务管理暂行规定》虽已于2020年10月1日起正式施行，并加强了对在线旅游的监管，但关于保障旅行者个人信息安全的相关规定仍需要进一步完善。第二，旅游者个人信息的种类不明确。对旅游者个人信息的确定是司法实践中判断他方是否存在个人信息违法违规行为的重要前提。我国《网络安全法》基于信息的"可识别性"对个人信息进行了宽泛的定义，即只要该信息单独或与其他信息相结合可以识别到自然人，则为个人信息。《民法典》亦是在"可识别性"模式基础上采取"抽象概括+具体列举"之形式对个人信息进行了界定，"较好地处理了开放性与可操作性之关系"。但在具体的应用领域中，仍有待对不同种类的个人信息进行逐一列举，而《个人信息保护法》个人信息界定中关于"匿名化"之表述亦招致学者担忧。第三，在线旅游经营者的个人信息保护义务及法律责任尚待进一步明确。因此当在线旅游经营者发生个人信息保护违规行为时，通常只能参照或转化适用《网络安全法》《电子商务法》等普通法规范。

二、案例分析

（一）思政结合点

2021年8月20日，十三届全国人大常委会第三十次会议表决通过《中华人民共和国个人信息保护法》，并将于11月1日起施行。该法立足于个人信息权益保护，全面回应社会关切，对个人信息处理者使用个人信息的行为设定了一系列规范和要求。个人信息保护法是一部保护个人信息的法律条款，涉及法律名称的确立、立法模式问题、立法的意义和重要性、立法现状以及立法依据、法律的适用范围、法律的适用例外及其规定方式、个人信息处理的基本原则、与政府信息公开条例的关系、对政府机关与其他个人信息处理者的不同规制方式及其效果、协调个人信息保护与促进信息自由流动的关系、个人信息保护法在特定行业的适用问题、关于敏感个人信息问题、法律的执行机构、行业自律机制、信息主体权利、跨境信息交流问题、刑事责任问题，对个人及行业有着很大的作用。

习近平总书记指出，要坚持网络安全为人民、网络安全靠人民，保障个人信息安全，维护公民在网络空间的合法权益。随着信息化发展，网络给人们生活带来翻天覆地的变化，全面推动数字经济、数字社会、数字政府发展。同时，超范围收集、非法获取、擅自使用甚至滥用个人信息的现象仍十分突出，广大人民群众对此反应强烈。出台个人信息保护法，完善个人信息保护规则，是坚持以人民为中心，切实维护广大人民群众切身利益的应时之举，为人民群众撑起一把数字世界的"保护伞"。

党的十八大以来，在《关于加强网络信息保护的决定》《消费者权益保护法》《网络安全法》《刑法修正案（九）》以及《民法典》等法律中，均注重对个人信息的法律保护，建立相关制度，回应社会关注。但是，总体上看，这些法律法规仍旧存在规定比较零散、制度缺乏协调、执行效果有限等问题，没有形成合力。《个人信息保护法》既从我国实际出发，坚持问题导向，将实践中行之有效的做法和措施上升为法律规范；又充分借鉴有关国际组织和国家、地区的有益做法，体现立法的前瞻性和完整性，构造以告知—同意为核心的个人信息处理一系列规则，首次在我国确立一整套系统的个人信息保护法律制度，弥补以前立法的缺陷。尤其将"根据宪法"纳入个人信息保护法，既明确个人信息权益的基本权利定位，也为处理个人信息保护法与其他法律的关系奠定基础，具有重大的理论和现实意义。

在线旅游运行和发展的基础是旅游者提供的个人信息。在处理旅游者个人信息过程中，无论是旅游者，还是在线旅游平台，抑或各级文化和旅游主管部门，都应严格遵循个人信息保护法的相关规定，依法行使权利，依法履行义务，依法履行监管职责。在线旅游平台应依法承担法律责任。一些在线旅游平台为追逐高额的利润，常常会突破法律确定的规则与限制，侵害旅游者的合法权益。对于在线旅游平台的违法行为，文化和旅游主管部门应依法做出责令改正、给予警告、没收违法所得、暂停服务或终止服务等处罚，并对直接负责的主管人员和其他直接责任人员处以罚款，决定禁止相关人员在一定期限内担任相关企业的董事、监事、高级管理人员和个人信息保护负责人。同时，可以依照法律和行政法规规定，将在线旅游平台的违法行为记入信用档案，并予以公示。对于给旅游者个人信息权益造成损害、在线旅游平台不能证明自己没有过错的，应当承担损害赔偿等侵权责任。侵害众多个人的权益的，人民检察院、法律规定的消费者组织和由国家网信部门确定的组织还可依法向人民法院提起诉讼。在线旅游平台的行为，构成违反治安管理行为的，依法给予治安管理处罚；构成犯罪的，依法追究刑事责任。上述法律责任体系，对在线旅游平台形成巨大的威慑。

（二）案例思考题

（1）结合案例思考你身边或者你知道的哪些在线旅游者个人信息泄露的事件。

（2）具体分析可能造成在线旅游平台旅游者个人信息权益受损害的原因。

（3）试从旅游者、在线旅游平台、各级文化和旅游主管部门的角度具体分析应该如何保护在线旅游者的个人信息安全？应如何优化个人信息保护体系？

第八章　旅游接待业服务

第一节　服务感知：丽思卡尔顿金牌服务的秘密（知识点案例）

摘　要： 旅游接待业服务是旅游接待企业提供有形服务与无形服务的总和。对旅游接待企业来说，在服务设计中使环境设计与服务开发契合消费者需求、在服务接触过程中保证良好的服务感知、利用服务质量评价对旅游接待业服务进行改善，是提供优质旅游接待业服务的保障。丽思卡尔顿酒店常年以金牌服务闻名于酒店业，其整体服务设计对酒店业乃至整个旅游接待业都有参考意义。本案例通过对丽思卡尔顿的服务实例、服务框架、员工培养等方面进行阐述，引导学生对旅游接待业服务的设计与传递进行思考。

一、案例正文

（一）案例背景

丽思卡尔顿投资公司由阿尔伯特·凯勒成立。20 世纪初，被命名为丽思卡尔顿的酒店陆续在波士顿、费城、匹斯堡、大西洋城和博卡拉顿开业。但到了 1940 年，除了波士顿丽思卡尔顿酒店之外，其他酒店都已停业。这座酒店展示了精致的奢华体验和经营者的聪明才智，以其服务、餐饮和设施标准成为未来全球各地所有丽思卡尔顿酒店的基准。时至今日，丽思卡尔顿酒店公司已发展成为世上著名的顶级豪华酒店管理公司，拥有超过 70 个酒店物业，分布在 24 个国家的主要城市。1965 年，波士顿丽思卡尔顿业主方卡柏、卡伯特和佛比斯土地开发公司，将两个传奇元素"皇冠"和"狮子"完美融合，创造了丽思卡尔顿的标识。从此，狮头与皇冠徽标便一直标志着丽思卡尔顿华贵至尊和美丽传说般的盛情款客之道。皇冠代表皇室贵族，而狮子则代表财富。丽思卡尔顿标识传承着高贵优雅与精致得体的文化精髓：优雅、精致与皇室风范。

在国际高档酒店业，丽思卡尔顿被公认为首屈一指的超级品牌，曾获 1992 年美国国家质量奖。不管在哪个城市，只要有丽思卡尔顿酒店，一定是国家政要和社会名流下榻的首选。可可·香奈儿甚至说："每当我梦见死后在天堂的生活，梦中的场景总是发生在丽思卡尔顿。"丽思卡尔顿酒店吸引了大量的高层职员和上等旅客。超过 90% 的丽思卡尔顿酒店顾客仍回到该酒店住宿。尽管平均房价高达 150 美元，全球丽思卡尔顿入住率高达 70%。丽思卡尔顿的传奇伴随着服务奇闻逸事、高素养的酒店员工与令人咋舌的顾客贡献率，为人所津津乐道。

（二）服务案例

在顾客视野内外，丽思卡尔顿酒店始终保持着高标准的服务设施与服务态度。

1. 服务设施

1940 年，波士顿丽思卡尔顿酒店通过将奢华理念引入酒店掀起了一场美国酒店业的革命。丽思卡尔顿酒店建设要求每间客房都配有私人浴室、客厅小而私密、提供更个人化的宾客体验、公共区域装饰大量鲜花；在服务人员着装和产品配给上，丽思卡尔顿要求服务员佩戴白色领结、穿围裙制服，餐厅领班佩戴黑色领结，所有其他职员穿西装，展现出正式而专业的仪表；客房内使用更轻盈的布料，以便彻底清洗；提供点菜式用餐以便宾客用餐选择。如今，取决于各地丽思卡尔顿酒店所在的城市背景，酒店大多配备三类餐厅分别提供当地菜肴、自助菜肴及异域菜肴，鸡尾酒吧与露天酒吧提供休闲娱乐放松场所，宴会与会议场地面积巨大、会议设备齐全，客房豪华舒适，通过落地窗可尽享魅力城景。丽思卡尔顿致力于将酒店建筑与当地美景融合，为顾客提供尊尚服务及贵宾体验。

日光丽思卡尔顿酒店是酒店建筑与当地历史文化、自然风景完美融合的典范。坐落于的日本日光市的日光丽思卡尔顿酒店拥有 94 间宽敞舒适的客房、2 个餐厅和温泉 SPA，临近日本屈指可数的风景名胜地、被认定为国立公园的"奥日光"。15 000 多年前，火山活动造就了奥日光的动态地形和丰富的自然景观。奥日光有着大自然的鬼斧神工，自古以来便是山岳信仰的圣地，这里不仅有推动日本走向现代化的明治时期之后诞生的外宾专用酒店，亦是曾作为外交舞台的外国人别墅区。如何将蕴藏于此的历史记忆与时光流逝升华到空间设计，是本次的建筑主题。日光丽思卡尔顿酒店面朝幽静辽阔、水天一色的中禅寺湖，西北两面分别伫立着白根山和高达2 500米的男体山。

日光丽思卡尔顿建筑面向三大美景（中禅寺湖、白根山、男体山）配置了三栋客房楼，尝试将建筑融合于周围环境之中。男体山作为山岳信仰的圣地，长久以来是只允许僧侣进入的修行之地。地块内几棵近20米高的日本冷杉，是该处历史的见证者。主体建筑通过采用直线构成的设计，烘托出如今仍能感受到的神秘幽寒的土地氛围，并与充分利用了高大冷杉树的风景相映成趣。特别是在以三棵树形优美的地标级大树为中心轴的基础上，面向湖和山布置三栋建筑以避免砍伐树木，同时设计了似悬于湖面的餐厅楼与湖畔凉亭。

2. 服务态度

除服务设施外，丽思卡尔顿的服务态度也是其他酒店望尘莫及的，酒店员工能在第一时间为顾客奉上独到的贴心服务，为顾客打造此生难忘的入住体验。一个家庭带着三个小男孩在周末抵达萨拉索塔丽思酒店。在他们入住的最后一晚，大家在酒店的餐厅进餐。餐厅打烊时，服务员发现椅子坐垫下面藏着一个毛绒小狗。服务员立刻意识到，三位小男孩中的某一位落下了它。当天时间太晚了，因此服务员计划在第二天以一种有趣的方式归还那个小狗玩具。他们将小狗玩具摆放在餐厅中，做出进餐的样子、弹奏钢琴以及在厨房中大显身手的样子，并为其拍照，然后为每一张照片配上故事情节。他们打印了所有的照片，为小宾客创建了一个名为"小狗历险记"的图集。第二天上午9点，员工们将图集和毛绒小狗玩具一起送至宾客的房间内。当小男孩看到他丢失的小狗时，欣喜雀跃。这段美妙的经历在小男孩和他的家人的脑海中，是不会被忘怀的。

丽思卡尔顿还利用全球共享的系统档案为顾客创造宾至如归的入住体验。在丽思卡尔顿全球联网的系统档案中，详细记载了每位客户的个人详细资料，这让住客无论到全球哪家丽思卡尔顿，都能享受细致入微的服务。有一次，韩国一家跨国集团公司副总裁到澳大利亚出差，当他住进丽思卡尔顿酒店后，他打电话给酒店客房服务部门，要求将浴室内原放置的润肤乳换成另一种品牌的产品。服务人员很快满足了他的要求。然而事情并没有结束。三周后，当这位副总裁住进美国新墨西哥的丽思卡尔顿饭店，他发现浴室的架子上已摆着他所熟悉的润肤乳，一种回家的感觉在心中油然而生。凭借信息技术和多一点点的用心，丽思卡尔顿

"使宾至如归"不再是口号。丽思卡尔顿全球联网的电脑档案中记载的客户个人资料，是每一个顾客和卡尔顿员工共同拥有的小秘密，使顾客满意在他乡。

（三）设计理念

丽思卡尔顿之所以如此看重每位顾客的体验，原因是其开创性的终生顾客理念。顾客终生价值是每位消费者在未来可能会为企业带来的收入总和，由于忠实顾客所需的营销资源较吸引新顾客少，所以终生顾客会为企业带来更多利润。丽思卡尔顿的案例是顾客终生价值中的极端，据高级领导力总监布莱恩·格拉布统计，丽思卡尔顿顾客终生的平均消费为120万美元，有22%的客人贡献了大约78%的生意，而总营业收入中的60%是由2%的客人贡献出来的。也就是说，每50位客人中，有一位比其他49位客人给酒店带来的总收入还多。这个贡献度表面上看有点匪夷所思，但却是丽思卡尔顿酒店服务准则中"建立良好的人际关系，长期为丽思卡尔顿创造终生客人"的必然结果。对于奢华酒店的目标客户群而言，对服务体验的需求要远远超越酒店的设施和价格，成为入住的首要因素。

问题是，如何知道哪位客人是最有价值的那位呢？对此，丽思卡尔顿的回答是：只要做到"及时对客人表达和未表达的愿望及需求做出反应"，以及"得到足够的授权为客人提供独特难忘和个人化的体验"这两条准则，来酒店的每一位客人都有可能成为"终生顾客"。

为了做到以上两点，丽思卡尔顿从雇佣员工开始，从企业文化入手，打造了完整的服务框架。

（四）员工培养

前通用电器CEO杰克·韦尔奇的员工业绩正态分布理论将员工分为三个类别：企业中业绩排在前20%的员工是A类、业绩排在中间70%的员工是B类，业绩排在后面10%的员工是C类。而在丽思卡尔顿，A类员工的比例却高达74%，B类员工只有17%，而不让人满意的C类员工比例为不到10%。丽思卡尔顿的目标是做到80%的员工能够高度投入工作。另外一个数据表明，全美企业平均需要花费7年时间才能将一名B类员工培养成A类，而丽思卡尔顿却只需要12个月的时间。美国酒店业的平均离职率为50%，而2010年这一比例在丽思卡尔顿只有15.9%，是行业平均水平的1/3，而且其中主要原因还是员工搬家等客观因素，是什么造就了丽思卡尔顿的员工？

1. 员工选择

从员工选择开始，丽思卡尔顿酒店就下足了十成的气力。丽思卡尔顿和其他公司一样都从同一劳动市场招聘，但为了招聘到最专业的服务人员，丽思卡尔顿不在乎时间成本，这也帮助酒店获得并留下了最佳的员工。每一个丽思卡尔顿酒店的员工都是自豪的，他们不是被"雇用"的，而是被"甄选"的，只有性格以及理念符合酒店文化的人才能成为酒店的一分子。在酒店的管理者看来，只有这样，才能保持高品质服务的持久性和一贯性。

丽思卡尔顿挑选员工的过程中，任何一个岗位都需要通过12次面试，前两次是通过电话面试，后面的10次都是面对面面试，其中最为重要的部分是由将来一起工作的团队同事进行面试，在这个过程中只要有人对候选者不满意，就不能进入下一环节，只有这样才能找到"发自内心愿意服务的人，能融入团队的人"。丽思卡尔顿视之为"情感投入"，而且当候选人真的走完这十二个流程后，都会感觉自己是个胜利者，也非常喜欢将来一起工作的团队。因为这一特殊的流程，所以丽思卡尔顿的A类员工比例才会特别高，而且即使入职时的技能还不熟练，因为有很强的意愿和"服务他人"的特质，也可以很快被培养成A类员工。

2. 员工培训

在经过严格的挑选后，新员工将接受入店培训以理解丽思卡尔顿丰富的企业文化，每一名员工，从低级别的房间清洁员到高级管理人员，都要在工作中学习如何奉行与应用基本原则。

入店培训共分三阶段，第一阶段是部门推选经过认证的部门培训员。培训员需要准备新员工部门培训资料（含部门组织机构图、员工岗位职责描述、具体培训计划表、酒店产品与重要信息介绍、集团相关品牌标准介绍等）。培训员依据培训资料制订新员工培训计划。第二阶段部门是按照培训计划对新员工实施岗前培训，丽思卡尔顿对新员工的岗前培训周期一般为21天，称之"21天培训认证"。有时候新员工可能通过第一个21天培训，得到了指导人对其专业能力的认证，但这毕竟不是真正对客服务的检验，为了能够体现新员工的真实水平，丽思卡尔顿还会聘请神秘客户参与检验，客户的反馈意见将为丽思卡尔顿提供了"拾遗补缺"的机会。第三阶段是酒店对部门新员工的培训考核工作，除了各酒店都有的新员工技能考核、部门经理对员工工作的定期检查与交流、客人表扬和投诉、日常工作失误率和低效率表现记录等，丽思卡尔顿还增加员工对客人喜好的收集与分享的能力考核。

丽思卡尔顿引以为傲的一套独特的领导理念"黄金标准"由丽思卡尔顿的初期创始人设定，作为永恒的遗产流传给后人，成为酒店不断发展的基础。"黄金标准"被精练易懂地打印在一张三折卡传递给员工，被人称为"信条卡"。在丽思卡尔顿，无论是总经理、高管还是普通员工，每个人都会随身携带一张这样的信条卡，上面明确写有"黄金标准"的全部内容，包括信条、座右铭、优质服务三步骤、员工承诺以及十二条服务信念。在全球每一家丽思卡尔顿酒店，每天开始迎接客人之前，管理层都会带领员工对袖珍信条卡进行学习，为员工示范关键的动作要领和肢体语言，彼此交流心得，以便为客人提供更优质的服务。在这种长久而强化性的学习氛围下，丽思卡尔顿成功地将日常运营和企业文化进行了关联，同时也将企业的愿景、使命和价值观快速持久地传递给每一位员工。曾长期研究丽思服务体系的专家，《金牌标准》一书的作者约瑟夫·米歇利博士评价道："你在丽思卡尔顿遇到的每一位员工都可以清晰明确地说出酒店的信条、座右铭和优质服务三步骤。对于酒店的领导者而言，其成功的秘诀就藏在定义明确的黄金标准中，并将这些标准以潜移默化的方式，变成难能可贵的纪律。"

此外，晨列例会时，所有员工与经理们集合到一起，重申公司的"质量承诺"，表扬出色的服务并强化管理目标。在世界各地，酒店每日的训言都是一成不变的："超越客人的期望，是公司最重要的使命。"每名员工每年都要接受100多个小时的客户服务培训。大约一半的丽思卡尔顿员工都属于某个具有授权的自我指导工作团队。这些团队发起了许多服务创新，从而提高了客人的满意度并增高了利润率。

3. 员工授权

员工授权是指非管理人员在不征求上司或经理意见的情况下做出决策的方式。这些决策可以是小的，也可以是大的。

丽思卡尔顿有一个闻名遐迩的规定，就是任何一位员工，无论是客房服务、门童，还是行李员，无须上级批准，都有2 000美元的额度去服务有需要的客人。正是因为这个授权，客房人员会在发现客人落在房间的护照时，立刻打车到机场，从洛杉矶追到旧金山，在客人出国之前送还护照。这么做的目的是希望员工抛开束缚，尽情用周到的服务给顾客的感官和想象以惊喜，让顾客深深烙进记忆。

丽思卡尔顿在培训与服务方面的投资已取得了令人称道的成果。因遵循全面质量管理（TQM）原则，在客人满意度调查的多项调查中，丽思卡尔顿酒店公司均获得了最高评价。近乎满分的客人回头率，以及远远高出同业平均值的员工保持率，使丽思卡尔顿节约了成本，提高了利润。

丽思卡尔顿酒店曾一再摘取"亚洲最佳雇主"和"中国最佳雇主"殊荣，今天，当越来越多的世界一流企业在学习丽思卡尔顿酒店的管理智慧时，信任并尊重员工成为学习的重要一环。

（五）企业文化

除了信任与尊重员工外，丽思卡尔顿在企业管理与顾客服务中，都全面贯彻企业文化，让丽思卡尔顿金牌标准渗透酒店上下。

丽思卡尔顿企业文化反复强调的宗旨是，永远把注重每个客人的个性化需要放在第一位，为每一位客人提供真正热情体贴的服务。所有员工每日都要时时提醒自己，他们是"淑女与绅士为淑女与绅士服务"，并且他们必须积极热诚地为客人服务，预见客人的需要。丽思卡尔顿要求每一名新员工都能自觉奉行公司的标准，这些标准包括"信条""服务三步骤""座右铭""二十个基本点"及十二条"服务准则"。

（1）信条。

①丽思卡尔顿以客户得到真诚关怀和舒适款待为最高使命。

②我们承诺为客户提供细致入微的个人服务和齐全完善的设施，营造温暖、舒适、优雅的环境。

③丽思卡尔顿之行能使您愉悦身心、受益匪浅，我们甚至能心照不宣地满足客户内心的愿望和需求。

（2）座右铭。

①我们以绅士淑女的态度为绅士淑女服务。

②我们以绅士淑女的态度为绅士淑女服务，如果您用相应的态度对待我们，我们会非常感谢您，然而，如果客户不能够调整自己的行为，我们酒店领导者就会请他去其他酒店住宿。实际上，我们甚至会为他或她保留预订的房间，如果他

或她的态度好转的话，我们依然欢迎他们入住。

③成为全球雇员心中的最佳雇主就必须在公司内部营造一种互相尊重的氛围。

（3）优质服务三步骤。

①热情真诚地问候客人，亲切地称呼客户的姓名。

②提前预期每位客户的需求并积极满足。

③亲切送别，亲切称呼客户姓名，热情地告别。

（4）二十条基本点。

①信条是丽思卡尔顿酒店的首要信仰，必须广为传诵，为丽思卡尔顿酒店所有，所有员工都应该积极实践。

②我们的座右铭是"我们以绅士淑女的态度为绅士淑女服务"。作为服务行业的专业团队，我们敬重每一位客户和员工的同时，维护自己的尊严。

③"优质服务三步骤"是丽思卡尔顿酒店殷勤招待的基础，和客户的每一次沟通交流过程中都应当运用这些步骤，以确保客户满意，维护客户忠诚度。

④员工的承诺是丽思卡尔顿酒店工作环境的基础，所有员工都应当得到满足，并心存感激。

⑤所有的员工都将成功而完整地获得岗位年度培训认证。

⑥公司的目标向所有的员工传达，每个人都应该以实现目标为己任。

⑦为了增加工作场合的自豪感和乐趣，所有员工都有权参与将影响其工作的计划。

⑧持续不断地识别酒店全范围内存在的缺点是每一位员工的责任。这些缺点包括错误、重做、故障、无效率行为和偏差。

⑨每一位员工都对创造团队合作的环境和提供"边缘服务"身负其责，以确保我们的客户和其他员工的需要得到满足。

⑩授权全体员工。例如，当客户提出某一种特殊需要时，作为员工，应当突破正常的职责范围和工作地点，去解决客户的问题。

⑪全体员工对酒店的清洁都负有不容推辞的责任。

⑫为了能给我们的客户提供贴心的个性化服务，识别和记录客户的个人偏好是每一个员工的责任。

⑬永不失去任何一位客户。瞬间平息客户的怒气是每一位员工的责任。任何人接到投诉后，都应该视为自己的责任，直到客户的问题得到圆满解决，并予以记录。

⑭"保持微笑——我们在舞台上。"始终保持积极的目光接触。对于客户和其他员工都应当使用得体的词汇。

⑮在你的工作场所内外，都应该自认是酒店的大使，保持交谈的积极性，就任何疑虑与恰当的人沟通。

⑯护送客户，不要仅仅为其指向目的地，要亲自陪同其到达目的地后，方可离开。

⑰使用丽思卡尔顿酒店的电话礼仪：电话铃响三声以内接起电话，并使用可视为"微笑"的口气应答。必要时称呼客户的姓名，需要时询问来电方："我为您接通好吗？"不要为来电方接通酒店的可视电话。尽可能地消除呼叫转移。遵守语音邮件的通话标准。

⑱注意个人仪表并努力做到引以为豪。遵守丽思卡尔顿酒店的着装和修饰标准，传递专业形象是每一位员工的责任。

⑲考虑问题安全第一。每位员工都对来宾和其同事创造一个安全、可靠和无事故的环境负责。全体员工都要熟知所有消防和安全紧急应变程序，及时报告安全风险。

⑳保护丽思卡尔顿酒店的资产是每一位员工的责任。节约能源、妥善维护我们酒店设施、确保环境安全无忧。

丽思卡尔顿清楚地认识到吸引、拥有并保持出色的员工群体是公司的首要任务。公司培训员工的方法是以此为基础的。丽思卡尔顿酒店公司为自己能在酒店业多年保持低的人员流动率而感到自豪。这一培训方法被世界各地的众多公司作为经典模式进行引用和效仿。

二、案例分析

（一）启发思考

丽思卡尔顿酒店以优质的服务质量与态度而闻名，但其是如何准确定位消费者期望，并在庞大的酒店部门体系中达成各部门各司其职、相互配合以提供高质量服务的目标的？以下四个问题可供学生思考、更好地理解案例。

（1）丽思卡尔顿酒店是如何打造金牌服务的？结合旅游接待业服务类别进行思考。

（2）丽思卡尔顿酒店是如何划定服务框架的？结合旅游接待业的服务设计进行分析。

（3）丽思卡尔顿酒店是如何保证顾客满意度的？结合服务感知进行分析。

（4）丽思卡尔顿酒店能使用何种方法进行服务质量评价？从旅游消费者、旅游接待业企业两方面进行分析。

（二）分析思路

本案例描述了丽思卡尔顿酒店目标客户群定位、服务及产品提供、酒店员工培训与考核、顾客满意度测量四方面的企业战略。帮助学生从实例中学习旅游接待业企业服务框架的建立。本案例的分析思路，详见图8-1。

（三）理论依据

本案例中，丽思卡尔顿服务框架是依据本章旅游接待业服务的内涵、旅游接待业服务的设计、旅游接待业服务感知过程与旅游接待业服务质量评价四部分内容进行分析讨论的。

（四）关键要点

1. 丽思卡尔顿酒店是如何打造金牌服务的？结合旅游接待业服务类别进行思考

从旅游接待服务提供者的角度来看，旅游接待业企业通过服务设计进行旅游接待业服务的开发，为旅游消费者提供服务包。服务包既包括设施设备和服务环境等有形服务，也包括服务者的服务态度、服务技能、服务效率、服务方式等无形服务。

（1）有形服务。

旅游接待业中的有形服务是无形服务的物质载体，为服务接待的正常运营提供了空间，包括设施设备与服务环境。

①设施设备。设施设备是旅游接待业服务提供者为旅游消费者提供服务的主要物质依托，其舒适程度直接影响旅游消费者的旅游体验。丽思卡尔顿酒店为最

理论依据	案例情景	启发思考题
旅游接待业企业服务包括设施设备与服务环境设计等有形服务，也包括服务者的服务态度、服务技能、服务效率、服务方式等无形服务	丽思卡尔顿酒店的酒店建筑、房间设计均考虑了当地景观文化与顾客需求；服务态度、技能、效率也用企业文化、员工培训、全球档案系统等方式加以管理	丽思卡尔顿酒店是如何打造金牌服务的？结合旅游接待业服务类别进行思考
旅游接待业的服务设计包括服务设施的设计、服务环境的设计和服务流程的设计	丽思卡尔顿酒店的商标、酒店建筑的设计传达出了其优雅、精致、皇室典范的服务理念。且在服务程设计中，通过企业目标定位和消费者研究紧扣目标消费者群体，再利用产品设计和可行性分析完成服务与产品设计	丽思卡尔顿酒店是如何划定服务框架的？结合旅游接待业的服务设计进行分析
服务感知指旅游消费者在服务过程中的心理活动过程；服务感知在服务接触中产生。当服务感知大于服务期望时，消费者满意度就会达到较高水平	丽思卡尔顿酒店一方面通过企业文化、员工培训等保障服务质量，一方面通过员工授权进行服务补救	丽思卡尔顿酒店是如何保证顾客满意度的？结合服务感知进行分析
旅游接待业企业可以通过SERVQOAL模型进行消费者评价测量，利用例行考核、专项质评、企业优选等方式进行自我评价	丽思卡尔顿通过员工培训与考核、神秘顾客不定期访问进行企业自我评价。根据学者使用SERVQUAL模型进行的消费者评价，丽思卡尔顿酒店消费者满意度较高	丽思卡尔顿酒店能使用何种方法进行服务质量评价？从旅游消费者、旅游接待业企业两方面进行分析

图 8-1　丽思卡尔顿服务框架建设分析思路

大限度提升住客体验，制订了酒店建筑的建设准则，分别包括每间客房都配有私人浴室、客厅小而私密，提供更个人化的宾客体验；公共区域装饰大量鲜花；在服务人员着装和产品配给上，丽思卡尔顿要求服务员佩戴白色领结、穿围裙制服，餐厅领班佩戴黑色领结，所有其他职员穿西装，展现出正式而专业的仪表；客房内使用更轻盈的布料，以便彻底清洗；提供点菜式用餐，以便宾客用餐选择。

②服务环境。服务环境是旅游接待服务提供者和旅游消费者接触的环境空间。其不仅在空间设计上应满足人们的便利性需求，还要求服务环境卫生、整洁、安全。丽思卡尔顿在提供客房、餐饮、会议室等酒店产品上，均要求设备齐全、地理环境优良、产品种类丰富。酒店大多配备三类餐厅分别提供当地菜肴、自助菜肴及异域菜肴，鸡尾酒吧与露天酒吧提供休闲娱乐放松场所，宴会与会议场地面积巨大、会议设备齐全，客房豪华舒适，通过落地窗可尽享魅力城景，为顾客提供尊尚服务及贵宾体验。

(2) 无形服务。

旅游接待业中无形服务通常包括服务者的服务态度、服务技能、服务效率、服务方式、服务氛围。

①服务态度。服务态度是旅游接待服务提供者在提供服务过程中表现出的主观意向和心理状态，这要求服务提供者有足够的耐心、爱心与热心，为旅游消费者提供优质的服务，并虚心接受建议和批评。丽思卡尔顿从员工聘用到员工培训，都全力让员工为住客提供最好的服务态度。丽思卡尔顿挑选员工的过程中，任何一个岗位都需要通过12次面试，他们认为其中最为重要的部分是由将来一起工作的团队同事进行面试，只有这样才能找到"发自内心愿意服务的人，能融入团队的人"。另外，丽思卡尔顿"黄金标准"被精练易懂地打印在一张三折卡传递给员工，上面明确写有"黄金标准"的全部内容，包括信条、座右铭、优质服务三步骤、员工承诺以及十二条服务信念。在全球每一家丽思卡尔顿酒店，每天开始迎接客人之前，管理层都会带领员工对袖珍信条卡进行学习，为员工示范关键的动作要领和肢体语言，彼此交流心得，以便为客人提供更优质的服务。

②服务技能。服务技能是旅游接待服务提供者完成旅游接待服务所需要具备的技术基础，是服务质量的重要保障。丽思卡尔顿员工每人每年都要接受100多个小时的客户服务培训。大约一半的丽思卡尔顿员工都属于某个具有授权的自我指导工作团队。这些团队发起了许多服务创新，从而提高了客人的满意度并提高了利润率。

③服务效率。服务效率是在有限的时间内企业服务效益的反映，对于旅游接待业企业而言，高服务效率意味着可以接待更多的顾客。丽思卡尔顿利用全球共

享的系统档案记录顾客喜好，不仅让每一位顾客在全球任何一家丽思卡尔顿酒店都能享受宾至如归的入住体验，同时也减少了烦琐的文书工作，减免了多次重复记录住客信息的手续，提高员工工作效率。

④服务方式。服务方式是服务提供者向旅游消费者提供服务的形式，对旅游消费者的服务感知有着重要的影响。根据时代的发展和市场需求的变化，需要创新服务方式，从细节服务、人文服务、智慧服务等方面进行提升，提升服务的附加值。丽思卡尔顿的任何一位员工都有2 000美元的额度去服务有需要的客人，这使得员工得以在不征求上司或经理意见的情况下做出决策。就是因为有了这2 000美元的授权，让员工得以抛开束缚，用周到的服务提供给顾客别具一格的入住体验。

⑤服务氛围。服务氛围是旅游接待服务提供者和其他旅游消费者共同营造的氛围，对旅游消费者的服务质量感知有着重要的影响。丽思卡尔顿的座右铭"我们以绅士淑女的态度为绅士淑女服务"及其他企业文化贯彻酒店上下，每一位员工都为之自豪，更将丽思卡尔顿的服务保障传达给顾客。每一位入住丽思卡尔顿的顾客，都深信自己的需求将得到最大化的满足，深信丽思卡尔顿酒店是酒店业服务的典范。

2. 丽思卡尔顿酒店是如何划定服务框架的？结合旅游接待业的服务设计进行分析。

旅游接待业服务设计包括服务设施的设计、服务环境的设计和服务流程的设计。

（1）服务设施设计。

旅游接待业服务设施作为旅游接待过程中的有形展示，不仅是物质载体，而且还承担着辅助服务功能，如餐厅的桌椅、主题公园的娱乐设施等，同时也发挥着传递信息的作用，如指示牌传递方向信息、品牌商标传递文化形象等。丽思卡尔顿商标中，皇冠代表皇室贵族，而狮子则代表财富。丽思卡尔顿标识传承着高贵优雅与精致得体的文化精髓：优雅、精致与皇室风范。

（2）服务环境设计。

旅游接待业服务环境作为服务接待过程发生的空间，可以影响旅游消费者的情绪状态甚至消费决定。旅游消费者对服务环境的感知是通过视觉、听觉、嗅觉、触觉来实现的。

坐落于日光市的日光丽思卡尔顿酒店从选址到酒店建设,都将当地历史文化、自然风光与顾客体验列入考量,打造出了首屈一指的酒店风光。日光丽思卡尔顿建筑面向中禅寺湖、白根山、男体山三大美景配置了三栋客房楼,将建筑融合于周围环境之中。主体建筑通过采用直线构成的设计,烘托神秘幽寒的土地氛围,并与充分利用了高大冷杉树的风景相映成趣。同时设计了似悬于湖面的餐厅楼与湖畔凉亭,更配合建筑群设计了多个不拘一格的特色庭院。景观设计作为体现日光地区多样的自然缩影,充分利用了日光市的树木、灌木、石材和地形。

(3) 流程设计。

对于旅游接待业企业而言,服务的开发要立足于自身的目标与定位以及明确的服务内容。基本的旅游接待业服务开发过程包括以下四个方面。

①企业目标定位。在进行旅游接待服务的设计前,需要首先进行组织目标定位。丽思卡尔顿将顾客定位为那些愿意支付且能够支付高级住宿房间和一流个人服务的旅行者和度假者。在国际高档酒店业,丽思卡尔顿被公认为首屈一指的超级品牌,曾获 1992 年美国国家质量奖。不管在哪个城市,只要有丽思卡尔顿酒店,通常都是国家政要和社会名流下榻的首选。

②旅游消费者研究。对旅游消费者研究包括消费者需求分析、消费心理研究和消费行为分析等。旅游消费者研究可通过多种方式进行,如分析酒店财报以确定酒店消费项目受顾客欢迎程度、浏览 OTA 上的酒店评价信息、与 STR 等数据分析公司合作以取得深入的消费趋势分析等。从不同方式获取的旅游消费者研究结论角度不同,企业应综合多种消费者研究,权衡其特征来预测旅游消费者行为。

③旅游接待产品设计。产品设计是在旅游接待业企业和旅游消费者研究的基础上进行的,不仅要满足旅游消费者的精神和心理、关注旅游消费者的要求与感受,还要兼顾人员、系统和技术方面的要素。在酒店体系里,服务(SERVICE)一般是这样被解释的:

Smile——微笑,提供服务者为宾客提供服务时需要始终面带微笑。

Excellent——杰出,提供服务者要争取出色地完成每一个服务工作的细节。

Ready——做好准备,提供服务者要随时做好为宾客提供优质服务的准备,更要具备主动提供服务的意识，争取在宾客提出要求之前便能注意到宾客需求。

Viewing——看待，提供服务者把每一位客人都看作是需要特殊照顾的宾客，做到给每一位宾客应有的尊重和照顾。

Inviting——邀请，提供服务者在每结束一次服务时都要真诚地并且热诚邀请宾客再度光临。

Creating——创造，提供服务者要精心地创造出能使宾客享受其热情服务的气氛。

Eye——眼光，始终用热情好客礼貌的眼光关注宾客，及时发现客人的需要才能第一时间提供高质量服务，使客人感觉到自己处于被关心的环境里。同时，为了以示尊重，最好要直视、注视着对方。

这七个点正对应了服务这个单词中的每一个字母，很好地诠释了酒店服务行业需要具备的几个基本的要素。酒店将满足这些要素的服务作为其主要产品卖给客人，使客人得到满意，酒店获得相应的利润，对于宾客来说，酒店的服务应该包含五个方面。

第一，核心服务，就是客人所需要的服务当中必不可少的服务，例如，宾客光临酒店购买的价值商品是"客房"，那么舒适、整洁、安静的客房环境就是客人所需的核心服务。如宾客光临酒店购买的商品是"餐饮"，那么美味、卫生和安全的食品就是核心服务。

第二，支持服务，就是促进客人能更好地得到核心服务的一种辅助服务，虽然不是宾客所必需的，但是也同样必不可少。举例来说，酒店的服务中心可提供电话询问或提前订房；客房部的打扫工作、洗衣服务和餐饮部门的预订、接待服务。如果没有这些辅助服务。核心服务是无法圆满顺利地完成的。

第三，附加服务，也叫延伸服务，在核心服务和支持服务的基础之上，酒店提供给客人额外的服务。当今酒店如果想要更多地增加客人满意度，学会设计越来越多、越全面的相应附加服务是必不可少的。它独立于宾客的预期之外，易为宾客带来惊喜，以便留下相当深刻的印象，从而提高客人对酒店的忠诚度。延伸服务使得客人能再次光临酒店成为酒店的忠实顾客，也便于酒店树立自己独立的品牌文化，并且可以相对较为清晰地体现出酒店的规格和档次，例如，酒店的接送机服务，客房送餐等。

第四，服务的可及性，即宾客是不是易于获得酒店服务。酒店的周边环境、地理位置、交通状况、服务效率、配套设施、各项服务提供的时间范围等因素都对其可及性产生了重要的影响。比如位于靠近市中心地区、CBD 商务区、交通枢纽地区的酒店，同等条件下这些酒店入住率必定高于位置偏僻、周边设施不配套的酒店。

第五，员工的服务态度和服务技能。员工的职业的素养、服务的态度、服务的技巧和水平越高，那么客人的服务体验和满意度就相对越好。因此，这也是酒店服务的重要组成部分。

④可行性分析。可行性分析要考虑经济可行性、技术和市场的可行性。可行性分析报告中一般包括酒店管理系统项目总论（总论作为可行性报告的首要部分，要综合叙述研究报告中各部分的主要问题和研究结论，并对项目的可行与否提出最终建议，为可行性研究的审批提供方便）、酒店管理系统项目建设可行性、酒店管理系统项目市场需求分析、酒店管理系统项目产品规划方案、酒店管理系统项目建设地与土建总规、酒店管理系统项目环保、节能与劳动安全方案、酒店管理系统项目组织和劳动定员、酒店管理系统项目实施进度安排、酒店管理系统项目财务评价分析、酒店管理系统项目财务效益、酒店管理系统项目风险分析及风险防控、酒店管理系统项目可行性研究结论与建议等部分。

3. 丽思卡尔顿酒店是如何保证顾客满意度的？结合服务感知进行分析。

服务感知指旅游消费者在服务过程中的心理活动过程。服务感知在服务接触中产生，服务感知与服务期望的比较形成服务差距，当服务感知小于服务期望时，旅游消费者可能会产生抱怨行为；当服务感知大于服务期望时，消费者满意度就会达到较高水平。

对于丽思卡尔顿酒店而言，其服务质量名声在外，自然会导致消费者期望极高。要满足消费者预期，除了做到保质保量提供产品和服务，还要在服务失败时及时采取补救措施。

（1）保质服务。

丽思卡尔顿注重把每个客人的个性化需要放在第一位，为每一位客人提供真正热情体贴的服务。为保证所有员工都能提供高质量服务，丽思卡尔顿制订了"信条""服务三步骤""座右铭""二十个基本点"及十二条"服务准则"，并将它们打印在三折卡上，以便员工能随时参阅。其中，优质服务三步骤简单明了，既便于员工记忆，又能让顾客直观体会到，最能够直观地体现丽思卡尔顿的服务质量。

（2）服务补救。

当旅游消费者感知到服务不好时可能采取行动也可能保持沉默。服务补救就是服务企业针对服务失误和服务问题所采取的弥补性、挽救性行为，对挽回消费满意、提升旅游消费者的服务感知有着重要意义。丽思卡尔顿的服务补救措施主要是依靠员工授权完成的。丽思卡尔顿任何一位员工，无论是客房服务、门童，还是行李员，无须上级批准，都有2 000美元的额度去服务有需要的客人。每个动用了授权的员工，在报销这笔费用时，需要将自己的故事写下来传播出去。在每天的晨会时，由团队中的人轮流分享上报的小故事，再讨论如何在自己的工作中创造这个传奇服务。丽思卡尔顿用了最棒的方法来保障授权，没人会将钱用在自己的亲朋好友身上，因为无法向其他同事和公司交代；也没人会滥用，因为大家的目的都是为了创造独特体验。无数次晨会传播的故事都在提供各种灵感启发员工，丽思卡尔顿用了最高尚也最善良的方法，既极大地尊重和信任了员工，又用这种信任为自己的商业经营提供了保证。

4. 丽思卡尔顿酒店能使用何种方法进行服务质量评价？从旅游消费者、旅游接待业企业两方面进行分析。

（1）消费者评价。

旅游消费者方面的评价是旅游接待服务质量最直接的反应，旅游接待业企业可以通过SERVQUAL模型进行评价测量。

SERVQUAL模型以服务质量差距模型为基础，设计了包括22个问题的调查问卷。2005年10月，有学者对丽思卡尔顿酒店进行大规模抽样调查，历时3周共发出问卷480份，回收460份，其中有效问卷378份，有效问卷率为82.17%。使用SPSS统计软件对调查结果进行数据的描述性统计分析，计算出了此研究中计量指标的平均数和标准差。为了提高模型分析中各个参数的稳定性我们把衡量指标尺度的几个子尺度的项目平均数作为相应概念的计量指标。服务质量测评为5等级记分，其中等水平的记分是2.5。

从服务质量各个指标的平均数来看，因子的平均水平都在中等以上。从标准差得分看服务质量各因子的离散程度不高，表明本样本服务质量各个体之间差异不大。评估服务质量的项目维度均超过了 3.5 分，说明这些饭店质量维度给予顾客感知度比较高，而维度的标准差差别不大。

（2）企业评价。

旅游接待业企业的自我评价属于企业的质量管理内容，一般情况下，企业方的评价方式主要包括例行考核、专项质评、企业优选等。

丽思卡尔顿对员工的培训与考核从员工入职第一天开始。入店培训共分三阶段，第一阶段是部门推选经过认证的部门培训员依据培训资料制订新员工培训计划；第二阶段部门是按照培训计划对新员工实施为期 21 天的岗前培训，为了能够体现新员工的真实水平，丽思卡尔顿还会聘请神秘客户参与检验，客户的反馈意见将为丽思卡尔顿提供了"拾遗补缺"的机会；第三阶段是酒店对部门新员工培训考核工作，除了各酒店都有的新员工技能考核、部门经理对员工工作的定期检查与交流、客人表扬和投诉、日常工作失误率和低效率表现记录等，丽思卡尔顿还增加员工对客人喜好的收集与分享的能力考核。

培训结束后，员工考核工作会多次进行。除了在季度末或年度末进行员工考核外，丽思卡尔顿还使用神秘顾客进行不定期员工考核。神秘顾客（Mystery Shopper）是经过严格培训的调查员，在规定或指定的时间里扮演成顾客，对事先设计的一系列问题逐一进行评估或评定的一种商业调查方式。对于调查结果的利用，不能将短期的直接奖惩作为唯一的处理手段，应该在调查结果所反映出的具体原因部分进行深度反思，探寻其在组织、人员和任务等方面的根本原因，并加以解决。

（五）案例启示

1. 知识背景

丽思卡尔顿在总裁兼首席运营官霍斯特·舒尔茨的领导下持续发展壮大。舒尔茨不仅专注于个人化的服务体验，还看重数据收集为酒店业带来的划时代改革。在他的领导下，丽思卡尔顿酒店接连获得两次马尔科姆·鲍德里奇国家质量奖，因其对各行各业的服务影响而闻名。

丽思卡尔顿执行官莱昂纳多·英格列里创建了丽思卡尔顿学习学院和丽思卡尔顿领导中心，许多世界各地的公司的高管都来学习丽思卡尔顿的服务原则。

2001年，西蒙·库珀加入丽思卡尔顿担任总裁兼首席运营官，库珀主张通过酒店扩张和产品多样化来发展连锁店，并在公司的开发计划中增加了私人住宅单元 Ritz-Carlton Residences 和部分所有权住宅 Ritz-Carlton Destination Club。此后，丽思卡尔顿经历多次领导人变革，产品不断细化和完善，但都始终坚持"淑女与绅士为淑女与绅士服务"的座右铭。

2. 教学建议

本案例可以作为专门的案例讨论课来进行。以下是按照时间进度提供的课堂计划建议，整个案例课的课堂时间建议控制在 80~90 分钟。

课前计划：教师提出启发思考题，请学生在课前完成阅读和初步思考。

课中计划：简要的课堂前言，明确主题（2~5 分钟）；分组讨论（30 分钟），告知发言要求；小组发言（每组 5 分钟，控制在 30 分钟）；引导全班进一步讨论，并进行归纳总结（15~20 分钟）。

课后计划：如有必要，请学生采用报告形式给出更加具体的解决方案，包括具体的职责分工，为后续章节内容做好铺垫。

第二节 协调发展：《"十四五"旅游业发展规划》（思政点案例）

摘　要：《"十四五"旅游业发展规划》回应了多样化的细分消费需求，并充分考虑了国民日益增长的休闲度假消费需求，将旅游空间规划与城市群的发展规划紧密协同。现有的旅游产品与服务仍存在低效且过时的生产方式或陈旧而需求低下的产品，《"十四五"旅游业发展规划》指出，旅游业亟待通过创新、协调、绿色、开放、共享的方式丰富旅游业产品供给、优化旅游业空间布局、拓展旅游业消费体系。本案例通过讨论《"十四五"旅游业发展规划》在大众旅游新时代中提出的发展目标和发展路线，引导学生对旅游接待业服务在"十四五"时期新挑战下的发展方向进行思考。

一、案例正文

受新冠肺炎疫情反复和防控政策影响，2021 年我国旅游市场表现疲软，市场预期的"报复性增长"并未到来,行业发展亟须提振信心。日前,《"十四五"旅游业发展规划》(以下简称《规划》)公布,科学研判了"十四五"时期大众旅游进入全面发展阶段所面临的新形势、新挑战,围绕推动旅游业高质量发展的主题,以满足人民日益增长的美好生活需要为根本目的,为我国加快建设旅游强国指明了前进方向。"《规划》体现了党中央、国务院对旅游业的高度重视,这对于正在经历最艰巨挑战、最漫长复苏和最深刻变革的旅游业而言,无疑是现阶段最大政策利好。"中国旅游研究院院长戴斌如是说。

(一)大众旅游新时代

"新冠肺炎疫情的发生是在过去两年,也是'十四五'前半段旅游业发展最大的影响因素,但从总体上看,旅游业仍处于高质量发展的战略机遇期。"戴斌这样表示。随着居民收入水平不断提高,旅游消费已经成为我国居民消费的重要组成部分。"十三五"期间我国年人均出游超过 4 次,旅游成为小康社会人民美好生活的刚需。北京第二外国语学院旅游科学学院副院长邓宁说:"我国人均GDP 已超 1.2 万美元,人们在精神、文化、休闲层面的消费占比将不断升高,旅游业市场规模、社会价值将长期利好。"这正是实现旅游业高质量发展坚实的市场基础。

在疫情期间,微旅游、微度假成为行业热词和市场主体创新的重要方向。虎年春节假期,本地游、周边游的热度不减。戴斌说:"增长的意愿、升级的消费和下沉的市场,是旅游业复苏的信心所在,也是实现高质量发展的动力所在。"按照《规划》判断,"十四五"时期,我国将全面进入大众旅游时代。这不仅意味着出游人群将进一步扩大,出游频次将进一步增加,更意味着人民群众的旅游消费需求发生了改变,将从低层次向高品质和多样化转变,由注重观光向兼顾观光与休闲度假转变。

需求的改变对旅游业高质量发展提出了新要求。如何从供给侧发力,更好满足大众旅游消费需求,让旅游有效供给、优质供给、弹性供给更为丰富?《规划》从完善旅游产品供给体系、拓展大众旅游消费体系等方面明确了"十四五"旅游业发展的重点任务。邓宁说:"满足大众旅游新需求,需有更完善的基础和配套设施支撑,更富有吸引力的消费场景、更高质量的产品创意和服务,需要依靠科技赋能带来更多虚实结合的全新体验,也需要推动文旅进一步融合,带给消费者更丰富的选择。""全面进入大众旅游时代，需用新理念、新思维将旅游要素融入更多领域，凝聚更多力量，推动'旅游+'发展，以此对接更加多层次、多样化的旅游消费需求。"河南大学文化产业与旅游管理学院教授陈楠这样表示。

（二）要素驱动转向创新驱动

疫情给旅游业带来前所未有的挑战，凸显创新对于旅游业发展的重要性。依靠创新体制机制、应用先进技术，旅游业的管理效率大幅提升，旅游企业经营方式做出调整，全新的旅游产品和服务应运而生……困境之下，创新成为重塑旅游业的重要力量。"过去40年，旅游业之所以取得举世瞩目的成就，并不完全是资源开发和市场创新的结果，而是享受了开放和人口红利。即使没有疫情，传统红利窗口也会关闭。科技创新、文化创意等正在取代传统的自然、历史和人文资源，成为现代旅游业发展的新动能。"戴斌这样告诉记者。

北京交通大学旅游管理系教授张辉说："《规划》将坚持创新驱动发展作为'十四五'旅游业发展的重点任务，标志着我国旅游发展方式发生了重大调整，即从要素驱动转向创新驱动。这不仅是个实践问题，也是个理论问题，需要从业者认真思考，精心布局。"我国旅游业要实现高质量发展，在注重技术创新以外，尤其要关注制度创新，从需求侧入手，通过制度创新释放消费需求，同时要研究管理创新，更好发挥协会、商会等组织的作用。

中国旅游研究院战略研究所博士韩元军说："高度重视创新驱动是旅游业高质量发展的内在要求，旅游业亟须从资源、资本等初级要素驱动向高技术、高素质人力资本驱动转变，加快推动新技术在旅游领域的应用普及，同时要用新技术改造传统酒店、景区、饭店等业态，为传统产业赋能。"邓宁说："旅游的多元性与综合性，决定了旅游业创新是个广泛的概念，包括资源利用、产品设计、服务理念、跨界融合、消费场景、科技运用等诸多方面。"总体而言，其核心是利用科技，特别是"互联网+"驱动旅游这一传统业态实现数字化转型，一方面创造新的旅游场景和体验，另一方面提升各环节效率和效能。

（三）旅游空间新格局

"综合考虑文脉、地脉、水脉、交通干线和国家重大发展战略，统筹生态安全和旅游业发展，以长城、大运河、长征、黄河国家文化公园和丝绸之路旅游带、长江国际黄金旅游带、沿海黄金旅游带、京哈—京港澳高铁沿线、太行山—

武陵山、万里茶道等为依托,构建'点状辐射、带状串联、网状协同'的全国旅游空间新格局。"《规划》首次站在全国层面从空间角度对我国旅游业发展进行了整体布局。陈楠表示,构建旅游空间新格局是综合考虑了自然、人文、生态、交通、经济等国家重大发展战略的结果,将旅游业从全国层面布局,说明旅游业在今后的经济社会发展中将发挥更重要的作用。"旅游业不仅将发挥扩大内需、带动经济发展的作用,还将为建设文化强国、展示全新的中国形象贡献更大力量。"

专家表示,优化旅游空间布局是一个长期过程,从区域范围看,要完善交通等设施,发挥目的地辐射带动作用,形成各具特色、相互补充的联动发展;从城市层面看,城乡规划要充分考虑生活休闲布局,实现旅游精细化、特色化提升。邓宁认为,目前我国旅游发展在区域上还存在不平衡的问题。"对东、中、西部的差异化发展定位应更加明晰,对旅游的区域性特征及目的地类型需进一步明确,对疫情发生后异地旅游与城市周边休闲旅游的格局变化需要更加关注。"他表示,《规划》的出台将针对现存的问题,加快构建起推动高质量发展的旅游空间布局和支撑体系。

二、案例分析

(一) 思政结合点

明确新时代我国社会主要矛盾是人民日益增长的美好生活需要和不平衡不充分的发展之间的矛盾,必须坚持以人民为中心的发展思想,发展全过程人民民主,推动人的全面发展、全体人民共同富裕取得更为明显的实质性进展。

习近平总书记在党的十九大上指出:"中国特色社会主义进入新时代,我国社会主要矛盾已经转化为人民日益增长的美好生活需要和不平衡不充分的发展之间的矛盾。"

进入新时代,经过改革开放后几十年持续快速发展,我国综合国力显著增强,稳居世界第二大经济体。同时,我国发展不平衡不充分的问题仍然突出:发展质量和效益还不高,创新能力不够强,实体经济水平有待提高,生态环境保护任重道远,民生领域还有不少短板,社会治理还有弱项,脱贫攻坚任务艰巨。

从"高速增长"到"高质量发展",从"衣食无忧"到"高品质生活",要聚焦国情国力、人民需求变化，实现从"有没有"到"好不好"的深刻转变。

这是对发展内涵的扩展，聚焦"人民日益增长的美好生活需要"。从解决温饱到全面小康，人民群众不仅对物质文化生活提出更高要求，而且对民主、法治、公平、正义、安全、环境等方面的要求也日益增长。旅游业的发展，也要顺应高质量发展与创新发展的新时代需求，必须实现创新成为第一动力、协调成为内生特点、绿色成为普遍形态、开放成为必由之路、共享成为根本目的的高质量发展，推动经济发展质量变革、效率变革、动力变革。

（二）案例思考题

（1）党的十九大根据发展阶段和社会主要矛盾的重大变化，明确提出我国经济已由高速增长阶段转向高质量发展阶段。在高质量发展阶段，旅游接待业服务存在哪些问题？

（2）当前，我国社会主要矛盾已经转化为人民日益增长的美好生活需要和不平衡不充分的发展之间的矛盾。不平衡不充分本质上是发展质量不高。在经济体系中，我们有些领域已经接近现代化了，有些还是半现代化的，有些则是很低效和过时的。在你的日常经验中，旅游接待业服务是否存在着低效和过时的领域？

（3）高质量发展就是体现新发展理念的发展，必须坚持创新、协调、绿色、开放、共享发展相统一。旅游接待业该如何坚持创新、协调、绿色、开放等理念？

（4）高质量发展是以人民为中心的发展。人是经济体系的基本组成部分，涉及需求和供给两个方面，既是消费主体，又是生产和创新的主体，是最具活力的生产要素。满足人民需要是社会主义生产的根本目的，也是推动高质量发展的根本力量。在高质量发展时代，人民为旅游接待业提出了哪些新需求？

第九章　旅游接待业管理

第一节　客户关系：莫干山民宿的管理和服务（知识点案例）

摘　要：莫干山已然成为民宿的代名词，莫干山民宿以"民宿＋旅游"为主打，探索了一条独具特色的乡村振兴之路，并体现出客户关系管理在旅游接待业中的重要性。本案例描述了莫干山如何在十年间从一个资源优秀但经济效益低的乡村发展到吸引全国乃至全球的目光，并成为中国乡村度假旅游创造的乡村振兴样本。案例从旅游接待业管理的视角回顾了莫干山民宿十年来的发展历程、不同的历史阶段的特征，介绍了莫干山的特色民宿，在此基础上，可以引导学生分析哪些因素推动了民宿的发展，以及在客户关系管理策略上的具体体现，并启发学生以头脑风暴方式思考民宿的未来是否是标准化。

一、案例正文

（一）案例背景

如今说到民宿，必提莫干山，说到莫干山，必谈民宿，莫干山已然成为民宿的代名词，甚至被《纽约时报》评选为全球最值得一去的 45 个地方之一，这里到底有何制胜的不二法门，吸引着全国乃至全球的目光？莫干山民宿是一个概括性称呼，并不是特指某一个民宿，而是莫干山风景名胜区周围积聚的民宿群，各民宿呈点状分布在莫干山周围，宛若散落在青山绿水间的一颗颗明珠，闪耀着独特的光芒。一幢幢村宅经过修葺、翻新，变身成一间间民宿，结合村庄里的美景、美食，吸引着五湖四海的游客，莫干山以"民宿＋旅游"作为主打，探索了一条独具特色的乡村振兴之路。那么，到底是什么促成了莫干山民宿的名气和人气？

（二）开荒南野际

1. 莫干山

（1）区位优势明显。

莫干山位于浙江省湖州市德清县，地处沪、宁、杭金三角的中心，莫干山脚下的德清筏头乡，距杭州、湖州55千米，离上海不过210千米，离南京也就250千米，09省道贯穿全境，104国道、宣杭铁路、杭宁高速公路傍侧而过。上海是现代化大都市，南京和杭州是古城古都，更是目前旅游的热门城市，在如此优越的地理位置上，为莫干山人气的汇集提供了无限可能。

（2）自然资源丰富。

自然资源丰富，是依托又是民宿的构成。莫干山本身是国家AAAA级旅游景区、国家级风景名胜区、国家森林公园，景区面积达43平方千米。莫干山山峦连绵起伏，秀丽多姿，虽不及泰岱之雄伟、华山之险峻，却以绿荫如海的修竹、清澈不竭的山泉、星罗棋布的别墅、四季各异的迷人风光称秀于江南，享有"江南第一山"之美誉；奇山异水，清新典雅，素有"清凉世界"之美誉，与北戴河、庐山、鸡公山并称为我国四大避暑胜地。

（3）人文历史深厚。

众多的历史名人，为莫干山赢得了巨大的名人效应。莫干山，因春秋末年吴王阖闾派干将、莫邪在此铸成举世无双的雌雄双剑而得名。鸦片战争后，清廷签订了一系列不平等条约，美、英、德、法、俄等外国势力开始染指于此，纷纷在山上建别墅、筑教堂，莫干山沦为外国人可自由居住的天堂。由于传教士梅生等人将在此所见所闻刊于外文报上，故此，莫干山声名鹊起。洋文化，从那个年代就已经开始与莫干山"结缘"。换句话说，莫干山本身就是一个休闲旅游的胜地，各种配套早就齐备，这是莫干山民宿光大的基础，可谓直接站在"巨人的肩膀上"。

（4）建筑遗迹众多。

大量名人留下了难以计数的诗文、石刻以及200多幢式样各异、形状美观的名人别墅。这200多幢别墅形象丰富、无一雷同，分别代表了英、法、美、日、俄等10多个国家的建筑风格，使莫干山素有"世界建筑博物馆"之美称。其中，皇后饭店，毛泽东下榻处，张云逸在此疗养，陈毅多次前来探望；武陵村，蒋介石度蜜月、参加会议等多次在此下榻；白云山馆，为国民政府外交署长黄郛所建，周恩来与蒋介石曾在此进行了国共和谈；静逸别墅，国民党元老张静江的别墅；林海别墅，杜月笙、张啸林的别墅。这些数目繁多的建筑，本身就是独具魅力、文化底蕴深厚的住宿依托。

2. 乡村改造者

十几年前，和许多资源优秀的乡村一样，莫干山散落的乡村依然守着青山绿水不知何去何从。这里有莫干山风景名胜区，但景区属于浙江省，本地享受不到任何门票收益；该地又作为湖州水源保护地，所有产生污染的畜牧业、加工业都被清退。整个乡村，几乎没有除了小农耕作之外更多的收入来源；小农户经营一年，劳动力投入和收入完全不成正比。小农经济已衰落，年轻人留在村里，也看不到什么希望，他们宁愿离开土地去城市，留下很多凋敝的建筑，社区被废弃，没有业态发展。这里和现实中大多数乡村一样，生产力有限，除了种地，只有漫山遍野的竹林和茶园，在当时产生的经济效益十分有限。

（1）外来知识分子和民间组织。

外来的、怀着乡村再造梦想的知识分子和民间组织是莫干山乡村改造的中坚力量。过去十年是美丽乡村建设的十年，政府牵头各类规划，提供各个名目的资金补助，农村建设风风火火地开展着。放眼望去，有效果却也许不是你心里理想的乡村模样。莫干山来了一些人，这些人怀着乡村再造梦想，有设计师、画家、文人，还有各类组织以及经营者。至此，莫干山乡村改造的大幕徐徐拉开。

这些具有开阔眼界、满怀情怀的中坚力量，区别于任何政府组织的规划及建设，带来了先进的乡创理念、清新的文艺气息以及建设资金。他们散落在莫干山，寻找他们认为可以保护和创造的乡村景观，延续莫干山千年的文化，同时注入新的生机和元素。如朱胜萱，寻找到了庾村被废弃至今的蚕种场，那正是黄郛当年进行农村改造的生产基地。他利用庾村这11间蚕种场房舍，来做文化市集，其旧的建筑和格局都完整保存下来，加以修补和美化。

他们反复设计，不断推敲，一个个模型、一张张图纸不断出现，既洋气又接地气的莫干山乡村改造开始了。莫干山的洋气在于，洋人来了，洋家乐来了，洋设备来了，漂洋过海的乡创理念来了，景观透露着各种风格，不再局限于乡村的古朴，建筑改造成清新不浮夸但处处有细节，甚至开启了村民们闻所未闻的文化集市。莫干山的接地气在于，竹子、茶园、桃树、梨树、杨梅树等等统统保留，良田还是良田，山林还是山林，那些建筑和景观如自然长出来一般，既生态又和谐，被改造的景观还尽量用上了本土材料。竹子成为造景的一大主角，当地的石材也成为房屋装饰的一大主题，具有莫干山特色的石材挡土墙就是一大标志。被保护、被设计、被精心搭配的景观和建筑，是各方力量共同努力的结果，而这结果村民接受，游客喜欢，政府支持，设计师实现梦想，多赢且可持续发展。

（2）德清县政府。

在中坚力量进行改造的同时，当地政府也开始重视这样的变化。普通的乡村建设改造无法配套中坚力量建设的项目，公共改造部分充分吸收了这些项目的原有特色，不浮夸，不盲目，重视借鉴和融合。以外立面改造和车站改造为例，这两项政府主导的工程，不输莫干山任何其他的项目，保留了原有建筑，恢复民国风格，统一、整洁，比许多电影里的民国街道背景更胜一筹。在裸心谷、安缇缦等度假酒店设计了石材堆砌的挡土墙以后，莫干山主路及街道边侧的挡墙迅速跟进。再如，莫干山漫山遍野的竹子，当地人已习以为常，当一些项目中点缀的竹子收到很好的效果以后，许多街边及房前屋后，也出现了一丛丛的竹子。

一个开放学习、包容各种文化，并愿意对美好改变支持到底的地方政府，是值得尊敬的。"政府敢担当，服务前置，勇于尝试"也是莫干山西坡民宿集团（简称"西坡"）创始人、莫干山民宿协会会长钱继良的最大感受。2009年，钱继良在劳岭村一口气租下了8幢房子改造为民宿。"如果说有些人租老屋做民宿是为了满足还乡的情怀，那么我敢拿下8幢房子，是因为我看好乡村发展的未来。"谈到乡村振兴，钱继良的话匣子一下子打开了。钱继良是地道的德清人，和许多人一样，年轻时，为了寻发展，离开了自己的家乡到城市去打拼。"2008年、2009年我不断下乡，并在山里前后待了大半年，长期的亲近乡土改变了我很多，我怀念小时候简单朴素的生活。""'裸心谷'打开了德清人的眼界，也直接提升了德清民宿的品质和档次。"提到在德清发家的裸心谷，老钱毫不吝啬自己的赞美，他认为裸心谷的出现，为莫干山民宿打了个好样，莫干山的民宿直接跨越了农家乐的阶段。"莫干山采用'外来引领+返乡创业'的模式，奠定了莫干山民宿的行业高地地位。"老钱说。2013年，莫干山的精品民宿有40多家，2016年突破了100家，目前有1000家以上，85%是由返乡创业者经营。

(三) 守拙归田园

从几栋废弃的农民住宅出发，10余年时间，莫干山的民宿实现了从"1.0版本"到"3.0版本"的进阶，成长为全国民宿产业的高地。莫干山镇旅游办公室主任闵瑛说，莫干山民宿在超过10年的发展历程中，共经历了3个不同的历史阶段，分别对应3种不同的特征与形态。

第一阶段，2007年至2012年期间，彼时的莫干山名宿尚处在"1.0版本"，以"裸心乡"为代表，走旧房改造之路，基本保持着房屋的原结构，体现美式乡村的风格。2007年之前，莫干山镇依然秉持着"靠山吃山"的地方经济发展路径，农业、毛竹、茶叶与果园为务农者世代依赖的生存之基，越来越多的人选择背井离乡，外出寻求发展机遇。直至2007年，南非籍人士高天成到莫干山游玩，被当地幽静的自然环境吸引，便租下几栋闲置的泥坯房进行改造，成立了裸心谷民宿。在高天成的带动下，先后有瑞典、韩国、荷兰等多个国家的外国友人及上海等地客商来此租房。除"裸心谷"之外，他们还带动了老树林、枫华、西坡29等一批"洋家乐"民宿的兴起。自那以后"洋家乐"像一把时光之匙，迅速开启了莫干山民宿经济快速发展的大门。

第二阶段，2012年至2013年间，莫干山民宿进入"2.0版本"，这一阶段的莫干山民宿开始发展壮大，逐渐全国知名。德清县2012年的政府工作报告中，提出要培育以"洋家乐"为代表的旅游新业态。莫干山民宿产业开始走精品化、高端化的路线。"2.0版本能够体现设计师的自身元素与特点，"闵瑛告诉记者，"2.0版本"时，莫干山民宿不只是在旧房基础上的改造，还有很多新建的民宿出现，建筑风格上更加注重现代感，设计更符合年轻人的口味。

第三阶段，经历了10年成长，莫干山民宿经济正迎来产业的成熟期，实现从"1.0"到"3.0"的进阶，"3.0版本"的民宿不同于传统民宿仅有一人管理的模式，而是团队操作，开始走向偏酒店化、标准化的道路，"既有城市中酒店的标准，也有民宿管家式的服务特色"。民宿经济的快速崛起，带动了当地也带动了当地金融、客运、餐饮、建筑装修和农业特产等领域，拉动了县域经济转型，使得旅游产业俨然已经成为当地支柱型产业。莫干山已经聚集了550多家民宿，其中精品民宿有56家。2018年春节期间，莫干山接待国内外游客17.83万人次，实现旅游收入1.96亿元，其中民宿接待游客5.46万人次，实现直接营业收入达到 6 100 万元。

（四）管理体系

1. 土地政策改革

作为"停不下来"的改革试验田，德清除了"农地入市"全国第一宗、登记第一证、抵押第一单，还深入实施农村宅基地制度改革，印发了第一个基于"三权"分置的农村宅基地管理办法，办法明确"通过盘活闲置农村宅基地和地上房屋，经批准可以发展民宿等新产业、新业态"，突破了集体土地、农村宅基地和农民用房可以用于民宿经营这一关键问题。

沿着蜿蜒的山路往莫干山深处行去，竹林苍翠，溪水环绕，开元颐居·地热森林度假酒店就掩映在其中。这个酒店从开工、建设到营业都备受关注，因为它建在全国首宗入市交易的农村集体经营性建设用地之上。位于莫干山镇劳岭村的塔莎杜朵精品民宿就通过此政策成功拿到全国首个农村宅基地"三权分置"权证，领到了县不动产登记中心颁发的不动产权证。"三权分置"后，宅基地使用权人和资格权人都领到了证书，宅基地自由流转有了保障，让农户和民宿业主都吃上了"定心丸"。

目前，莫干山的民宿用地方式主要是在依托农民的闲置宅基地和农房的基础上，搭配集体建设用地、林地等各类资产的"宅基地+"流转形式。2017 年开业的裸心堡就是一种"宅基地+"的实践，裸心堡项目通过"点状供地"的方式提供了 12 亩新增建设用地，其余多数建筑是利用宅基地和租赁农房改造而成，项目内的 200 多亩山林从村民手中流转过来，比单纯整块批地节约了用地指标。

2. 地方政府规范监管

忽如一夜春风来，从第一家"洋家乐"起步，民宿经济的风潮席卷莫干山。在数量和经济效益快速增长的同时，民宿品质参差不齐、跟风模仿、违规建设等问题层出不穷。为实现民宿提质控量，德清县编制了《德清西部地区保护和开发控制规划》，让审批效能靠前服务，变盲目投资为事前告知、变事后审核为源头审核。在莫干山民宿崛起的路径中，政府的引导与规范管理始终扮演着重要的角色。

为规范引导民宿产业发展，德清县 2015 年出台的县级民宿等级划分标准《乡村民宿服务质量等级划分与评定》，将民宿划分为精品民宿、优品民宿和标准民宿三类；在民宿管理上，实施政府与民间机构共同管理，2015年出台《德清县民宿管理办法》，通过对消防、污染、安全防护、接待设施等方面进行规定，加强对民宿的规范和引导，并成立民宿发展协调领导小组，对民宿经营等方面进行监督检查，使处于快速壮大期的民宿走上了规范化、正规化的道路。

"随着大众旅游时代的到来，无数旅游目的地你追我赶、此起彼伏，产品越来越好、形态越来越新，若不及时跟紧市场，优势也会变成弱势。"德清县委常委、宣传部长周志方表示。2018年3月12日，德清县发布的《德清西部地区保护与开发控制规划》中，明确规定了德清各个分片区的民宿项目可新进床位数，对市场进行强有力的管控。该规划中明确，莫干山的景区控制区内不再新建民宿，南路村与四合村等部分地区还有535个床位盈余；佛堂村、筏头村、东沈村与勤劳村等有670个床位数盈余等。保护是发展的前提。"规划是根据水源地的承载量测算出来的，同时我们也看到当前德清的民宿产业已经趋于饱和，需要科学合理地设置保护要求及发展方向。"朱海平说，从那时起，莫干山当地政府也顺势从市场规范监管的角色开始向着引导产业布局的方向递进升级。

3. 民宿一对一管家服务

成立民宿管家培训中心。2021年1月20日，莫干山民宿管家培训中心在德清县五四村揭牌。首期全国招收的30名学生将在这里进行为期15天全封闭的理论及实操培训。培训中心设立在莫干山镇五四村游客服务中心对面，按照民宿标准建设，内部打造了红酒品鉴室、餐厅、咖啡吧、客房等区域，同时配备民宿行业及相关领域专家组成师资力量，为学生提供多方位优质的管家服务培训。该中心旨在提高民宿从业者的专业服务技能，提升民宿行业的服务管理水平，打造莫干山民宿服务标杆，为全国各地输送专业型、创新型、精英型的高端民宿管理人才，持续打造湖州乡村民宿管理服务业的"金名片"，建成全国民宿行业内首屈一指的"黄埔军校"。当地民宿行业协会还自发构建了民宿学院，为行业发展培养人才；部分连锁民宿内部还成立了管家学院，为企业的长久发展培养管理人才，这些都是当地民宿产业围绕"留住人"所做的探索实践。

开办民宿阿姨培训班。为进一步提高民宿一线阿姨的客房服务实际操作水平，提升莫干山民宿整体服务品质，由德清县文化和广电旅游体育局、德清县农业农村局、莫干山国际旅游度假区管委会主办，莫干山镇成校承办的2021年第一期莫干山民宿阿姨培训班于 3 月 16 日正式开启。本次培训在燎原村文化礼堂开展，共计时间 3 天半。培训班以授课、案例分析、实际操作相结合的形式，为来自五四、高峰、燎原、劳岭、何村、南路、四合、仙潭等各村的 50 名阿姨进行集中培训。课程内容包含中式铺床、中餐（快餐）、房间整理、客房清洁保养、夜床服务及小景设计等各方面。

4. 多产业融合发展

莫干山"民宿+旅游+农业+文创"融合发展，在旅游产业上，挖掘莫干山及周边的旅游资源，按照康体健身和民国体验发展主题构建全域旅游产业。依托莫干山风景名胜区，打造户外生态运动基地，修建莫干山国家登山健身步道；打造"环莫干山"游，串联莫干山周边旅游资源，山上山下联动发展；出资对镇区街道进行民国风格改造，植入老式照相馆、布鞋店、老酒馆、咖啡馆等怀旧风格的业态，建造了小型博物馆、VR 体验馆、复古钟楼等建筑。举办音乐节、国际自行车赛事、山地越野竞赛等节庆活动，提升莫干山品牌知名度，打造国际休闲旅游品牌。

在农业产业上，利用良好的生态环境推进生态农业发展，构建有机循环农业生产系统，挑选高品质有机农产品：一部分向外输出进行有机蔬菜宅配服务，另一部分进行售卖和二次加工，实现在地营销；开辟部分景观农田，开发农业体验，通过承包农场种养殖，构建自给自足的生态平衡，多余的产品向外输出，形成了可持续发展的生态农业模式。

在文创产业上，挖掘莫干山人文历史底蕴，引导文化创意产业发展，建设莫干山庾村 1932 创意产业园，改造 1936 蚕种场文化集镇，引入艺文展览馆、设计工作室、主题餐饮酒店等文创业态，打造兼具文化内涵和复古气质的设计创业项目，展售当地特色竹、蚕丝等手工作品，带动文化创意产业发展。规划建设影视文创小镇，挖掘民国风情文化资源，打造青年电影人的创客基地，举办电影节，打造国际性电影大赛颁奖基地；莫干山引入全球首个 Discovery Adventures Moganshan Park 落地运营，大力发展体育运动、极限拓展等业态，成为全国知名的户外运动目的地。

二、案例分析

(一) 启发思考

(1) 哪些因素推动了莫干山民宿的发展?
(2) 近年来,莫干山民宿的管理理念发生了什么变化?
(3) 莫干山民宿管理中的客户关系管理策略体现在什么地方?
(4) 结合案例思考,民宿的未来是否是标准化?

(二) 分析思路

在本案例的使用中,授课教师可根据自己的教学目标进行灵活使用,我们提供的分析思路,仅供参考。

本案例描述了莫干山从几栋废弃的农民住宅成长为全国民宿产业的高地,从莫干山的区位优势、自然资源、人文历史、建筑遗迹、改造力量出发,深入探索莫干山民宿的进阶之路及管理体系。希望通过对案例的学习和研讨,帮助学生从旅游接待业管理战略的高度去理解客户关系管理,帮助学生掌握客户关系管理的内涵、动力、策略等,并对标准化管理有所思考。

(三) 关键要点

1. 哪些因素和力量推动了莫干山民宿的发展

陈晨等 (2019) 基于对县镇两级政府公务员、洋家乐老板、旅游项目老板、当地居民、外来游客等不同人群的深度访谈和问卷调查,认为资源禀赋、政策、市场、人才等是促成莫干山镇民宿产业蓬勃发展的最重要的因素,可谓天时、地利、人和缺一不可。

近年来,随着城市人口膨胀而导致城市问题日趋严重,交通拥堵,环境污染,工作与生活的压力与日俱增,勾起了人们对回归乡村生活的无限渴望,由此,乡村民宿产业的高速发展也应运而生。且随着经济发展,人们对休闲度假的模式需求日趋多样化和个性化,是精品民宿发展的重大机遇。而莫干山镇位于上海、南京、杭州三个特大城市构成的三角地带的核心区域,这一区域内有大量具有高端消费能力的人群。根据西方国家的经验,人均 GDP 达到 5 000 至 10 000 美元时,会出现从景点观光游向休闲度假游转变的拐点。统计数据显示,2008 年上海的人均 GDP 就已经突破 10 000 美元,这个时期恰好是莫干山民宿的起步阶段。因此,莫干山民宿抢占了市场先机，并以高品质吸引了一部分城市高消费群体。

再者，19 世纪末，莫干山依托气候、环境和土地资源以及毗邻沪杭的区位优势吸引了沪杭的西方殖民者、传教士、医生和后期的民国社会精英人士，通过大规模建设别墅等度假设施开启莫干山旅游发展，成为全国四大避暑胜地之一。新中国成立后，莫干山继承了避暑地的地方特质。1950 年代，各省机关陆续在莫干山设置疗养院所，进一步强化了莫干山"避暑""疗养"的地方旅游产业特质。这些历史时期积累和保留下来的旅游设施、旅游景观、"避暑疗养"的独家文化以及权利制度环境在后期成为唤醒民宿产业新奇的重要地方特有资产。并且，莫干山地理位置优越，交通便利，杭州二绕、杭宁高铁、104 国道、304 省道等穿境而过，距长三角各核心城市车程均在两小时以内。因此，莫干山成了周边城市人群周末休闲的首选地，可以说，莫干山民宿的发展与得天独厚的资源禀赋、区位条件密不可分。

此外，在莫干山民宿崛起的路径中，自身经历的市场化进阶与蜕变、地方政府的引导与规范管理、能人乡贤起到重要作用。2002 年，杭州媒体人夏雨清以 2.5 万元一年的价格租下莫干山风景区内的颐园别墅，以副业经营的形式成为莫干山民宿的前身。2006 年，在沪的杂志编辑马克来到莫干山风景区开了 The Lodge 咖啡馆，并动用他在上海媒体的关系宣传莫干山，吸引了具有相同志趣的在沪外籍精英人士。其中南非人高天成和法国人司徒夫在咖啡厅的启发下萌生了莫干山旅居创业动机。他们选择在山下的乡村社区租地建房，创始了区域内最早的洋家乐业态——裸心乡和法国山居。另一方面，早在 2014 年初，湖州德清就出台了《德清县民宿管理办法（试行）》，解决了长期以来民宿经营面临的证照审批困难等问题。陆续开展的坡地村镇、农地入市、宅基地"三权"分置等改革事项，为民宿的发展提供了政策保障，吸引了一大批从事建筑设计、文化创意、户外运动、金融投行等领域的专业人才从城市汇聚到莫干山创业创新，成为新德清人。

2. 莫干山民宿的管理理念是什么

旅游接待业企业管理理念最初以生产为导向，随后变为了以销售为导向。市场经济大潮后，旅游接待业企业确立了以市场为导向的理念。这些管理理念都是随着市场环境变化而演变的。在旅游接待业竞争激烈的现代社会，传统的管理理念导致旅游产品和服务同质化日益明显，而同质化的旅游产品和服务无法满足旅游消费者多样化的消费需求，也无法为旅游接待业企业在激烈的市场竞争中创造独特的竞争优势。因此，对于现代旅游接待业来说，最重要的是旅游接待业企业与旅游消费者建立长期稳定的关系。

经历了10年成长，莫干山民宿从"1.0"版本的旧房改造、基本保持着房屋的原结构、体现美式乡村的风格，到"2.0"版本的精品化、高端化的路线，到"3.0版本"的民宿不同于传统民宿仅有一人管理的模式，而是团队操作，开始走向偏酒店化、标准化的道路，"既有城市中酒店的标准，也有民宿管家式的服务特色"，体现了旅游接待业企业管理理念的更迭。

3. 莫干山民宿管理中的客户关系管理策略体现在什么地方

旅游接待业客户关系管理中，旅游消费者是重要资产，以提供优质服务为导向，以新技术为支撑手段。旅游接待业客户关系管理策略包括识别策略、保留策略、忠诚策略等。结合案例分析，莫干山民宿管理中的客户关系管理策略体现如下。

识别策略指旅游接待业企业通过分析旅游消费者的特征信息，根据旅游消费者类别对其进行市场细分，采取不同的诱导措施的策略，可体现在旅游消费者细分、旅游消费者建档等方面。殷章馨等（2018）通过社会调查方法，基于动机理论，认为乡村旅游动机包含子女教育、休闲放松、社会交往、娱乐兴奋和求新探索，并将乡村旅游者分为家庭教育型、休闲放松型、探索娱乐型和全面活跃型。莫干山民宿在设计、服务上满足了旅游消费者的多种旅游动机，开辟出信息经济、环保、健康、旅游、时尚、金融、高端装备等产业新领域，并结合区位优势，重视品质发展，以高品质吸引了一部分城市的高消费群体。裸心品牌创始人高天成在采访中曾说："事实上我们服务的是同一类人，对空间、品质和社群有一定追求的人。"裸心集团市场营销副总裁王怡君分享道："通过裸心社不断扩大的社群，我们能和在这里入住的企业以及个人会员建立信任关系，而裸心社，甚至BULA健身平台的客户，都能通过平台接触到裸心的理念，实现社群的融通。"

保留策略是指旅游接待业企业通过向各级目标旅游消费者主动提供产品和服务、实施关怀来拉近与旅游消费者的关系，提高顾客满意程度，从而留住和发展旅游消费者的策略，可体现在主动性服务、定制化服务、趋势追踪等方面。莫干山大部分民宿所提供的"一对一"的管家服务，即定制化服务。通过为旅游消费者提供"一对一"的服务，能使其产生美好的回忆和难忘的经历，从而助力民宿高质量发展。杨欣等（2019）应用 SERVQUAL 模型和顾客口碑传播理论，通过对莫干山、九份地区 233 名民宿住客的调查，采用阶层回归法对民宿管家服务与顾客口碑传播意向之间的关系进行分析，结果显示，民宿管家服务能显著正向影响顾客口碑传播意向。

顾客忠诚策略指使旅游消费者对旅游企业与旅游品牌形成信任、承诺、情感维系和情感依赖的策略，可体现在重视一线员工、进行感官营销、提供超常服务等方面。客户关系管理的实施能为旅游接待业企业提供一系列的顾客忠诚策略。从案例来看，莫干山民宿管理十分重视一线员工，开办民宿阿姨培训班、成立民宿管家培训中心、构建民宿学院等，进一步提高民宿一线阿姨的客房服务实际操作水平，提升莫干山民宿整体服务品质；在感官营销上，莫干山民宿的在设计选址上注重风景和景观（视觉型），在餐饮上注重食材和味道（味觉型），在娱乐活动上注重亲水，游泳池已成为莫干山民宿的标配（触觉型），在环境上注重安静（听觉），从而使旅游消费者获得综合感官体验（均衡型）；在提供超常服务上，莫干山民宿无论是设计还是服务上都尽可能"想顾客未来之所想"，不断突破与创新。

4. 结合案例思考，非标的未来是否是标准化

莫干山民宿作为早期民宿业内中高档化的典型代表，自建设以来便受到了很多投资者的青睐和追捧。根据 2015 年的统计数据，整个莫干山地区民宿数量现在有 400 家左右，类型包括度假酒店、精品民宿和农家乐，高中低档的产品结构为"金字塔形"，较为合理，满足了不同的消费者需求。其中精品民宿是莫干山的特色，经营者以外来者为主，数量有 100 多家，已经初步形成一个集聚效应。但近年来，随着美丽乡村建设及农村人居环境提升带来的经济效益的持续增加，乡村民宿数量出现井喷式增长。各行各业的投资者、本地经营者单凭自己的喜好和情怀来开发建设民宿，乡村民宿风格同质化较为严重，呈现出设计风格单一、同质化的局面，表现为民宿的装修设计风格相似，没有差异化，更没有特色化。

案例中也提到，"3.0 版本"的莫干山民宿开始走向偏酒店化、标准化的道路，"既有城市中酒店的标准，也有民宿管家式的服务特色"。非标的优势是独特性，但

当进行规模化扩张和复制时，这也可能成为限制。传统酒店，从项目的可行性研究到酒店房间布局、建筑的动线设计都有标准化的流程和规范，甚至连洗护用品或是熏香都是统一的。以"香格里拉"为例，全球的大堂都是同样的味道，其名称叫东方风韵，头香是香柠檬、柠檬清新和白茶，每个人去到香格里拉都会闻到这个味道。久而久之，这就成了"香格里拉"区别于其他酒店的标志。

裸心集团就该问题给出如下回答。裸心集团联合主席叶凯欣曾说过，"因此我们没有使用酒店的设计标准，也没有沿用酒店业的常规，完全是从用户的角度去设计和建设裸心谷"。通用的品牌手册和项目管理制度，也许能够解决上述问题，并不会丧失用户体验，产品和流程的非标容易解决，那么人的"非标"呢？执行比创造容易太多，因此"我们非常重视沟通。在裸心大本营你会发现大家都在裸心社办公，我们鼓励当面沟通，这是创造最高效的团队合作的基础。"王怡君说："高管都没有独立的小办公室，大家都围坐在长桌，这是有助于团队能有机会接触到所有 leader，缩短沟通流程和提升决策和解决问题的效率。"

情怀和个人魅力要如何持久？裸心集团为实现人的"非标"采用扁平化的沟通和管理模式，以此让员工更容易接触到创始人，从而更理解企业的文化和愿景。裸心社的开放式工位办公，不仅能够促进团队内部的讨论和跨部门的协作，而且通过直接的沟通也加速了创新的发生。如今裸心集团，各个业务的员工总数量已经超过了 1 000 人，除去各项目的服务人员，各业务线职能部门的总和接近 200 人。10 年前，高天成的战略遇到叶凯欣的设计，于是裸心领先了所有同类型公司，而未来的 10 年，也许战略和设计能够碰撞出更好的规则和制度，帮助裸心实现更大的商业突破，从而引领下一个 10 年。

（四）案例启示

1. 案例关键点

（1）莫干山民宿管理理念不断更迭，演变为以市场为导向，注重旅游消费者精神需求的满足和旅游产品带来的附加值。

（2）莫干山民宿趋于特色化、个性化，管家式服务成为旅游接待业客户关系管理的重要策略。

2. 知识关键点

（1）旅游接待业客户关系管理指利用相应的技术，协调旅游接待业企业与旅游消费者在销售、营销和服务上的交互关系，从而提供创新的个性化产品和服务的过程。

（2）旅游接待业客户关系管理是以旅游消费者为资产的理念，是以提供优质服务为导向的策略。

（3）常用的客户关系管理策略有识别策略、保留策略和忠诚策略。

（4）旅游标准化管理是对旅游行业的生产、经营、服务、管理等活动中被重复使用的事物和概念，通过制订标准、贯彻实施和监督反馈，从整体上提升旅游发展质量的动态过程。

第二节　立德树人：青年黄元孔与聂家峪村（思政点案例）

摘　要： 党的十八大提出，把立德树人作为教育根本任务，培养德智体美全面发展的社会主义建设者和接班人。2021年12月，"九〇后"青年黄元孔被共青团中央、农业农村部授予"全国乡村振兴青年先锋"称号。本案例描述了黄元孔在家乡危难之际毅然辞去高薪工作返乡，经过艰苦奋斗、创新创业，探索出聂家峪村"村集体＋合作社＋公司"的乡村旅游发展模式。案例从立德树人的视角出发，通过坚定理想信念、提升做人修养、弘扬名族精神、担当社会责任启发学生，并提出思考引发学生学习、理解立德树人的内涵，鼓励学生争做"有理想、有本领、有担当"的新时代"三有"新青年。

一、案例正文

（一）案例背景

山东省淄博市博山区池上镇聂家峪村，曾是一个无资源、无产业、无集体收入的"三无"小山村，别说外来的游客，就是本村人都留不住。"九〇后"的淄博青年黄元孔，大学毕业后放弃在青岛的高薪工作，返回家乡淄博市博山区聂家峪村，带领团队探索"村集体＋合作社＋公司"的乡村旅游发展模式，推动精品民宿、采摘大棚等文旅项目建设，将聂家峪村打造成集餐饮、民宿、会议团建、研学写生、采摘赏花、垂钓、小型音乐会、乡村酒吧等于一体的乡村生活方式综合体。黄元孔作为年轻党员，带领全村发展经济，为家乡发展贡献了自己的力量，2021年12月，被共青团中央、农业农村部授予"全国乡村振兴青年先锋"称号。

（二）返 乡

1990年，黄元孔出生在淄博市博山区池上镇的一个小山村——聂家峪村。黄元孔从小聪明刻苦，考上了青岛大学旅游管理专业，毕业后在青岛一家旅游公司任运营部门经理。

2015年春节，聂家峪村村主任黄元才找到黄元孔，告诉他村里的状况与困难，希望他能回村帮助家乡建设发展。回到青岛后，黄元孔考虑良久，2016年底，他下定决心，辞去月薪上万元的工作，回到了自己出生的小山村。

时至今日，黄元孔已经回到聂家峪村5年了，其间，他带领着该村村民不仅将村里原有的大樱桃种植区改造成种植大樱桃、珍珠油杏、猕猴桃等品种的200余亩采摘园区，还建成了9套精品高端民宿、73间酒店式客房、音乐酒吧等酒店餐饮设施，种植了3 600株樱花树，修建了5.5千米环山路，打造了10里樱花漫道，种植6万株黄栌打造千亩红叶谷。

截至2019年，黄元孔带领的乡村旅游运营创业公司营收达203万元，为村民分红约27万元，给村集体及贫困户分红12.64万元。建立了一支6人的年轻队伍，4人在村内全职，在餐饮住宿农业种植上有16位村民长期工作，旺季可以带动30多位村民兼职。带动4户村民参与到民宿的项目中，村民通过改造自有的宅基地接待游客住宿，公司负责输送客源，一年下来，5个月旺季户均月收入达近3 000元。

聂家峪村也先后获得了"全国森林康养示范建设基地""山东省美丽休闲乡村""山东省森林村居""十百千工程示范村""青岛大学旅游学院教学实践基地""淄博职业学院国际学院教学实践基地""山东青年政治学院教学实践基地""博山区农村青年创业示范基地"等荣誉称号。

（三）变 化

聂家峪村如今的蓬勃景象，与黄元孔刚回村创业时相比，发生了翻天覆地的变化。聂家峪村位于淄博市博山区池上镇，距离市区有近50千米的山路，是一个鲁中山区的偏僻小山村。村域面积3 600亩，耕地面积仅不到400亩，共有村民153户、353人，留在村里的大多是老人和儿童。

聂家峪村在尝试做乡村旅游转型时，遇到资金不足、人才缺失等一系列问题，转型困难。即便村里条件艰苦，但26岁的黄元孔不顾家人的强烈反对，毅然辞去工作返回家乡。

黄元孔说，刚开始创业时，困难重重。村里年轻人很少，甚至连会使用电脑的人都没有。黄元孔在完成工作后，每天晚上十点左右开始整理文件、写材料，几年下来，他写了几十万字的材料，为村里拉来了几千万元资金。后来，跟黄元孔一起回村创业的几位年轻人坚持不住，选择到城市发展。同伴的离开，对黄元孔来说是一次沉重的打击，让他也动摇了。"当时，我不知道乡村旅游这条路未来是怎样的，自己的投入会不会有所回报，或许一直在大城市发展会更好。"最终，黄元孔坚定信心，"坚信自己走的路是正确的"。

返乡创业的经历让黄元孔明白了许多事情，在乡村创业比在城市创业更难，单是资金和土地问题就不是刚刚大学毕业的年轻人能解决的事情。黄元孔说："年轻人要心系家乡，辞职返乡前要想清楚未来的路。"

（四）梦　想

黄元孔把乡村旅游当作奋斗一生的事业，聂家峪村也在黄元孔团队及全体村民们的努力与见证下实现美丽蝶变。

回乡的几年，黄元孔被村集体的几位党员干部一心为民、谋求发展的精神感动。于是，他递交了入党申请书，参加了山东省团校第二期青年骨干培训班，而后正式成为一名共产党员。对于自己获得的荣誉和成绩，黄元孔表示自己做得远远不够，还要继续学习。

几年来，不仅村子发生改变，村民们也从最初的不理解到现在的主动加入。如今，黄元孔的家人也改变不理解的态度，开始支持他的乡村旅游事业。通过几年的努力，黄元孔吸引了一些志同道合的年轻人加入团队，聂家峪村也逐渐形成了"村集体＋合作社＋公司"的乡村旅游发展模式。对于未来，黄元孔有着明确的规划："现在的聂家峪村已经从自己的梦想变成了许多人的梦想，我有责任带领团队、带领村民继续发展乡村文旅事业。"

二、案例分析

（一）思政结合点

党的十八大提出，把立德树人作为教育根本任务，培养德智体美劳全面发展的社会主义建设者和接班人。育人先育德，育德先育魂，立德树人就是要解决办什么样的大学，怎样办好大学；培养什么人，怎样培养人的重大问题，要求大学生坚定理想信念，明确历史使命，明白政治方向，明白做人道理。

(1) 坚定理想信念。

坚定理想信念就是要坚持中国特色社会主义理想信念，这是全社会的共同理想，是我们必须具备的政治信念。理想的动摇，是最危险的动摇；信念的滑坡，是最致命的滑坡。一个没有理想、没有信念的人，常常只能受自己本能所驱使，他的人生发展就没有明确的方向，这种人或者浑浑噩噩、虚度光阴，或者唯利是图、狭隘自私，最终只能是精神空虚、人格低下，为社会所不齿。我们国家是用共同理想来凝聚人心的。如果全社会没有一个共同理想，就会像一盘散沙。在全球化条件下，我们面对激烈的政治竞争，就是看谁的制度更有生命力，谁的政权更加巩固，哪个主义更受人民拥护，哪个政党更有凝聚力。面对激烈的文化竞争，就是看谁的思想文化更有吸引力，谁的价值观念更能广泛传播，哪种生活方式更符合时代潮流。我国长期面临着西方敌对势力西化分化我国的战略图谋，长期面临着西方发达国家经济科技占优势的压力，在这种形势下，我们尤其要强调坚定社会主义和共产主义理想信念。

(2) 提升做人修养。

学习知识是服务社会的手段，是工具性的，而学会做人是立身之本，是根本性的。如果重智轻德，学生就会片面发展。按照片面理念培养出来的人有一种概括，有智商没有智慧，有知识没有文化，有文化没有修养，有欲望没有理想，有目标没有信仰，最终是有青春没有热血，这将是十分危险的。一个人学习不好是"次品"，身体不好是"废品"，品德不好就是"危险品"。一个人成小事靠业务本领，成大事必须有良好的思想品德和综合素质。一切成功，做人成功；一切失败，做人失败。做人不成功，成功是暂时的；做人成功，不成功也是暂时的。要成才先成人，不成人宁无才，有德无才要误事，有才无德要坏事。道德人格、思想品质比谋生手段训练、专业知识学习、竞争能力培养更重要。一个堂堂正正的人，可以做好任何一件事；一个工具化的人，只能机械完成一件事。今天危害人类持续生存的问题，没有一个是因工具理性不发达造成的，根源都是价值理性问题，价值理性已经影响到人类整体生存。人品第一，学问第二；文品第一，文章第二。很多国家都非常重视品德教育，对优秀人才的评价看以下指标：品行、动机、潜能、理解力、知识、经验。这些指标的重要程度依次递减，把品行置于首位。它们之间的逻辑关系可用五句话简要概括：没有品行光有动机很危险，没有动机光有潜能是无能，没有潜能光有理解力是有限的，没有理解力光有知识毫无意义，没有知识光有经验会变得非常盲目。

（3）弘扬民族精神。

在全球化背景下，我们要传承民族优秀文化传统，弘扬民族精神，教育大学生既要有世界眼光、国际知识，又要有民族自尊心、自信心；既懂得保持民族价值规范体系，又能融入世界优秀文化潮流，培养有根的世界公民。有根的世界公民是以血缘性、本土性、全球性为基础的。从血缘角度看，要爱自己的父母、亲人、朋友，懂得感恩。从本土性角度看，要热爱自己的乡土，热爱自己的国家，热爱自己本民族优秀文化。从全球性角度看，有根的世界公民不仅是民族精神的传承者，更是世界各个民族文化的欣赏者、沟通者。民族精神是我们民族根系，是我们民族的"大树"，任何时代精神、外来精神都要嫁接在这棵"大树"上才能成活。加强民族精神教育，需要强化国家意识，加强国家观念、国家安全、国家自强教育；强化民族文化认同意识，加强民族历史革命传统、人文传统教育；加强社会责任、诚信守法、平等合作、勤奋自强等教育。

（4）担当社会责任。

《国家中长期教育改革和发展规划纲要（2010—2020年）》强调，要着力培养学生服务国家、服务人民的社会责任感。什么是责任？责任是主体存在与发展的基本方式。简单讲，责任是主体自我的一般规定，职业角色的基本表征，社会认同的主要依据，价值实现的集中体现。责任出智慧、出勇气、出力量。什么是责任感？责任感是对责任的全面深刻认识和理解，是一种基本的文明素质，是衡量一个人精神素质的重要指标，也是一个人是否优秀、能否成功的标志。责任是一切道德的基础。忠、孝、仁、义、礼、智、信，中华民族几千年传统美德，强调的都是同一个词——责任。面对国家，没有责任感，就没有尽忠之心；面对长辈，没有责任感，就没有孝顺之心；面对自己，没有责任感，就没有进取之心。作为大学生，必须懂得什么是责任，什么叫负责任。有责任感才会有远大理想抱负。人的每一项潜能都因为有了责任感的驱动，才变得强大。当代大学生应当担当社会责任,要做到平凡之中有伟大的追求,平静之中有强烈的责任感①。

(5) 新时代"三有"新青年。

习近平总书记提出的"有理想、有本领、有担当"新青年重要论述是习近平新时代中国特色社会主义思想的重要组成部分,是与邓小平"四有"新人思想一脉相承又与时俱进的理论,是习近平总书记关于对如何更好实现中华民族伟大复兴中国梦进行的战略思考。习近平总书记号召广大青年要"做到志存高远、德才并重、情理兼修、勇于开拓"。他把"志存高远"放在了首位,不论个人还是国家,在任何时候任何情况下都必须坚定理想信念。习近平总书记指出,青年人要"树立梦想从学习开始、事业靠本领成就的观念"。习近平总书记强调,"既要专攻博览,又要关心国家、关心人民、关心世界,学会担当社会责任"。"有理想"是方向,指引青年向何处去,回答了教育"为谁培养人"的问题;"有本领"是基石,引领青年干什么事,回答了教育"培养什么样的人"的问题;"有担当"是支撑,引导青年如何干事,回答了教育"怎样培养人"的问题。三者相互联系,相互影响,有机统一。

(二) 案例思考题

(1) 当聂家峪村村主任黄元才找到黄元孔并告诉他村里的状况与困难时,他为什么选择回村帮助家乡建设发展?

(2) 返乡后,黄元孔利用自己的专业知识为乡村振兴发展做了什么?

(3) 黄元孔在取得一定成绩时,为什么毅然向党递交了入党申请书,成为一名正式党员?

(4) 黄元孔不断吸纳年轻人,聂家峪村也逐渐形成了"村集体+合作社+公司"的乡村旅游发展模式。他最初的梦想和以后的规划是什么?

(5) 作为新时代青年,黄元孔身上的哪些精神值得我们学习?

---

① 本部分(1)~(4)小点的内容引自《光明日报》文章《贯彻十八大精神笔谈:把立德树人作为教育的根本任务》。

第十章　旅游接待业创新

第一节　内容创新：玉龙雪山景区的双重压力（知识点案例）

摘　要：服务经济时代，旅游景区"去门票化"成为大势所趋，过度依赖门票经济的传统景区陷入存亡困境。景区经营者在新冠肺炎疫情影响及门票收入下降的双重压力下，主动谋求创新和转型成为不二选择。本案例描述了玉龙雪山景区如何在新冠肺炎疫情与门票降价的双重压力下，思考和探索服务创新策略的过程。案例从景区决策者的视角讨论了景区面临的外部环境和内部压力，通过对营销创新、IP 塑造、服务产品开发等策略的讨论，引导学生以头脑风暴、团队共创的方式探讨景区的服务创新策略。

一、案例正文

（一）案例背景

丽江雪山天下绝，堆琼积玉几千叠。千百年来，玉龙雪山纯粹而坚定地屹立着，并被赋予了丰赡的人文意象，不少文人骚客在这里留下足迹和璀璨诗篇。随着丽江旅游业的迅速发展，玉龙雪山景区已经成为宣传丽江、云南，乃至中国的一个重要窗口，是云南必游景点，也成了众多游客的打卡胜地。如今，玉龙雪山景区不仅是国家重点风景名胜区、国家地质公园，而且还是全国首批 5A 级旅游景区、全国首批旅游标准化示范单位。

然而，随着国内 5A 级景区平均票价迈入"百元时代"，玉龙雪山面临着巨大的压力。按照国家发展改革委 2018 年第 951 号文件要求，有关部门将对景区的门票价格进行控制，门票定价成本应严格控制在维持景区正常运营所需的支出[①]。玉龙雪山门票历经几次降价，虽然门票降低对旅游消费者来说减少了旅游支出，但对景区企业来说却要面对成本不减、收入减少的巨大压力。2018年，玉龙雪山景区共接待游客432万人次，比2017年增长15%，但门票收入却呈下降趋势。因此，如何摆脱对"门票经济"的依赖并进一步实现服务创新，是摆在玉龙雪山景区经营者面前的一道难题。

(二) 雪山蒿草

凛冬将至，又逢风雪。在面临门票改革压力和消费者需求变化的同时，一个关系到无数旅游企业生死存亡的重大危机来临了。2020年年初，新冠肺炎疫情在全国暴发，1月25日起玉龙雪山景区关闭，索道、餐饮、酒店、演艺等业务暂停营业，2月20日起根据国家疫情防控及复工复产的总体要求，玉龙雪山景区重新开园，4月底景区内部分室内业务也开始逐渐恢复运营。但由于依然严峻的国外疫情形势和长期疫情防控的需要，客源市场短期内难以恢复，根据景区投资公司1月25日至3月1日的数据，整体营收同比下降95.76%，而全面恢复的时间还存在着不确定性，这对于玉龙雪山景区高管来说，面临的是"雪上加霜"的困难局面。

摆在总经理吴越（化名）眼前的是两份文件：一份是国家疫情防控的要求文件；另一份是要求景区降低门票价格的文件。但这两份文件如同两座"大山"，压在玉龙雪山景区发展的道路上。丽江市玉龙雪山景区投资管理有限公司成立之初是隶属于丽江市人民政府的国有企业，主要负责代管玉龙雪山景区的投资建设以及景区门票资金。作为全国首批国家级5A景区，玉龙雪山景区的收入大部分来自门票。国家发改委一系列的《指导意见》和《通知》表明了改革的决心，但门票下调所减少的收入到底该从什么地方获得补偿呢？

根据丽江玉龙旅游股份有限公司2019年的经营报告，受到索道票价调整的影响，2019年上半年归属上市公司股东的净利润同比下降17.53%。索道运输产品占全年营业收入的比重同比减少15.09%，但其他服务类收入表现出增长态势，

[①]《国家发展改革委关于完善国有景区门票价格形成机制降低重点国有景区门票价格的指导意见》（发改价格〔2018〕951号）。

如印象演出、餐饮服务占营业收入的比重分别同比增加83.46%和119.95%。然而，玉龙雪山景区其他服务类总体占比仍然较少，尚不能弥补门票降价带来的缺口，玉龙雪山景区的发展方向仍未明朗。

（三）披星戴月

吴越始终坚信寒冬之后必有阳春，这个阳春将是玉龙雪山未来发展的新平台和新阶段。疫情带来的沉寂是酝酿新计划的重要契机，往往新的改变都暗藏在表面的沉寂之下。吴越认为，要谋求发展，需要首先探索玉龙雪山面临的根本问题，他打算立足于市场需求来抽丝剥茧、发现问题。于是，在进一步做了对游客需求变化的调查后，抓住了市场环境在国家景区门票改革及疫情防控中的巨大变化。吴越发现，游客需求从单纯的观光游向多层次、多元化、个性化的度假游转变，单一的旅游产品和服务远远落后于旅游者的消费需求。对于资源型景区而言，旅游消费属于低频次的消费类型，游客的重游率极低。由于景区的景观、产品项目较为固定，游客往往游玩一次之后，便没有了新鲜感，这是旅游消费者的正常心理，但也是资源型景区所面临的"通病"。虽然发现了玉龙雪山发展的关键问题所在，但根据已有经验，景区未来发展存在两种完全不同的方向：是在提高重游率上做文章？还是继续开拓新兴市场？

疫情下的景区空无一人，吴越及其管理团队一行人踏足在这片被纳西人奉为神明、为无数游客所向往的雪山上，心中装着的是玉龙雪山的未来，被雪山滋养的人们将何去何从？吴越感慨着玉龙雪山带来的丰富资源：涵养一方水土，滋养着在这里世居的纳西人，并带给世人美丽的风景和多彩的文化。玉龙景区在多年的发展中也积累了一定的资源与成果：景区已获得80多项省部级以上荣誉；"大玉龙"景区的8大景点形态各异、极具吸引力；景区基础设施建设已经完成；"数字玉龙"智慧景区建设、"大一卡通"旅游服务平台推进顺利；景区"政企分开""三权分立"的管理体制趋于完善。这些都是景区未来发展的基础，也可能蕴藏着景区发展突破的方向。然而，手中握的牌越多，分量也就越重。要维持景区的正常运转，必须要有"开源节流"之策。如何实现困境突围？吴越及其团队陷入讨论的困局之时，一个想法突然浮现："对！何不邀请智囊团帮我们出谋划策呢？"吴越当机立断，与一家著名的国内旅游研究机构取得联系，提出邀请管理专家赴丽江考察交流的请求。

（四）域外来风

玉龙卧雪秋寒早，为访幽境踏栈行。玉龙雪山景区迎来了5位专业人士，他们的专业背景包括投资、运营、营销、规划、策划等，在首次召开的讨论会上，专家们展开了交流讨论。

专家A：在后疫情时期，景区需要创新营销方式。当前很多景区面向游客推出了各种优惠措施来调动旅游的积极性，一些景区推出的"云旅游"模式，如全景故宫，以及飞猪推出"云游欧洲"活动，借助线上直播、虚拟现实等技术手段，充分发挥了新媒体的作用，强化技术赋能，实现用户的精准发送，将美景、产品、文化氛围等多维度供给进行打包，传递给用户。云旅游的盈利点包括直播中的直接产品订单、用户与主播的互动联系，以及云旅游的保证金和佣金收入。因此，玉龙雪山景区可以在营销方式上寻找突破口，在营销新思路、新手段上下功夫。

专家B：景区可大幅降低门票价格拉动人气，挖掘商业价值。国内也存在摆脱门票依赖拉动商业价值的成功例子，杭州西湖就是一个典型。西湖自2003年开始实行门票免费，每年直接减少门票收入将近3 000万元。然而，依靠商业网点经营权的市场化带动了相关产业的发展，促进地区经济体系升级，拉动了整个杭州的旅游产业经济发展，实现超过原来门票收入4倍的旅游收益。玉龙雪山景区完全可以圈定一个游客集散中心，只有聚集人气，就有商业价值可挖掘。

专家C：玉龙雪山景区需要升级文化内涵，塑造旅游IP。景区IP是雪山的灵魂，也是文化核心竞争力。如苏州的江南水乡意象、泰山的五岳之尊形象、迪士尼乐园的卡通形象等。由旅游IP延伸出的周边产品，线上线下联动，与各大业务如影视、游戏、商品、娱乐等紧密配合，在价值链的开发运作中不断凸显其独特的文化内涵。玉龙雪山并非只是一座山，更有着丰富的文化意义，如宗教神话、东巴教、藏传佛教、三多神、象形文字等。挖掘玉龙雪山与藏区文化、丽江古城、纳西族迁徙的历史，赋予玉龙雪山景区深层次的文化内涵和旅游IP，就可以吸引更多的游客。

专家D：创新服务产品是实现效益增值的重要途径。山岳型旅游资源常常受限制于静态的自然环境，而忽略游客不断追求新鲜感的需求。创新服务产品，一方面，可动态化空间布局，如通过交通方式、旅游线路的多样化设计，提升游客视觉上的新鲜感；另一方面，可根据不同消费需求、市场热度、季节特点等创新服务产品。在此过程中，以景区的核心形象为要素基础，以现代科技辅以支撑，优化游客情景体验，提升游客重游率。

专家 E：玉龙雪山的生态价值也是一块巨大的宝藏。旅游开发与生态保护，是完全可以协同发展的。玉龙雪山景区在发挥其保护、科教功能，做好管理、监测、维护日常工作的同时，可以开发研学旅游产品、运动旅游产品、科普教育文化产品，发动景区内的村落共同参与。在保护雪山生态环境的共同目标下，居民、游客、管理者、经营者是可以深度挖掘玉龙雪山的生态价值的。景区需要跳出固有思维，雪山、冰川、牦牛、虫草，就是一个巨大的生态宝藏库，蕴藏着丰富的科普、教育、研学价值，旅游的意义就是"读万卷书，行万里路"。

专家们最后指出：解铃还须系铃人。玉龙雪山景区的转型之路，要依靠景区自己，外脑提供思路，解决方案的制订和实施还是要依靠自己的力量。建议景区组织全体员工积极参与，集思广益，开展"大讨论"。

（五）或有兰香

金沙万里走波澜，玉龙千年换人间。玉龙雪山景区上下从高管、中层到基层员工，表现出空前热烈的讨论场面和积极参与的氛围。最后，以部门为单位形成的改善建议、策划方案、调查报告等，摆放在了吴越的面前。

玉龙雪山依旧挺立，冰川、雪水、湖泊、溪流之间，兰草芬芳。吴越及其管理团队悟出了一个道理：景区管理者、游客、村民与玉龙雪山本身就是一个生态系统，环境需要共同维护，价值可以共同创造，相互依存就能相互成就。

正所谓，忽见过云隐玉龙，皓首碧穹露尊容……

二、案例分析

（一）启发思考

（1）什么样的压力让玉龙雪山景区高管产生了进行服务创新的想法？

（2）景区服务理念是什么？旅游消费者关注哪些价值？企业关注哪些价值？

（3）玉龙雪山景区可以在哪些切入点进行服务创新？你如何评价专家提出的观点和建议？

（4）结合案例和所讨论内容，玉龙雪山景区未来可能的服务创新方向和策略有哪些?

(二) 分析思路

在本案例的使用中,授课教师可根据自己的教学目标进行灵活使用,本文提供的分析思路,仅供参考。

本案例描述了玉龙雪山景区受疫情影响,以及在"去门票经济"形势下,我国传统景区普遍面临服务创新、经营转型的困境和挑战。希望通过对案例的学习和研讨,帮助学生从服务运营战略的高度去理解服务主导逻辑和服务创新策略,帮助学生掌握服务主导逻辑的营销组合、服务包、服务价值链等工具实现服务创新的方法。本案例的分析思路,如图10-1所示。

问题线	理论线	故事线
1.什么样的市场环境和压力让玉龙雪山景区高管产生了进行服务创新的想法?	外部环境分析 内部动力分析	1.雪山蒿草
2.景区经营的核心服务理念是什么?旅游消费者关注哪些价值?企业关注哪些价值?	商品主导逻辑: 关注对象性资源	2.披星戴月
3.玉龙雪山景区可以在哪些切入点进行服务创新?你如何评价专家提出的观点和建议?	服务主导逻辑: 关注操作性资源	3.域外来风
4.结合案例和所讨论内容,玉龙雪山景区未来可能的服务创新方向和策略有哪些?	服务包、服务价值链:新技术(共生)、新关系(共识)、新经济(共享)	4.或有兰香

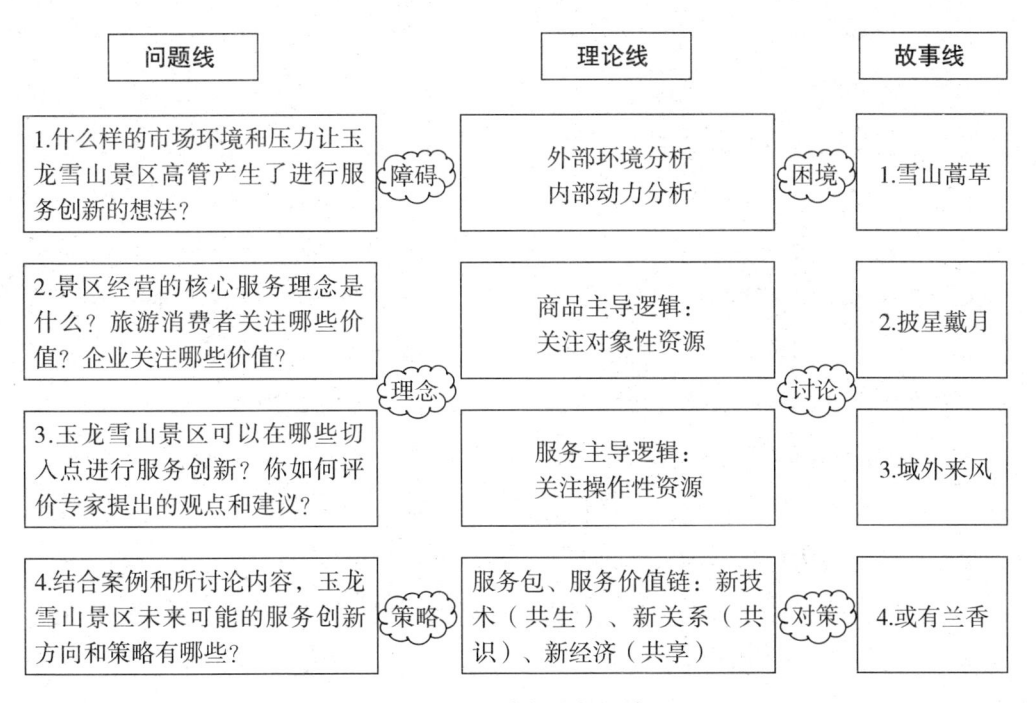

(障碍—困境、理念—讨论、策略—对策)

图10-1 案例分析思路

本案例分析思路如下:首先,建议从中国旅游业发展的历程切入,引导学生思考在大众旅游时代和休闲度假需求增长迅速的背景下,我国传统景区发展模式演变的趋势和特点;帮助学生理解"门票经济""去门票化"的动因及其与服务创新的关系。其次,带领学生站在服务主导逻辑的视角,梳理玉龙雪山景区"商品主导逻辑"的服务运营管理问题和"服务主导逻辑"下的服务运营管理问题。同时,结合玉龙雪山景区投资公司高管对景区服务创新的思考和要求,组织学生进行头脑风暴,挖掘景区服务创新的关键节点和机会,以游客价值主张和营销理念培养学生在新形势下的创新思维。最后,结合新冠肺炎疫情对旅游的影响动向,以及咨询专家对未来玉龙雪山景区的服务创新构想,启发学生以行动学习法探讨玉龙雪山景区的服务创新策略,完成服务创新设计方案,为景区摆脱"门票经济"寻找突破点和机会点。

(三)关键要点

1. 什么样的市场环境和压力让玉龙雪山景区高管产生了进行服务创新的想法?

(1)外部环境。

对旅游景区产品资源属性的争论(政治分析)。目前,有"免费论"和"收费论"两种对立性观点,对景区门票价格的争议较为突出。"免费论"认为旅游景区拥有的自然、历史、文化价值的旅游资源,是国家公益性财产,由纳税人缴纳的公共资金是景区运营、管理的主要来源,景区应该无须收取额外的门票(Page 和 Sarbrooke, 2001)。"收费论"认为旅游景区资源具有产品价值,这种价值是被市场评估和承认的,景区产品是可以交换的市场化产品,因此,使用景区资源必须收费(Knapman, 1995; Chase, 1998)。2018 年,国家发改委发布文件《关于完善国有景区门票价格形成机制降低重点国有景区门票价格的指导意见》,提出将加大对景区门票的整治。因此,我国的旅游景区摆脱"门票经济"、降低门票价格已经成为旅游转型升级的重要问题。

玉龙雪山景区收入主要依托门票经济(经济分析)。门票经济,是指景区主要依靠门票收入形成的经济。对于大多数国内景区来说,门票收入是其主要经济支撑。我国旅游景区的所有权、经营主体结构复杂,具有国有经营、集体经营、承包经营等多种形式。玉龙雪山景区门票收入经丽江市政府授权由景区投资公司进行管理,收取后全额上交丽江市财政局作为政府非税收入进行管理。2018 年,玉龙雪山景区共接待游客 432 万人次,比 2017 年增长 15%,实现门票收入约 4.112 亿元,比 2017 年增长 4.5%。2019 年上半年,玉龙雪山景区接待游客 228.7 万人次,比 2018 年同期增长 24%。2019 年 6 月 9 日,玉龙雪山景区接待了第 5 000 万名游客。

然而，景区在游客增长的同时，门票收入却呈现下降趋势。

我国景区门票价格与国际比较（社会分析）。中国与世界著名景点门票价格对比如表 10-1 所示。我国景区的平均门票价格居世界首位，一些景区的门票收入占景区收入的 50%，有的甚至达到 90%。而在很多国家，世界遗产或著名旅游景区景点的门票都是采取低票价，很多世界著名的景区甚至都不收取门票。相比较来说，我国一些自然风景区的门票价格要比国外同类景区门票价格高，而且一些景区入门后的观光车、缆车索道收费较高，这已成为进入景区后的"刚需"，对游客来说实际上变成了一种隐性门票支出。

表 10-1　我国与世界著名景点门票价格对比

世界著名景点	门票价格（元）	中国著名景区景点	门票价格（元）
印度泰姬陵	24	中国陕西秦始皇陵	150
埃及金字塔	45	八达岭长城	45
法国巴黎圣母院	0	西安法门寺文化景区	100
美国纽约自由女神像	0	四川乐山大佛景区	160
意大利古罗马斗兽场	45	北京圆明园遗址公园	25
英国大英博物馆	0	中国北京故宫博物院	60
日本富士山	0	中国黄山风景区	190
俄罗斯克里姆林宫	10	北京天坛公园	45
美国黄石国家公园	138	中国张家界森林公园	225

资料来源：作者整理。

"一机游"推动智慧旅游景区建设（技术分析）。随着手机普及及互联网的广泛使用，基于互联网信息技术的智慧旅游景区建设成为热点。云南省自 2017 年开始推动"一部手机游云南"建设工程，将此作为全面推动云南智慧旅游发展、推动旅游转型升级的重要抓手。按照相关要求，丽江玉龙雪山景区加大了对智慧景区建设投入，按照三个统一、三个中心、五个体系、一个平台的建设标准，对内共享业务信息优化联动提升管理效率，对外为游客提供全程智慧便捷的旅游服务。同时，启动了网络扩容改造与 WIFI 覆盖、森林防火监测预警系统、分控中心与备份数据机房、景区视频监控系统扩建等前期子项目。

(2) 内在动力。

服务型企业的战略思维转变。旅游企业制定服务战略必须运用有别于传统企业的管理思维，需要围绕旅游消费者作为中心展开。传统企业战略目标往往围绕追求基于产品的效用最大化，而服务型企业以追求客户关系中的总效用最大化为目标。传统企业关注产品能否成交，服务型企业关注客户对服务的评价和口碑。因此，传统企业关注核心产品的质量，而服务型企业关注顾客感知质量。当遇到障碍时，传统企业从改善产品技术着手解决问题，而服务型企业从提升服务效用寻求解决方案。

"门票经济"转型诉求。丽江玉龙雪山景区要想持久发展，必须摆脱以"门票经济"为主的单一收入结构。景区高层决策者有着强烈的愿望，对景区内的经营项目进行优化、策划，拟通过建设新项目塑造企业的自我造血功能。但是，受宏观环境影响，以及政府政策制约，玉龙雪山景区能否找到"造血"的突破点，实现"去门票化"时代的经营转型，不仅需要决策者转变发展思维，而且还需要创新性策略作为支撑。

2. 景区的核心服务理念是什么？旅游消费者关注哪些价值？企业关注哪些价值？

德鲁克认为，在动态环境下最危险的不是变化本身，而是仍然以昨天的逻辑行动。在咨询专家看来，商品主导逻辑下的"门票经济"就属于这种昨天的思维，玉龙雪山景区的管理者们应该基于新的视角，即"去门票化"的服务主导逻辑，来采取行动。因此，可从对这两种逻辑的区别展开讨论。

(1) 商品主导逻辑的价值主张。

产品是无形的服务，景区门票是产品。商品主导逻辑强调企业的重要性，企业是价值的创造者。丽江玉龙雪山景区投资公司在玉龙雪山上建设了我国海拔最高的旅游索道，全长 2 914 米，垂直高差达到 1 150 米。大索道的建成，使游客可从雪山脚下直达海拔 4 506 米的冰川公园。但是，商品主导逻辑关注对象性资源，但对象性资源具有静态性、有限性、可损耗等特征，游客只是被动的消费者。

(2) 服务主导逻辑的价值主张。

运用专业能力（知识和技能）实现消费者和自身利益的过程。Vargo 等 (2008) 提出服务主导逻辑的 10 项前提为：服务是交换的基础；间接交换成为主导；服务需要分销机制；资源的有效性构成竞争优势；服务经济成为主流；消费者参与价值创造；企业提供价值主张并与消费者形成新关系；资源整合面向全社会；价值由受益者决定。服务主导逻辑强调使用价值（或文化情景价值），而非交换价值（门票），价值应该由消费者感知并确定，由企业和消费者共同创造。企业是价值主张者，商品只是资源的载体，消费者才是价值的决定者。因此，服务主导逻辑关注操作性资源，认为企业应该通过资源创造、资源整合和障碍消除来寻求资源，而非获取资源。操作性资源是无形的、动态的，在多数情况下不会损耗、可再补充、可复制的，企业可以创造额外的、新的操作性资源。

（3）旅游消费者和企业关注的价值。

基于以上分析，引导学生建立服务主导逻辑思维，并结合玉龙雪山景区的特点，进行提问：服务主导逻辑下，玉龙雪山景区服务运营的核心是什么？并从旅游消费者关注的价值与企业关注的价值入手，展开头脑风暴式讨论。关于景区价值关注的意见可归纳如表10-2所示。

表 10-2 景区价值关注

关注的价值	旅游消费者	企业
门票价格	低支出、有优惠、折扣	高收入、低成本、高利润
交通方式	舒适、便捷	安全、节能
餐饮住宿	特色餐饮、干净温馨	高消费、高入住
旅游资源	对象性资源	操作性资源
旅游形象	留下回忆、拍照、发朋友圈	树立品牌，拥有良好的口碑和形象

3. 玉龙雪山景区可以在哪些切入点进行服务创新？你如何评价专家提出的观点和建议？

在旅游业中，服务主导逻辑和价值共创理论显得尤为重要。商品主导逻辑是以商品交换为目的，而服务主导逻辑是以创造服务价值为目的。但是，企业管理者常常陷入商品主导逻辑误区，忽略了服务价值本身。因此，教师需要引导学生从服务主导逻辑展开思考。需要让学生理解，作为一个涉及多方主体的复杂服务产业，旅游体验从根本上讲是旅游服务提供者和消费者同步、协作完成的。消费者参与是创造独特并难忘的旅游体验的重要条件，而这恰恰是旅游服务提供者维持竞争优势的关键点。事实上，不少学者已经将价值共创的概念应用在旅游营销的研究中，并强调旅游体验共创是一个成功的差异化策略。然而，在旅游消费过程中，价值是以怎样的方式被创造，仍需要进一步的探讨。这是因为，传统的游客体验价值的研究往往基于传统的商品主导逻辑，忽视了游客自身在旅游体验价值创造过程中的积极、主动角色。

（1）商品主导逻辑的创新切入点。

商品主导逻辑的创新点通常围绕产品、价格、渠道和促销（简称4Ps）展开。例如，提供有独特卖点的产品，根据不同市场定位制定不同的价格，注重销售网络的建立，通过促销刺激消费者购买。

（2）服务主导逻辑的创新切入点。

在服务主导逻辑下，消费者是重要的操作性资源，可以与企业一起展开价值共创。消费者资源和企业资源的融合过程创造了某种体验，这被认为是营销和创新的一个新范式。服务主导逻辑激发企业重新审视价值交换的基础，越来越多的企业认识到，价值的焦点已经从组织内部转向组织边界外的合作关系。为了创建竞争优势，企业必须同消费者合作来提供有意义的产品或服务。以营销为例，将4Ps营销组合转变为共同创造营销组合，企业的关注点应该不是利润最大化，而是不断学习；利润只是企业学习成果的市场反馈。因此，服务主导逻辑，是参与者在服务生态系统中，通过共创营销组合来交换服务和体验的过程。

专家主要从创新营销方式、挖掘商业价值、塑造旅游IP、创新服务产品、保护生态环境等方面提出了建议，但没有提出具体的创新方案。如果将专家的观点与"以消费者为中心""价值共创"等理念相结合，就可以制订出相应的策略。

4. 结合案例和所讨论内容，玉龙雪山景区未来可能的服务创新方向和策略有哪些？成立行动学习小组，以小组汇讲方式回答服务创新策略、制定的理论依据、建议采取的行动方案三个问题。

（1）基于构建服务包的创新策略。

所谓服务包（service package），是指在某个环境下提供的一系列产品和服务的组合。Kellogg于1995年对服务包概念给出的解释是：由有形和无形两方面组成是服务包唯一的特点，服务包的优劣可用有形和无形因素满足顾客的程度来描述。美国的詹姆斯·A. 费茨西蒙斯（1998）认为服务包是关于服务的性质，某一行业的服务是由包括支持性设施在内的辅助物品实现显性和隐性利益构成的"包"。综合来说，服务包是由支持性设施、显性服务、隐性服务、信息和辅助物品五部分共同构成。

支持性设施是指提供服务前必须到位的物质资源，以公共设施为代表，例如游客服务中心、建筑物、公共厕所、休息站等。

显性服务：是指可以用感官觉察得到的，构成基本服务的本质特性，这些特性对服务对象产生影响。例如，游览途中的交通工具，服务人员或导游提供的讲解。

隐性服务是指消费者能模糊感到服务带来的精神上的收获，或服务的非本质特征，例如，观看完雪山印象实景剧后的"祈福"，网红打卡点拍照留念等。

信息是指消费者获取信息的方式及效果，例如，景区邮轮智慧系统，"一部手机游云南"，景区消费等。

辅助物品是指消费者购买和消费的物质产品，例如，旅游纪念品、旅游商品等。

玉龙雪山景区基于服务区的创新方向及策略如表10-3所示。

表10-3 玉龙雪山景区基于服务包的创新方向及策略

创新维度	创新方向	具体策略
支持性设施	游客集散中心	游客集散+信息服务+商业开发
显性服务	IP、通往景点的交通方式	雪山+齿轨列车+缆车+骑行
隐性服务	视角艺术、文化产品	网红打卡点+演艺活动
信息	互联网技术	App+直播+抖音+快手
辅助物品	旅游商品	养生产品+文化商品

服务包设计是指服务企业根据市场竞争特征以及自身资源现状，为实现一系列服务产品优化组合而进行构思和设想的活动过程。服务包设计优劣直接影响服务运营效益。我们建议通过板书形式，对服务包的创新方向和策略进行讲解（图10-2），引导学生在头脑风暴环节使用服务包分析工具，进行服务创新思考。

```
              支持性设施
        提供服务所必需的物质资源
        游客集散+信息服务+商业开发
              显性服务
         可以用感官察觉到的特征
         雪山+齿轨列车+缆车+骑行

    信息                              辅助物品
顾客信息管理方式      服务创新       顾客购买和消
  APP+直播+                        费的物质产品、养生产
  抖音+快手                          品+文化商品
              隐性服务
           精神上的收获
        网红打卡点+演艺活动
```

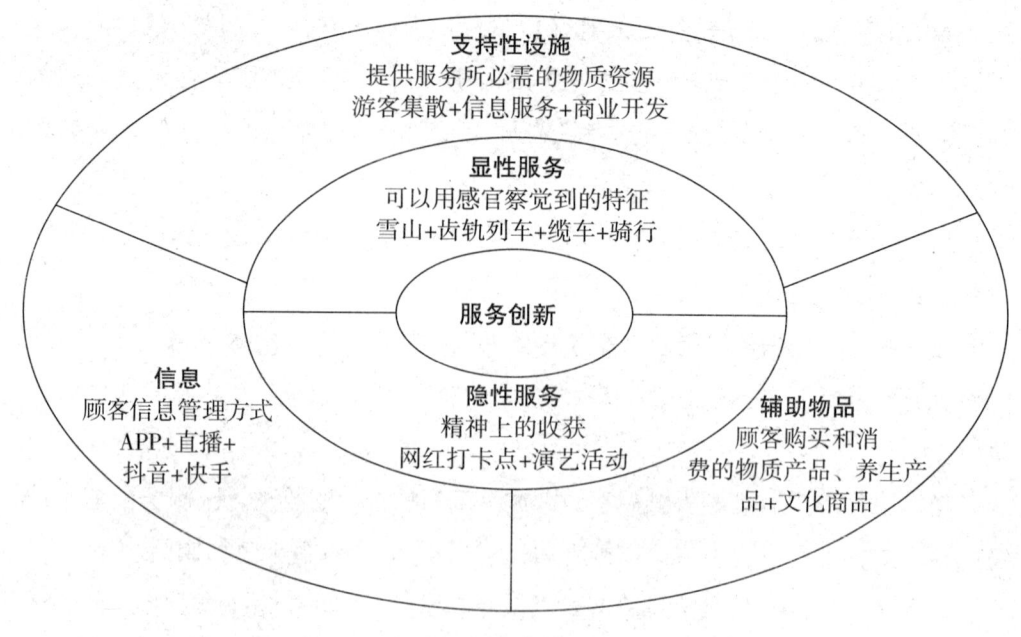

图 10-2 玉龙雪山景区服务包的构成及创新方向

（2）基于服务价值链的服务创新策略。

服务价值链（Services Value Chain）涵盖了服务产品从设计、生产、营销、体验、服务、消费等各个环节和流程，每个环节对服务产品所赋予的价值各不相同，其分布呈现出一条服务价值链的"微笑曲线"。纵观整个产业链条，囊括了服务产品从设计到销售再延伸到精细化服务的全过程，既与制造业的产品生产、产品设计、原料采购、物流运输、加工制造、订单处理、批发经营、终端零售相类似，同时又包含了二次消费服务、产品精加工、物产消费服务、产业链整合服务等有着明显服务业特征的过程。一方面，旅游活动的广泛性与复杂性，使得旅游体验生产与服务所涉及的行业众多，其中不乏制造业相关的企业，使得产业链形态具有制造业的特征；另一方面，旅游的服务特性决定了产业链的服务业特征明显。因此，服务价值链虽然形似制造业的"微笑曲线"，但又有自身独特的内容。例如，产品营销只是信息的中介服务而不是产品的直接销售，运输服务是消费者的运输而不是单指物质产品运输、产品的生产与消费的同时性。

从旅游消费者对旅游产品或活动的体验视角来看，凡是直接参与旅游体验生产和消费过程的企业都属于核心价值企业，而对于旅游体验进行价值再创造的企

业则属于价值链中的追加价值部分。服务价值链"微笑曲线"的左边部分是旅游体验的基本构成环节，体现的是服务价值链中旅游体验的基本价值；右边部分则是旅游体验的价值提升环节，体现了旅游体验的追加发展价值。

服务价值链本质上是从知识的分工协作入手，以不同的价值创造来划分产业环节，并将各环节以网状结构联系起来。坦佩尔和冯特（Tapper、Font）将服务价值链定义为一条包含了所有服务产品与服务的供应与分配的链条，认为服务价值链可分为赢得订单（win order）、分配前的支持（pre-delivery support）、分配（delivery）以及分配后的支持（post-delivery support）四个阶段，形成服务产品从始到末的无缝连接。在互联网时代，服务价值链的模式开始由"一对一"的模式向网状的模式转变，价值链开始演变为价值网。透过价值网，可以看到价值链的成员之间实行的是"多对多模式"，即通过互联网和电子商务媒介将众多的供应商、中间商、顾客纵横交错地联系起来。

因此，服务价值链是通过企业的基本服务活动和辅助服务活动创造价值的动态过程。服务价值从顾客满意、员工满意开始传递，可延伸至全球范围。服务利润链（Services Profit Chain）是表明利润、顾客、员工、企业四者之间关系并由若干链环组成的链，利润是由客户的忠诚度决定的；员工满意度与顾客满意度之间存在着直接的联系，利润回到企业。有学者将员工满意（忠诚）与顾客满意（忠诚）之间的关系称之为"满意镜理论"，包括两层含义：利润和回报的增长来自忠诚的顾客，顾客忠诚又来源于顾客满意，顾客满意受感知服务价值的影响；服务价值链就是内部服务提升与外部质量提升，进而组织绩效提升之间的关系模型。因此，企业不要忽略自身的内部价值环（员工满意度）。

旅游景区的服务价值链包括了内部价值链、服务利润链和外部价值链三个部分，这三个维度的链条关系是景区企业商业链条运营的内生模式。首先，内部服务质量驱动员工满意，内部质量描述了员工的工作环境，它包括员工的挑选和开发、奖酬和认可、对服务信息的获得、技术和工作设计。其次，高的员工满意度导致高的员工保留率及生产效率，在大多数服务工作中，员工跳槽的真正成本是生产率的损失和顾客满意度的降低，在个性化的服务企业中，低员工流动率与高顾客满意度率是密切相关的。因此，围绕服务价值链的创新策略，是形成一个价值循环：员工保留率和生产率导致服务价值→服务价值提升员工满意度→顾客满意度影响顾客忠诚→顾客忠诚影响获利性和成长。

这一部分的教学方式，建议先讲授服务价值链理论，然后组织学生以行动学习法的方式分组展开讨论，形成观点，分享策略。

（四）案例启示

1. 案例关键点

（1）玉龙雪山景区摆脱门票经济进行服务创新的核心理念，是以建立服务主导逻辑为前提的。

（2）玉龙雪山景区服务创新策略，需要建立在构建企业服务包、梳理企业服务价值链的基础之上，并通过行动学习法产生创新策略。

2. 知识关键点

（1）商品主导逻辑与服务主导逻辑的差异，决定了服务创新的理念和方向。

（2）服务主导逻辑主张与顾客共创价值，企业必须同消费者合作。

（3）服务包由支持性设施、显性服务、隐性服务、信息和辅助物品构成，企业可基于服务包构成要素确定创新方向及策略。

（4）服务价值链是企业内部服务质量提升与外部顾客价值提升，进而提升企业绩效的关系模型。

第二节 创新理念：旅游"新零售"运营模式（思政点案例）

摘 要：以创新为首的"五大发展理念"引领时代发展，必将带来我国发展全局的一场深刻变革。旅游"新零售"是以物联网、互联网、大数据、人工智能为驱动，面向全渠道消费者群体，提供全体验、全品类、全渠道、全时段旅游产品和服务的新兴零售模式。随着互联网的深入渗透，旅游门店经营模式面临消亡，携程旅行网作为我国在互联网平台上最早建立的旅行服务企业，能否引领旅游"新零售模式"发展，成为旅游接待业创新的新要求。

一、案例正文

（一）案例背景

在线旅游（Online Travel Agency，简称OTA），自出现之日起便对旅游业实体门店造成了巨大的冲击。但 OTA 也具有缺陷和劣势，尤其是在旅游消费不断升级的背景下，在线旅游企业的获客成本日益提高，而传统线下渠道商却仍在不断精耕细作。因此，向线下门店发展成为一些在线旅游企业的必然选择。旅游"新零售"运营模式出现的意义在于，能够让企业在瞬息万变的商业市场和竞争中重新思考并审视自身优势，重新考量传统零售升级与转型，以获取最大的竞争优势。

（二）旅游门店的"热"

旅游门店作为一种业态在旅游行业发展中已经存在多年，门店的发展也经历了不同阶段。门店这种运营模式从一开始的主流销售渠道，到近些年，由于产品供给的单一，服务水平与体验度难以满足年轻消费者多元化的需求等因素，与繁荣的旅游消费市场相比，大部分传统线下旅游企业的日子异常艰难，尤其是 OTA 出现之后，随着互联网的深入渗透，旅游门店经营模式一度被预判要消亡。

2017 年对线下旅游门店来讲，是异常关键的转折年。这一年，携程旅行网、途牛旅游网、驴妈妈旅游网等在线旅游企业纷纷加大线下门店铺设力度，资本相继入局。数据显示，到 2018 年，途牛旅游网新增了 345 家门店，此外，途牛还拥有 29 家自营地接社。到 2019 年，携程旅行网旗下的门店在全国已达 7 000 家。驴妈妈经过一番开疆拓土，在全国的线下门店已超过 1 100 多家，2018 年 4 月，驴妈妈线下形象店开业，顾客可在店内购买新奇旅游商品，在休闲中更加清晰认知驴妈妈的品牌形象。与此同时，传统的线下渠道商也在不断拓展。在 2010 年兴起的渠道商，宝中旅游、乐游旅游（原海航乐游），这两家全国连锁加盟模式的门店数量虽相对最兴旺的时候有所下降，但还是保持了相当的数量。更有部分实力卓越的批发商开启批零兼营的发展之路。如凯撒在全国开设了 223 家直营门店；众信旅游在全国开设了 144 家直营门店，同时还在江西、河北、江苏和内蒙古等地开设了 241 家加盟门店。

（二）旅游零售的"变"

零售的本质是通过场（门店）把货卖给人。我国旅游零售历经多番变革，呈现出显著的阶段发展特征。

第一阶段，市场化、粗放增长。1982 年，中国旅行游览事业管理总局和国旅总社分家，自此中国拥有了真正意义的旅游企业和旅游行政管理机构，旅游行业开始向市场化发展迈进。1985—1996 年十年期间，由于旅游外联权下放，中国旅行社数量激增，市场发展迅速。以国旅、中旅、青旅为代表的旅游经营商作为该时期的旅行社典型，开展旅游批发业务通过其他中小旅游代理商销售旅游产品，同时也通过自己的零售机构、门市店直接销售产品。

第二阶段，互联网化、竞争博弈。一方面，1997年10月，中国首家旅游网站华夏旅游网成立。1999年，携程和艺龙先后成立，标志着中国在线旅行服务业正式开启。2003—2009年在线旅行服务业的快速成长，以途牛、去哪儿、穷游为代表的在线旅游企业陆续出现，已逐渐发展为中国旅游业各细分市场的中坚力量。另一方面，传统旅行社的优势受到严峻挑战，大批中小型旅游零售商遭受竞争压力，大型旅游经销商尝试转型在"线上线下"的对峙博弈中上思考自身的生存前景。

第三阶段，移动化、多元探索。2010年起，旅游自由行市场发展迅速，游客出游动机呈个性化、消费模式呈差异化态势。同时，以移动互联网、云计算、大数据为代表的信息技术发展迅速，驱动旅游业务经营主体范围由传统旅行社、在线旅游企业等扩大至度假俱乐部、留学机构、综合生活服务平台等；旅游企业的服务业务范围亦从纯旅游服务延伸至异地生活体验服务。

第四阶段，智慧化、全链条协同。随着人工智能、物联网、无人驾驶等创新型技术的不断发展和5G商用的临近，中国旅游行业整体迎来又一次重大变革。中国居民的个性旅游需求将继续释放，传统旅游产供销界限将被彻底打破，以景区、交通、酒店、旅行社、在线旅游分销商等旅游业务要素及消费、生活服务、文化等新要素将共同开启"资源优势 + 创新技术 + 品质建设"的全产业链智慧化服务价值升级。

（三）旅游新零售的"新"

"未来的十年、二十年，没有电子商务这一说，只有新零售。"2016年10月的阿里云栖大会上，马云在演讲中第一次提出了新零售。如今，在腾讯的智慧零售、京东的无界零售、网易的新消费等概念背后，"新零售"的演化才刚刚开始。新零售（New Retailing），即个人、企业以互联网为依托，通过运用大数据、人工智能等先进技术手段并运用心理学知识，对商品的生产、流通与销售过程进行升级改造，进而重塑业态结构与生态圈，并对线上服务、线下体验以及现代物流进行深度融合的零售新模式。在"新零售"浪潮的席卷下，对各行各业的零售商而言，核心只有一点，就是让消费者获益，只有在消费者获益的同时，企业才能够创造自己的价值，获得利润。无论市场如何变化，对企业来说其最核心的问题都不会改变，那就是企业运营效率的提高。

旅游是一种服务，更是一种体验经济。从本质上来讲，旅游"新零售"是以物联网、互联网、大数据、人工智能为驱动，面向全渠道消费者群体，提供全体验、全品类、全渠道、全时段旅游产品和服务的新兴零售模式。旅游"新零售"既不是一种消费趋势，也不是一种技术创新革命，旅游"新零售"的"新"体现为新人群、新品牌、新技术、新业态。旅游的零售模式向"新零售"转变，其商业要素和流程均与过去不同，大数据是"新零售"的核心，线上线下必须形成合力，强化消费者体验和零售场景。

（四）携程旅游新零售的"融合"

携程旅行网是我国在互联网平台上最早建立的旅行服务企业。早在"新零售"概念提出之前，包括携程旅行网在内的在线旅游服务企业已经意识到，仅仅依靠线上渗透是远远不够的，在互联网背景下，不适合对消费者进行严格的线上或线下消费的区分，旅游作为一种无形产品，其标准化程度低，很难区分为纯粹的线上或线下。携程旅行网在"新零售"模式下采用线下门店加盟模式，整合线上线下资源，改变自身原有的线上零售方式与方法，以门店营销、线上流量、渠道整合的方式实现旅游"新零售"。

携程旅行网在向"新零售"转变的过程中，线上线下能否真正融合，还取决于门店的运营效率以及线上线下旅游产品与服务的升级。如今的携程旅行网整合了线下资源，开启了门店零售模式，与传统电商、传统零售模式相比其运营效率显著提高。传统零售模式下，企业通过平台或者门店中的某一种渠道向消费者推广产品或者信息，再由供应商发货，消费者在此过程中只能通过一种渠道获得产品或服务信息，线上线下是分开的，商品信息与产品或服务也是互不干涉的。而新模式下，携程旅行网把线上线下打通，线下零售不再是一个单独的渠道，而是成为线下流量的重要入口，在线下门店充分利用场景化消费，使旅游产品和服务的销售效率得到显著提高。携程旅行网的旅游门店不一定就是门市，也可以被打造成体验店，这也是"新零售"背景下旅游门店的创新。可以看到，"新零售"模式下，携程旅行网可充分利用不同渠道的优势进行产品或服务的组合，如电商平台和渠道在营销效率方面有优势,而线下门店渠道在客户体验方面有优势,可以为消费者提供一个整合性的从体验、下单、购买再到售后的完整流程。

二、案例分析

(一) 思政结合点

习近平总书记在党的十八届五中全会上提出的创新、协调、绿色、开放、共享"五大发展理念",把创新提到首要位置,指明了我国发展的方向和要求,代表了当今世界发展潮流,体现了我们党认识把握发展规律的深化。用以创新为首的"五大发展理念"引领时代发展,必将带来我国发展全局的一场深刻变革,为全面建成小康社会、实现中华民族伟大复兴中国梦提供根本遵循、注入强劲动力。创新理念是指企业或个人打破常规,突破现状,敢为人先,敢于挑战未来,谋求境界的思维定式。创新的前提是对现状的不满足,同时,创新是建立在对市场规律和本行业发展前景正确把握的基础上,突破陈旧的思想观念,运用新的事物方式和一定的技术手段,实现某一个领域的突破。人类的创新发展史就是不断地突破资源"量"的约束,不断地开发扩展资源"质"的历史。从这个意义上讲,所有的科学技术事业都是在扩大和挖掘资源的新"质",都是在寻求满足人类需求、解决人类面临问题的更有效、更廉价的方式和手段。

旅游"新零售"运营模式出现的契机是在线旅行社与线下旅行社强强联合浪潮的出现。线上和线下旅行社的区别在于,在线旅行社更了解用户的体验和效率,线下旅行社更懂得旅游产品和服务,旅游"新零售"使在线旅行社与线下旅行社强强联合,分别发挥各自的优势和强项,实现优势互补。旅游"新零售"运营模式出现的意义在于,能够让企业在瞬息万变的商业市场和竞争中重新思考并审视自身优势,重新考量传统零售升级与转型,以获取最大的竞争优势,取得更大的消费增长。

(二) 案例思考题

(1) 什么是创新发展理念?

(2) 如何从创新发展理念深化对旅游接待业运营模式的理解?

(3) 请从旅游"新零售"运营模式出现的契机,阐述旅游"新零售"运营模式的具体形态有哪些?